指文® 战争艺术 / 007

战术

〔拜占庭〕利奥六世 著

李达 译

台海出版社

图书在版编目（CIP）数据

战术 /（拜占庭）利奥六世著；李达译 . -- 北京：
台海出版社 , 2018.8
　　ISBN 978-7-5168-1996-8

Ⅰ . ①战… Ⅱ . ①利… ②李… Ⅲ . ①拜占庭帝国 –
战争史 Ⅳ . ① K134

中国版本图书馆 CIP 数据核字 (2018) 第 156984 号

战术

| 著　　者：[拜占庭]利奥六世 | 译　　者：李　达 |

| 责任编辑：俞滟荣 | 策划制作：指文文化 |
| 视觉设计：杨静思 | 责任印制：蔡　旭 |

出版发行：台海出版社
地　　址：北京市东城区景山东街 20 号　　　邮政编码：100009
电　　话：010 － 64041652（发行，邮购）
传　　真：010 － 84045799（总编室）
网　　址：www.taimeng.org.cn/thcbs/default.htm
E－mail：thcbs@126.com

经　　销：全国各地新华书店
印　　刷：重庆共创印务有限公司
本书如有破损、缺页、装订错误，请与本社联系调换

开　　本：787mm×1092mm	1/16
字　　数：220 千	印　　张：14
版　　次：2018 年 8 月第 1 版	印　　次：2018 年 8 月第 1 次
书　　号：ISBN 978-7-5168-1996-8	

定　　价：79.80 元

目 录
CONTENTS

战争中应用的战术汇总

◎ 利奥六世跪拜基督，出自圣索菲亚大教堂内拱顶镶嵌画，因为利奥的第四次婚姻不被教会承认，基督左手边的位置留下了空白

利奥，基督庇佑的和平独帝，忠实、虔敬且可敬的奥古斯都，以及罗马人的皇帝。

这不是为了炫耀皇帝的虚妄威仪，不是为了展示武力，也不是为了娱乐。我们的陛下并不借此获取众人的尊敬与自己的快乐，而是通过让国家得以和平与繁荣，为臣民主持公道以及改善民生，来获得尊敬与满足。相反，最让他悲哀痛苦的是，因为人为疏忽，我们的臣民遭受厄运，生活条件没有得到改善，甚至境况恶化。如果说，改善治下一个人的境况能让我们得到不可估量的

1

欢愉，而让治下一个人境况恶化会带来不可估量的悲哀，那么，数以万计的人在上帝的指引下交给我们指挥时，我们又是肩负着何等的重任！记住，我们要为他们的生死存亡负责，我们夜不能寐，终日乾乾，竭尽所能让他们免于损害，得到他们理所应当的欢愉与繁荣。

在其他国事问题上，若是境况稍微恶化，我们认为损害称不上大。但所有人都亲眼见证了军事上的失败，让罗马人的国家沦落到了何等的艰难地步。

在上帝的指引下，所有人得以享受宁静，与他人相亲相爱，而不是自相攻伐杀戮。但自从恶魔——人类初始的敌人、我们种族的残害者，利用我们的原罪让人们互相开战后，人们就必须要进行由恶魔发明、人类发展的战争，不能退缩，坚定与那些希望开战的民族对抗。他们必须做好军事准备，抵御敌人、保卫自己，让敌人得到应有的惩罚。若是如此，我们将免于因这些恶人的恶行而受害。在所有人安全后，众人终将珍视和平，将和平作为生活方式。

看上去，只要罗马人的军队保持精良有序，国家就能够长时期安宁，而那些英勇者的辛劳加上纪律约束之后，绝大多数情况下都能赢得胜利的荣耀。但许多年来，对战术和策略的研究被忽视，乃至湮没无闻了，甚至军队的指挥官都无法理解一些再明显不过的问题。我们发现这造成了一系列的后续问题。这种能够创造种种美好的学术，曾经让旧日罗马人的共和国兴盛繁荣，它消失后，我们的所得截然相反，上帝的仁慈无处施展，罗马人曾经习以为常的胜利也从战士手中溜走。在军纪与整训日渐涣散之外，我们战士的勇气也仿佛大不如前。有时我们认定这是士兵缺乏训练或者性格怯懦的结果，有时我们认定这是他们指挥官缺乏经验与胆怯的结果，有时我们又因为古时军事著作晦涩难懂而忽视了战术教学。因此，我们若是希望在上帝的支持下，重构这利国利民的学术，并在这学术几乎从罗马人的世界消失后再让其复兴，我们决不能犹疑，要极为严肃地亲自进行这一任务，让全部臣民受益。

在充分研究了古时的作品、近世的策略与战术后，我们又参阅了其他著作中的记述，只要发现了对战争有帮助的文字，我们就将其整理并抄录下来。此外，我们从有限的军事经验中了解到的，如今军中使用或可用的战术与策略，我们也尽可能记述下来。我们认为，这是一本有关军事问题的篇幅适中的参考书，就像《法学手册》（Procheiros nomos）①一样注重实用，尽可能省略藻饰与论述。这是军事方面的导读作品，提供给我们的各级军事指挥官和其他负责指挥的官员参考。我们向您保证，这会让您在指挥时进退有方，并进一步了解古时的军事著作和论述。我们不考虑文法措辞以及韵律，我们考虑的是实用性，表述清晰以及文字简洁。出于这一理念，我们时常会对古希腊战术方面的概念进行明确，并把拉丁语借词用希腊语阐释。我们也使用当前军队中使用的表述方法，让读者更容易理解。我们唯一删除的是那些如今已不适用的军阵，因为他们臃肿无用，又没有明确的描述。因此，那些负责指挥部队的人，将会得到大量有关战斗和远征需求的实用经验。这一本军事手册的价值不仅仅在于重新创作的部分，也在于那些摘抄自古人的记载。即使编写这本书不能让罗马人得以复兴，至少这些语句也能够让那近乎湮灭的学术得以复生，为人所知，并恢复古时的地位。

如果任何人，靠着自己的勤奋和经验，对这一作品进行了改进和补充，我们将会感恩，并希望读者理解我们的热情。

负责指挥部队的人或多或少要花时间研究战术和策略，这至关重要。一些缺乏经验的人以为战争就是靠人多势众和勇气，这就大错特错了，我们是靠上帝的指引以及军事指挥和纪律。每个人必须清楚这一事实，而非贸然依赖数量。依靠指挥和军纪，能够获得安稳与先机，而依赖数量则会带来纷乱和庞大的开支。

不懂得导航就无法开船穿越大海，战争也是如此，不懂得军纪与指挥就无法战胜敌人。靠这些以及上帝的指引，我们不但能够战胜与我们规模相当的敌人，甚至能够以少胜多。我们将这一本军事方面的著作当作另一本《法学手册》，如前文所述，恳求您细致而极为严肃地阅读。

首先，有必要概述战争中的战术。而后讨论何为将军，将军应当是什么样的人，应当如何制定计划。在此之后，我们将解释部队的分配和指挥，以及士兵使用何种武器装备，每一名士兵应当如何装备。此外，还要讨论军队在实

---

① 译注：由巴西尔一世和利奥六世主持编纂的《君主法典》凝练而成。

战前进行训练的情况。而后，军官还要研读目前使用的军法。接下来讨论部队在我方领土和敌方领土的行军，以及所谓的辎重车辆，当然，还有扎营的准备与实际工作。也要讨论开战前一天以及开战当天的具体任务。此外，还要插入对围攻战的讨论，而后讨论战后的任务。接下来要讨论对敌人的突袭、伏击及相应的防备手段。此外，还要讨论各种各样的阵形，包括罗马人的阵形和异族的阵形。我们还补充了一段对海战的简短论述。作为这一切的总结，本书收集了一系列有关战术和策略的格言警句汇总在《摘录》章节中，毕竟本书为保持简练的风格，不能随意将这些格言警句插到前文。我们希望这些研究能够让那些聪明机敏的军官更加睿智。

就此开始。

战术与将军

◎ 拉拉康河（Lalakaon）之战，出自斯基里泽斯的《编年史》马德里抄本的细密画。拜占庭帝国在这一战歼灭了阿拉伯帝国在亚美尼亚方向的地方部队，麦利蒂尼埃米尔阿穆尔阵亡。这一战可谓拜占庭—阿拉伯战争的转折点之一，也是利奥六世《战术》的写作背景之一

战术是在战争中行动的科学，战争中的行动包括两个部分：陆地上的行动和海洋上的行动。战术是有关军阵、武器装备以及部队行动的军事技巧。

战略是指挥官有效使用策略演练部队，将训练成果用于实践并最终战胜敌人的手法。

战术的目标是使用各种可能的突击或行动之类的手段击败敌人。战术的价值在于发动纪律严明的部队与敌人交战。战术的目的是尽可能地把部队组织成一个难以攻破的阵形。

完整的战备包括两个方面：陆地上的陆军和海上的海军。海上的作战我

们将在之后讨论。为陆地作战而集结的大批人员中，一部分是用于作战的士兵或勇士，其他则是辅助他们的非作战人员。作战人员要集结成部队迎战敌军。余下的非作战人员，如医生、仆役、商人和其他人员，都要跟随部队提供辅助。在作战部队，即战场上的军队中，一部分是步兵，一部分是骑兵。步兵主要是站立步行，而骑兵则骑马机动。曾经某个时代，战争主要靠普通战车和装上镰刀的战车以及背着装满士兵的塔楼的战象完成，但我们现在不会讨论这些，因为这些装备已经全部不再使用。

在这段对战术多少有些简略的概述后，有必要讨论将军。将军是什么人？什么人适合这个职务？

将军是一个在他管辖的行政区内，拥有仅次于皇帝的最高权力的人。

将军是他指挥的军区部队的主官。他由皇帝任命，而只要是他属下的官员，都由他决定他们的升迁，尽管一些人由皇帝指派给他。其他人则直接由他任命。

将军应当在以下方面强于他所有的下属，包括智慧、勇气、正直和谨慎，管理好自己行省中的所有事务，包括军务、私密和公众事务。接手一支纪律涣散的部队后，他必须负起责任，按照适宜当时情况的阵形组织起部队。

将军的目的是增强他控制的军区的实力，并保护军区免遭敌人或其他不利因素损害，特别是混乱和暴乱。他要用各种手段击败敌人，无论是正面决战还是突袭。无论他要对敌军采取什么行动，他必须做好警戒，以防敌军使用同样的手段对付他。

广受尊敬的将军的最终目标是做那些上帝和皇帝所希望的事，而非反其道而行之，他极少在意那些合宜的事情。因此，在对将军进行了初步描述后，我们必须要讨论他的品质，如同讨论肖像画中的色彩一样。我们必须清晰地说明他应当是什么样的人，以及负责这一职务的人应当有什么品质。

将军

我们坚持认为将军应当谨慎行事，并在生活中保持自制。他应当保持清醒和警惕，保持节俭而不浪费必需品，能够承受劳累之苦。他应当精明而有实用的智慧，厌恶贪欲而声誉出众，既不太年轻也不太老。他应当能够即兴在部队中演讲。如果可能的话，他最好也是位父亲。他不应当过分热衷商务或者类似的事情，也不应当过度吝啬，全心全意追求蝇头微利。简而言之，他应当内心高尚，如果可能，身体乃至所有方面都应慷慨无畏。

◎ 贝利撒留，拉文纳圣维塔利修道院镶嵌画。爱德华·吉本曾经指责《战术》等军事著作过于死板，无法培养优秀的军事人才。然而世上并没有完美的军事指挥官，如贝利撒留一般出色的将军也是可遇而不可求。《战术》在某种意义上，就是给能力合格的军官们作为参考，避免他们犯下低级错误，也希望读者注意这一点

他应当谨慎而非沉迷肉欲，以免对必要的事务疏于考虑乃至误事。

作为一个担负如此重任的人，他必须训练自制力。无节制而放荡的冲动，在与能够肆意妄为的权力结合后，将无法控制对享乐的追求。

他应当清醒而警惕，以便在处理真正重要的事务时保持警惕。通常在夜晚，当灵魂更为平静时，将军的计划才会最终定型。

7

在处理他的需求时，他应当节俭而不做作。指挥官进行花费甚多而持续不断的奢侈享受是浪费时间而又一事无成的，而且会侵吞必要的支出。

他应能忍受劳作并不得最先休息，作为士兵的榜样，高尚地担负起艰苦的工作。

他应当精明而睿智。将军必须思维敏锐、头脑敏捷，关注所有方面的事情。出乎意料的混乱经常会出现，逼迫他想出扭转情况的对策，如同马被马刺刺中一样。

他不可以贪婪。他处理事务时应远离腐败，态度保持公正，而任命下属的军区官员时，应只考虑其能力与德行。许多人，尽管在面对敌人时性格勇敢、身体强壮，但在面对黄金时，他们的眼睛却会被蒙蔽。在对付将军时，贪欲是一种恐怖的武器，能够打败并摧垮他们。

他不应该太年轻或太老，年轻人的思维缺少自信，而且很容易因为自己的年轻而困惑，而老人身体虚弱。他们都不能保证安全。年轻人太冲动而可能因胆大鲁莽而犯错，老人的体能太虚弱而可能忽视一些本应该做的事情。理想的选择是介于二者之间，不太年轻也不太老。没有老去的人拥有勇气和力量，而不再年轻的人则往往睿智而沉稳。有些人身体的力量很好，但思维不够缜密，而有些人虽拥有睿智的头脑，但身体缺乏力量。他们的推断都得不出正确的结果。一个缺乏身体力量支持的头脑无法做出什么值得一提的事，而缺乏精明的力量也往往一事无成。

我们知道，被下属拥戴的将军格外受尊敬，且能非常有效地帮助他所指挥的人。当人们爱戴某个人时，他们会迅速遵守他的命令，他们不会不信任他的话语和许诺，反而会在他陷入危险时与他一同战斗。因为爱正是愿意为所爱的人奉献生命。

我们更希望让当上父亲的人而非没有孩子的人担负这一任务，尽管我们也不会拒绝一位优秀而没有孩子的人。一个有孩子的人，如果孩子是婴幼儿的话，这个人会因对自己孩子的爱与照顾而对生命更热忱而严肃。如果他们的孩子已经成年，那么这孩子能够成为指挥时的幕僚、同伴与忠实的仆人，能够帮助父亲分担他担负的责任并成功完成任务。因为这些原因，一个有孩子的人比没有孩子的人更好。

他应当能够在公开场合演讲并鼓励他人，我认为这种能力是对军队最有帮助的。如果将军在集结起部队时，能够用语言鼓励麾下士兵，往往就能够让士兵克服畏惧，乃至直面死亡。与此同时，他也让士兵热切希望获取满意而丰厚的回报。号声只会在耳中回响，而演讲却能直击灵魂，昂扬的话语能让听众们鼓起勇气，展现英武，敢于直面危险。更重要的是，当军队遭遇危机时，鼓舞人心的演讲能让士兵们重振精神。对战败的部队而言，将军们机巧的演讲带来的抚慰胜过医生对伤口的治疗。毕竟医生只能治疗伤口，而且伤口也需要许久才能愈合，但演讲却能立即振奋疲惫者和伤者的士气，让尚健康者鼓起勇气。

我们更希望由声望较高的人出任将军。若是军队的指挥官不受大众尊敬，士兵难免要反感与恼怒。没有谁希望做不如自己的人的下属，也不愿接受这种人的领导。在我看来，将军必须要拥有我之前列举的所有优良品质且名声良好。真正德行出众的人也不会长时间默默无闻。

我们认为单纯因为一个人富有而任命他为将军是不合适的，他必须具有将军应有的美德。而一个贫穷的人若是出色，也不应因为家产不足而被排除在外。同样，仅因为一个人富裕而将他排除在外确实不合理，而仅因为一个人贫穷而选择他也不合理，关键在于此人是高尚且适合作为将军，还是缺少将军应有的特质。我们不会因为一个人的家产而评价他是否胜任，而提升他们时考虑的也是他们的为人而非家产。一位富裕的好将军和一位贫穷的好将军，差别仅仅是护甲上是镶金嵌银还是只有普通的铜铁。前者装饰华美，后者有益于实战。我们认为，如果一个贫穷者不以权谋私贪婪索取，就可谓高尚。将财政官提升为将军永远不是好主意，即使他是周边地区最富裕的人。也不应该委任那些为人悭吝、在意蝇头小利，本业是商人或者曾经经商的人担任将军。这些人往往把思维耗费在细枝末节上，而且会因为眼前的利益以及对财富的渴望而兴奋，完全称不上高尚。

如果一个人先祖地位显赫而广受尊敬，那么他就更适合出任将军。然而没有显赫先祖的人也不应被排除在外。我们不应把出身作为一个人是否适宜出任将军的必要条件，而拒绝完全有能力胜任军职的人。我们对动物的血统优劣的判断源自个体的能力与表现，所以一个人的家族是否高尚，关键不在于先祖立下何种功业，而是在于他本人的处世态度与成就。因此让一个出身平民的人在战场上展现英勇与出色能力后，依然让他作为普通士兵，或者因为一个人先祖显赫而让他担任将军，却不考虑他个人能力上的不足，是不适宜的，而且是愚蠢的。当然，如果一位将军在优秀的品质之外还有显赫的出身，确实可谓幸运，但一个出身显赫的人若没有出色的品质，也无用。

或许有人会认为出身低微的人能够成为更优秀的将军，毕竟那些出身显赫的人靠着先祖的功绩与名望，往往无所用心，无视上级的命令，而那些没有显赫先祖的人则急切希望通过自己的奋斗来改变默默无闻的现状，并愿意为此赴险。就像穷人为了谋生，可以忍受的劳苦要比富人多，只因为他们渴望获得自己无法获得的那些财富，因此没有显赫先祖的人会努力奋斗，用自己的功绩来获取名望。

出于以上种种原因，担任将军的人应尽可能能力出色，出身高贵而富裕，不过有能力的贫穷者，或者出身低微者也不应被排除在外。

总结一下，将军必须在身体上尽可能高大、强健而耐劳，果断、勇敢、受人尊敬、严肃认真而且做好了面对危险的准备。他应当格外了解神学并对上帝虔诚。在俗世享乐方面，他应保持克制。但在精神上的追求，他不应满足现状，应当不断追寻新的成功。在情况尚不清晰时他应明白自己应当如何行动，他应当用自己的聪慧、机敏洞察被隐藏起来的目标。他应在军务方面经验丰富，能将部下结成作战阵形。他的话语要能够振奋士气低落的部下，让他们充满期望，敢于面对危险。他应当坚定地遵守协议和诺言，不会被他人的花言巧语欺骗。他应当信念坚定，并乐于节省在享乐上的开支。他应当大公无私，正直对待他的友邻并与他们协作，特别是为我们的共同利益奋斗时。

因此被任命为将军的人，他的天资、性格和生活方式，应当如前文的简述一样。在担任军官后，他还要诚实可信、平易近人，心无旁骛时刻备战。他不应过度仁慈谦恭，以免被士兵轻视；也不应过于严苛，以免遭部下忌恨。过度的善意会让麾下部队的纪律涣散，而对他的畏惧又会失去士兵们的爱戴。

他有责任及时处理的各种事务以及必须警惕的各种威胁，本书均事无巨细地进行了总结。在本书相关的章节，我们尽可能详细地展开叙述。

我们希望陛下提拔的将军确实能够如此出色，并保持这种品格。我们希望他能够得到上帝的庇佑与我们的爱戴，和我们一同获得拯救，也得到所有人的敬重，生活幸福。愿他得到基督，万物永恒不变的统治者的祝福。在讨论了将军应有的品质后，我们现在要向将军以及皇帝陛下，就战略与战术相关的问题，提出下列建议。

在讨论其他问题前，将军，我们要向您提出第一条劝告与建议：考虑上帝的庇佑，正直处世，仿佛上帝在您面前。畏惧上帝，全心全意敬爱上帝，并以仁爱对待我们。履行这些戒律，您将得到上帝的庇佑，我的说法或许过于武断——在艰难时刻您将依然自信，坚信向我们的主祈祷，就如同朋友之间的信任一样，向上帝祈祷后将得到如朋友般的援助。有人说，上帝会尊敬敬畏他的人的意愿，听取他们的祈祷，并拯救他们。此言不虚。

您必须明白，若是没有上帝的庇佑，无论您如何明智，任何计划都不可能得以实施，您将无法战胜敌人，无论他们看上去何等羸弱。上帝管理着世间的一切，包括一切的细枝末节。

在船上，若是风向不对，最优秀的舵手也无法施展才艺，但若是风向有利，加上他的才能，船只航行速度就可以加倍。最优秀的将军也是如此，他获得了上帝的庇佑，保持警惕与勤谨，就能充分利用他的谋略与战术。他可以安然管理交给他的部队，并能够应付敌人的各种诡计。上帝会指引他做出有利的决定，让他走向成功。他应当在信仰上坚持正道并保持公正，有这样的基础，他也会有其他的优秀品质。

您应当以礼待人，毕竟凶恶待人者会遭记恨，不应如此。您应当在衣食方面保持简朴，饮食与衣着上的张扬夸饰就是浪费本可以用在必需品上的钱财。在处理重要事务时，您应当谨慎，不知疲倦，决不可疏忽懈怠，谨慎和坚持足以让您渡过最艰难的时刻。不防来事，事来难防。

您不应当随意处置重大而不可避免的问题。您的决策或许需要时间，但决定之后就必须尽快并安全地执行，就像医生治病一样。

您应当向麾下的部属展现公正，不要仅仅因为尊敬某人而偏向，而是要以直待人。

处置因心怀恶意或者疏忽而违反军纪的人时，您不应当敷衍或者过于随和，应展现出优秀指挥官应有的能力，毕竟与恶人合作没有任何好处，特别是在情况紧急与危险时。另一方面，您也不能在没有做好调查时就草率下令处罚，应保证严谨。敷衍让人心生轻蔑，不听指令；因草率招人记恨，也是理所应当。最好的办法是恩威并用，在证明有罪之后施加合宜的惩罚。讲道理的人不会把这当作惩处，而是当作规范。

最重要的是，准备战争时必须保证战争的理由正当，不要进行不义的战争，除非敌方以惯常的亵渎挑起战火，入侵我方的领土。

我们应当永远为我们的国民争取和平，也同样要尽可能让蛮族保持和平，这是上帝基督，世间万物的统治者的意愿。如果邻国也同意这一观点，在自己的领土上安居，并许诺不会对我们不义，您就不应该主动攻击他们。不要贸然让大地染上罗马人或者蛮族的血污。毕竟，您在指责敌人背信弃义的时候，敌人也会如此指责您，宣称自己原本就没有对陛下的臣民进行任何敌对行动，而是期待和平共处。在可能时，我们必须与所有人保持和平，特别是那些期望和平生活，又没有损害我们臣民的民族。我们必须把追求和平置于其他目标之上，与各民族保持和平，不得贸然开战。

但如果我们的对手背信弃义，愚蠢地挑起战争，入侵我们的领土，那么您就拥有了正义，与背信弃义、挑起战争的敌人开战。怀着自信和热情与他们交战，因为是他们背信弃义，给了我们开战的理由，上帝的正义会站在您这边，英勇奋战吧。为您的兄弟们而战，您和您的部下将取得胜利。因此，我们要求皇帝陛下必须保证战争的理由正当，仅仅和那些背信弃义的人开战。

无论何时何地，您都应当努力工作，显示自己优于麾下所有人，特别是对上帝的信仰，祷告时的虔敬以及其他的美德。部下多少都会被领袖的坚定所影响。如同谚语所说，鹿无法统治狮子，只能被狮子统治。

将军，我们汇总了各种指令，同时保证汇总的内容不会过于繁杂。您的具体问题，可以从本书的其他章节获得解答。

坚持这些戒律，期待取得成功，这样您的严谨与进一步创造，会首先得到上帝的欣赏以及我们的赞誉，进而取得与您的辛劳所相当的功绩。

计划

在所有的行动之前，都有制定计划的必要。任何事，没有预先制定计划就进行，都将难以安稳，虽然一些人自以为思维敏捷，能够在进行任务时定好计划，但偶发事件是不可作为常规事件的。特别是出于以上原因，我们坚持建议您在进行所有行动特别是军事行动前，要召集那些您认为应当参会的军官，比如分队指挥官及地位相近者前来共同谋划。当您的想法成为决定后，就要严肃谨慎地执行您在谋划时定下的一切，如果没有遭到什么阻碍——通常如此——就完成计划。不过，现在我要向您阐述谋划的本质以及如何成功得出结论。

谋划是思考是否要执行某事。如果决定不做，就不必就此继续思考。如果决定做，就要继续想清楚：该如何做，即确定执行方法；在何处做，即确定执行地点；在何时做，即确定执行时间；该做什么，即确定具体行动；谁来做，即确定计划中行动的执行者；为何做，即确定执行这些行动的原因。

负责制定计划的人首先必须要保持心无杂念，特别要排除制定军事计划可能的干扰，无论是敌意、友情或者其他的情感。

您不应当仅仅选择表面上最容易实现的选项，而是要考虑所有的可能。在开始思考后，或许整个计划的大致架构就会构建成为提议。他人的提议中或许会有一些被您忽视的、更合宜的行动程序。

如果您不是自行制定计划，而是请他人来参与谋划，您依然应当保持中立，如前文所说，和自己制定计划时一样。为了帮助计划制定，应委派有相关经验的人参与，最好是有远见、思维缜密、沟通顺畅、机敏且可信的人。他们

◎ 巴尔贝里尼象牙饰板，现存于巴黎卢浮宫。在这个六世纪的牙雕上，皇帝以英武的统帅形象出现。尽管罗马帝国的"英白拉多"理论上应当是军队的最高统帅，但是许多皇帝，包括利奥六世在内，却从未曾到战场上亲自指挥作战

不应为了阿谀奉承而无条件支持您，或者主管官员、其他人的谋划。相反，他们应当独立思考、知无不言、不偏不倚，他们不得全程附和，必须要在讨论时表达观点，支持有利的方案。

一些人支持的计划方案仅仅对他们自己或者他们的亲友有利，他们就此决定提议。这些人往往不肯让步，也很可能就此得逞，从计划中得利。

当计划必须保密时，应仅仅请可信、自制力强，而且能保守秘密的人参加谋划。他们不应是他人的下属，人数也不能过多，人数少更有利于保证机密。

若非必须立即决断的情况，在制定计划时不必仓促。但只要定下计划，在遭遇重大阻碍之前，应尽快完成计划。

如前文所述，应以类似的方式选择行动的时间与地点，并进行准备。同样，不要独自安排这一切，而要与和您共同行动的人一同商讨。和多数人共同思考谋划，但制定最终计划时身边应只有几个人。在选择较好的计划之后，就自行保守秘密，以免计划暴露，让敌军得知并准备应对。

在思考时，涉及的各种问题会促使各种想法产生，或许纵观全局能够有助于与会者认清事态，并最终得出结论。

每个人都有必要欣然配合追寻真相且无偏私的问询，同时服从召集会议者的深谋远虑。

谋划的目的应是寻找答案，如果要做某件事，要如何去做，何时何地进行；如果不做，又是出于何种原因。

在就某些问题或为达成某些目的进行谋划时，应保证谋划的结论既可行又有利。不可能执行的计划没有力量可言，也因此毫无用处，其中的不智显而易见。

如果您谋划的计划对您没有益处，事实上就是有害的。如果您不能够将计划付诸行动，这样的谋划就没有价值，也不可能取得任何成功。特别需要注意的是，要考虑行动时可能引起的损害。许多人都沉浸于眼前的利益而忘记了可能的危险。

为此，考虑到问题涉及的每一个方面可谓至关重要，因为有必要就可能发生的意外情况而重新考虑计划。这样您就不会盲目、莽撞，因为仓促而落入明显的陷阱。

同样，畏惧而缺乏勇气也是有害的。担心不可理喻的错误以及过度忙于处理那些您自以为可能损害自己利益的问题，往往会让您忽视最重要的问题，从而错失付诸行动的机会。

因此，可敬的将军，我们简短地讨论了谋划，下面就要讨论军事与战斗中的战术。

部队划分与军官委任

我们命令阁下遵守最初流传下来的习俗，选择您认为能够满足战争需要的士兵和军官。从您掌管的整个军区选择士兵，士兵不能是小孩或老人，而应该是勇敢、健壮而家境殷实的成年男子。当他们履行兵役，在出征或集结部队时，他们的家中必须要有他人耕种农田，而且能够负担起一名士兵所需的全部武器装备。这意味着这些家庭要免除其他的国家劳役。毕竟我们不希望我们的战士们——我如此称呼那些为陛下和崇敬基督的罗马人英勇奋战的勇士——还要承受各种各样的负担，当然，公共税收除外。

在您指挥下的全部军队应当细分为具体的部队，即所谓的旗队，而后再将之分为小队，而后再按列排好，每列为五人或十人，也就是每个小队站成一两列。①

◎ 罗马—拜占庭军旗复制品。写有耶稣基督希腊语首字母的"labarum"军旗在拜占庭帝国马其顿王朝依然被频繁使用。此外，画有基督或圣母形象的绘版、胜利女神像，以及罗马帝国骑兵部队使用的龙旗（draco），也同样在军队中使用。需要注意的是，双头鹰旗帜在这一时期并无广泛使用

---

① 译注：本书对骑兵和步兵的区分相对模糊。此处所指的分配方法应当是讨论骑兵。按照惯例，每个骑兵小队为十人，而每个步兵小队为十六人（步兵小队长直译即"十六夫长"），也因此，步兵每列的人数往往是十六的约数或倍数，而骑兵每列的人数则是五或十。读者可以按照这一方法，确定各部分所讨论的究竟是步兵还是骑兵。

以如此方法将全部部队分为旗队和小队，负责指挥的军官们，无论是旗队长、统领和分队长都应各司其职，组织成各种规模合宜的部队。他们应当能力出众，信仰坚定并忠诚于罗马人的国家，此外他们也应当拥有超越常人的勇气。他们最好家产殷实，而且出身高贵，德行高尚。如果他们出身高贵，在关键时刻他们依然会果断遵命行事；如果他们家产殷实，在需要时他们也能够资助士兵。即使是小恩小惠，也对指挥官有益，让所属部队能够更好地组织作战，同时也对他更为爱戴，愿意与他一同作战，并无惧危险直到最后一刻。

官阶较高也最受尊敬的军官们应当和将军一起开会，每一次谋划时他们都应当在场并参与，在必要时参与决策，甚至是应当隐匿或保密的决策。毕竟智者千虑，必有一失，不论多出色的人都不应刚愎自用。所有无人协助的谋划与决策，在谋划者自己看来自然巧妙，但得到他人验证的决断才更可靠，也才更能避免遗漏疏失。

因此将军，我们依然就同一问题给您提出建议：既不应当毫无自信犹豫不决，也不应当刚愎自用不听他人劝谏。听从每个人建议而全然不自信的人必然会频繁犯错，而那些完全不听他人建议，只相信自己的人则难免要犯下大错。情况就是如此。现在，我们将首先给出军官们的职务名称，而后简短地阐述各职务。

职位最高者是将军，之下是军阵指挥官（merachs）和分队指挥官（tourmarchs），而后是统领（droungarios），再之后是旗队长（kometes），即指挥所谓旗队（banda）的军官。在旗队长之下是百夫长（kentarchs），十夫长（dekarchs），即小队的队长，五夫长（pentarchs）和四夫长（tetrarch）由于位于队列的尾端，他们也被称为队尾长（ouragos）。

这些是各级指挥官的职务，此外各个分队与旗队之中还有各种其他军官，比如掌旗官、号手、医护兵（depotatos）——军中的救护者、信使和鼓舞者——负责鼓舞其他士兵，激励众人参与战斗的人，在我们之前，最近的一位军事典籍著作者使用拉丁语，称之为领号者（kantatores）。其他人则担负各种各样的必要职务，比如"救护者"（skribones）等等。这些职务未见古人记述，而如今存在于军中，下文将具体解释。

作为全军领袖的人是将军，职位仅次于他的是副将（hupostrategos）。我清楚，我们的先辈用"副将"这个词来代指如今的军区将军，毕竟指挥所有人是皇帝的任务，因而各军区的将军可以视作他的"副将"。正因如此他们才会用"副将"代指高级指挥官。将军此后用于指代皇帝在各地委任的最高军事长官，指挥军区部队，而各军区将军依然是皇帝的"副将"，且均出类拔萃。

但如今，"副将"这个词只用来指代军阵官（merarch）了。

分队指挥官（tourmarch）如今用来指代旧时的军阵官，也就是负责指挥军阵（meros）的军官。

统领是指挥中队（moira）的军官，由所属军阵的分队指挥官直接指挥。每个军阵由三个中队或统领队（droungoi）组成。每个中队或统领队再由战队（tagmata）、翼队（arithmoi）或旗队（banda）组成，其指挥官称旗队长（komes）。

旗队长负责指挥战队或旗队。

百夫长（kentarch/hekatontarch）指挥一百人，地位在旗队长之下。

十夫长指挥十人，五夫长指挥五人并位于队列中央。

四夫长，所谓的卫士，又被称为队尾长，站在队列的最后方。这个比较详细的军官设置让大部分高尚而勇敢的士兵能够有效接受指挥并执行命令。

掌旗官为每个旗队掌队旗。

旧时的"医护兵"，如今称"救护者"（skribones），他们在战线后方跟随，和医生一样救助并照料作战时受伤的士兵。

信使负责迅速把军官的指令传达给部队。

列长是每列的第一个人，即第一排的士兵，数量由实际纵深情况决定，他们时而被称为"队头"或者"排头兵"。

"跟随者"（sekoundos）用来指代每列的第二个人，他们也被称作"二排兵"。

队尾长是每列的最后一个人，位于最后一排。

突击部队，所谓的"先锋队"（promachoi），负责在两军交锋之际从军阵中当先出击，并率先追击撤退的敌人。他们也被称为"破阵队"（proklastai）。

防卫部队负责跟随在他们后面，不冲锋也不解散阵线，而是有序地跟随作战，当突击部队被击退时为他们提供支援，他们也被称为"复仇者"。

测绘部队（minsoratores）是指那些负责丈量营地宽度，并搭建营地的士兵。

古罗马人称为安营部队（antikensores）的人，就我所知，这些士兵如今和测绘部队混编在一起，没有特殊的称谓。在大军行军时，他们率先出发勘察道路的情况，寻找适合的道路以及适合扎营的区域。

间谍（skoulkatores）的任务是了解敌人的动向并告知我方。

侧翼护卫是负责护卫第一条战线侧翼的部队。

包抄部队是负责包抄敌军侧翼的部队。

突袭部队负责对敌方的军阵发动伏击与奇袭。

后卫部队安排在整条战线的后方行进。

辎重车辆中有给士兵的补给品和其他备品，另外还有仆役、驮畜和其他牲畜，还有其他随军携带的物品。

将军的随行人员由特定的军官组成，包括他的行营卫长、军区参谋等，简而言之就是平常随他行动的军官们，此处若详细列出，行文难免臃肿。

而后还有军区中的首席书记官（protonotarios）、档案官（chartoularios）以及军区内司法方面的最高长官仲裁官（praitor）。首席书记官是负责民事的行政官员，档案官负责士兵档案的登记与军队内的检查，仲裁官则负责处置那些违犯军规者。尽管他们是将军的下级，在一些问题上要听从将军的命令，但本质上他们都是效忠于皇帝陛下。我们相信，我们可以靠他们更确切地了解民事和军务管理的实际情况。①

您要把全部部队进行具体的划分，并委派机敏、勇敢而善战的各级军官指挥。

从中队或者旗队中选择决断力强的勇敢者担任百夫长，并选择勇敢善战的人担任十夫长，若是擅长射箭则更好。十夫长之下，以类似的方式选择五夫长和四夫长。而后选择负责队列警卫的十人队卫士。每个小队应当有两名卫

---

① 译注：首席书记官和档案官属于财政官员，仲裁官属于司法官员，他们由皇帝任命，由负责他们的高级财政官员和司法官员管辖与考评。

◎ 十至十二世纪的牙雕中的士兵形象，现存于柏林博德博物馆

士，这样每个小队就都有五名低级军官。余下的人，无论是老兵还是新兵，要根据部队组织的实际情况，在队列中依次部署。

安排这些人员就位后，要求低级军官们审查各小队士兵的情况，也就是他们的性格与能力。优秀者应当配置在前方，中等者配置在后方，而较差者配置在中部。

每个中队要选择两个机警明智的人作为信使，还要选择两名掌旗官。选择应该在小队中进行。

而后，如果当时没有仆役随行，就让较为贫困的士兵管理驮畜，也就是一个人管理三头或四头牲畜。另外要从士兵中选择名声较好且能够掌旗的人，负责引领辎重车辆或者驮畜。

军官必须得清楚在旗帜左侧部署多少个小队，在旗帜右侧部署多少。

把小队的人数设置为五人、十人、四人、八人或者十六人均可，只要您认为适宜当前作战需要。互相了解的他们共同作战，会更加高效与英勇。如前文所述，各小队成员应共同劳作。

在事态允许，特别是进行格斗时，把兄弟和朋友们聚集到一起作战是十分明智的。朋友陷入危险时，士兵们会为自己的朋友而奋战。不回报朋友的恩惠是相当的耻辱，背弃朋友逃跑则更为可耻。

如前文所述，应当将年长者与年轻者混编到各支小队中。这样军中的老人不至于羸弱无力，年轻人也不会因为缺乏经验而自乱阵脚。年长者即使年迈，经验也依然可用，而年轻人的活力和勇气却不能弥补经验上的不足。

各支中队或者旗队列队完成后，有必要委派军官，所谓的旗队长来管理他们。各支中队平均人数应为三百人。即使您部队规模较大，各中队的人数也不应当超过四百人；即使部队规模较小，也不能少于两百人。

您应当把这些中队组织成千人队或者军阵，又或者是统领队，派勇敢、决断力强、守纪律的人担任军阵官，若是他出身高贵家产富裕则更好。古人所谓的千人队长，我们如今称为统领。

您要把军阵或者统领队集结成分队，委派皇帝陛下批准的分队长管理。这个官职此前被称为军务官（stratelates），如今通常称为分队指挥官。这一官职应当由勇敢、决断力强、守纪律、有德行和经验的人担任，他最好能够读写。第二个分队的分队指挥官，所谓的副将，是最为重要的，他在必要时要接替将军的全部任务。

应当集结三个分队，并各自委派一个分队长管理，因此军区中规模最大的下属军事组织就是三个数量相等的分队，分别居于左中右。他们共同组成将军麾下的全部部队。

如前文所述，各中队或旗队的人数不应超过四百人，各统领队不应超过三千人，而分队则不应超过六千人。

但如果军队超过前文所述的规模，那么尽可能把留在分队之外的部队配置到主要战线之后的第二条战线，作为支援部队，同时也庇护三个分队的侧翼；另外也可以作为后卫部队、突袭部队或者负责包抄的部队。

不要让分队或统领队的规模太大，否则因为军阵延展过宽，他们可能陷入混乱，难以调度。

我再给您一个有用的建议。不要让所有的中队和旗队规模完全相同。这样敌人就可以靠数旗帜估计我方部队的规模，这往往造成严重的后果。不过您也要按我们的要求布置，每个中队不应超过四百人，不应少于两百人。

如果您让每个中队使用两面旗帜，在即将接战时儿番变换，这能够有效地迷惑敌人。

每个旗队都应当安排好负责各种勤杂任务的人员，包括两名机警敏锐的信使，声音悦耳洪亮，如果能够说多种语言更好。此外还有吹响信号的号手、武器工匠、弓箭工匠以及其他惯常的勤杂人员。

您也应该派一些人在道路上捡拾遗落的物品，然后物归原主。

骑兵的辎重车辆应当指派军官看管，步兵的辎重车辆同样如此。您应当指派军官指挥所谓"车阵"（karagos）中的人员。

"车阵"是由辎重车辆、蒺藜和其他防护设施搭建而成，庇护其部队的临时工事。

每支部队都应该有最高指挥官，另外各支部队所属的力牛也应当和马匹一样打上特殊的印记，以便区别。

我们必须要关注步兵，必须确认各种部队的情况，指派主管的军官和其他军官，无论职务高低都要安排清楚。我们从古时和近世的军事著作中收集了有关步兵部署和阵形的记述。

古时的军官有幸拥有大量人员，特别是拥有大量的重盾步兵（hoplite），即如今的长盾步兵（skoutaton）。①事实上，没有人清楚这些专有词语，因为他们完全无视了古人对军事的研究与战争的记载。古时的记述者将重步兵排列成十六排和十六列，也就是说，把256人排成一个正方形的军阵。步兵组成的枪阵由4096人组成，这样的枪阵也被称为"将军阵"（strategia），由一名将军指挥。

古时的记述者声称战线由64个中队、1024个小队组成，集结总共16384人，此外还有8192名轻步兵，包括弓箭手、标枪手和投石兵。他们安排重盾步兵——长盾步兵——数量一半的轻步兵。骑兵或者和他们一同列阵，或者在步兵阵列中列阵，总共4096人。指挥官被称为将军。

---

① 译注："skoutaton"这个词，和"hoplite"一样，源自士兵使用的盾牌，古罗马的"scutum"的变体。

◎ 亚历山大大帝，庞贝镶嵌画。利奥六世在《战术》中使用了大量古典时代的军事典籍记述，其中大部分与九至十世纪的拜占庭军队情况差异很大。请读者注意辨别

他们就是这么分配部队的。他们把重装步兵部队配置在前方，作为和敌人交战的第一条战线，而后他们将其分为四个等量的军阵，左军阵、右军阵、左中军阵和右中军阵。

他们把轻步兵配置到阵列之外独自行动，因为他们装备轻、速度快，既可以前出追击敌人，也可以在侧翼投射，还可以到军阵后方或者到其他任何需要的位置。我们将会在合适的场合讨论这个问题。

他们把骑兵分为两支，配置在步兵的两侧进行支援，并对敌人发动快速打击。

此处，我希望避免过多讨论旧时军阵使用的术语，毕竟如今这些术语已经不再使用，军界也几乎没有人能够弄清它们的含义，为了不浪费时间，我将

会清晰而简要地讨论其他的重要问题。毕竟古时的步兵与骑兵军阵规模更大，而且士兵也更英勇顽强，至少看上去如此。

不过，将军，如今我们的部队规模较小，而且各部队数量也不相同，事实上数量少了很多，很难确定各支中队的数量，步兵军阵和骑兵翼队都是如此。或许超过256人的部队会有人无事可做，而委派到其他中队之后，若是不能协调好，困惑的他们将无法有效作战。

有必要按照军队的实际需要、实际的人员情况以及现有的部队数量来进行组织。各支部队都应当配备营旗和旗队长，而旗队长要由明智、勇敢且善战的高贵者担任。

确保各个步兵中队的小队都有十六人，每个人都按照自己作战时的任务组织好。按照现有的部队数量情况，按比例组织战线。

将这条由所有中队和小队组成的战线分成四等分，如前文所述，由各自的军阵官或军务官管理，即我们所谓的分队指挥官，左军阵和右军阵各由一名分队指挥官管理，而中央的两军阵则飘扬将军的旌旗。

少量不必要配置到军阵中的重步兵和轻步兵，以及他们的军官或您委派的指挥官应当作为预备队，必要时，负责的军官就可以率领他们，支援骑兵之外的翼侧或者辎重车辆的守备部队或者其他部队。

如果部队由不到两万四千人的步兵组成，您就不要结成四个军阵，而是三个。在中央的军阵树立将军的旗帜，指引下属的士兵。

首先，对轻装部队而言，您应当选择会使用弓箭或至少能够学会射箭的人，他们应年轻健壮，能够跳跃到远处。如果人数超过两万四千人，每个小队的弓箭手数量应过半，如果人数少于两万四千人，那也要保证三分之一是弓箭手。他们应当组织起来，如前文所述，接受出色的十夫长管理，另设一名管理

◎ 拜占庭弓箭手使用的扳指。拜占庭军队开弓的方式，既有拇指与食指扣弦的"东方式"，也有食指、中指、无名指扣弦的"地中海式"

弓箭手的军官，称投射长（archisagittatora）或弓手长（architoxoton）。①

　　将余下的半数部队或三分之二部队分为每组十八人的小组，也就是所谓的小队，将老兵和新兵混编。每个小队中应派能力较差的两人排除在十六人队之外，负责看守辎重车辆，而不担负其他任何任务。余下的十六人则在阵列之中各就各位，委派勇敢出众的人担任小队长，管理他们。

　　在这十六个人中，把八个最出色的士兵配置在队列（lochos）——古人如此称呼十六人队的前段和尾段，也就是把这八人配置在第一、二、三、四位，以及第十三、十四、十五、十六位。这样即使队列纵深削减到四人，军阵头尾依然配置着出色的士兵。将余下质量较差的士兵配置到队列中部。

　　挑选每一个小队的排头和追随者，也就是排头兵和二排兵。小队长就是队头和排头兵，十夫长则是追随者和二排兵。用排头和追随者的方式两排两排地组织好整个军阵。

　　为方便管理，并让士兵在行动时协调有序，把他们分为两小队更好。排头兵跟随小队长，而二排兵则跟随十夫长。这样，即使在分开时，这十六人依然组织在一起，并共同听从小队长的指挥。如此的话，能够有效地保持秩序，并轻易地指挥部队。

　　在安排重步兵队列之时，不但要按士兵的能力与态度来布置军阵，如果可能的话也有必要按照体型来布置。把身高较高的人配置到前方，会让阵线显得更加有序。但如果无法按照体型和勇气来布置军阵，那么至少要把主动请战的士兵布置到前方和后方，而把较弱的士兵布置到中部，方法如前文所述。

　　因此，古人将步兵军阵限定到了每小队十六人，这样每队的人数不会过多，而在紧急情况下还能有序地分兵变阵，甚至变成每列一个人。在分配部队以及委任高阶与低阶军官方面，我们的考虑与要求便是如此。

---

　　① 译注：按照这种说法，利奥六世实际上是希望投射步兵的数量与军阵步兵相当乃至更多，而且全部能够使用弓箭。实际上拜占庭军队无论是步兵还是骑兵，弓箭手的数量都相对不足。综合前一段和本段的说法，利奥认为独立步兵军阵的人数应当不少于六千人，每个军阵中至少有两千名弓箭手。

武器装备

现在，我们要求阁下把您的注意力转向您在战争中需要的武器和装备，以供步兵和骑兵使用。武器装备应有稳定的供应，并准备好应对任何紧迫需求。您应当监管所辖军区作战部队的装备与供应情况，一些任务由您亲自完成，而一些由您下辖的高级或低级官员负责。

监管内容包括弓和弓匣，箭和箭袋，长剑——需打磨得锋利而闪亮，普通长盾和被称为长盾（thyreoi）的大型盾，以及其他小型盾，如步兵使用的曾被称为轻盾的小盾以及仔细抛光过的铁质圆盾。他们应当配备8腕尺[①]的短枪。尽管罗马人和马其顿人一度曾使用16腕尺的长枪，但这些武器现在已不再应用了。只有在使用者有足够力量挥动它

◎ 约书亚，出自希腊迪斯托莫（Distomo）的圣路加修道院壁画。画中的约书亚使用的札甲和头盔也在众多细密画中表现了出来

---

① 译注：本书涉及的度量衡不多，"腕尺"约0.4688米，而"罗马里"约1574米，供读者参考。另外，本文无通译的专有名词，大部分采取意译，地名尽可能按照中古希腊语发音翻译，而人名，部分采用目前习惯的译名，比如"Ioannes"，读音近"约安内斯"，按照目前习惯译为"约翰"，而"Basileus"，读音近"瓦西琉斯"，按照目前习惯译为"巴西尔"。

时，武器才可谓合适。①此外还有较小的枪、普通的斧、一面如同刀刃而另一面如同枪尖的双头斧，以及携带它们的皮匣子或包装物。此外还有匕首、单面开刃的大刀。

护甲方面，得配备用皮带和锁环制成的长到脚踝的护甲，以及装它的皮匣子。如果可能，装甲应当全部由锁环制成，如果做不到，可以使用牛角或干牛皮代替。此外，还有甲外的罩袍，铁质或者其他前文提及的材质的胸甲、完整头盔、足部防护以及铁或其他材质的手套。那些没有链甲护颈的人，应使用内侧为填充物，外侧为皮革的护具代替。没有铁质护甲的人应当穿戴两层宽大的填充外衣，与武器一同配备。此外还有片箭、片箭槽、片箭袋、投石索、大鞍袋、打火石、引火物、绳、套索，马绊索新月形的马掌和马掌钉，小型锉刀和锥子，保护马头的护甲、保护马胸的铁甲或填充甲以及类似的马颈护具。

骑枪上应配有较大以及较小的三角旗，各种颜色的旗帜，还有大小号角、小镰刀、长镰刀、斧、小锤斧、锛以及用绳子捆在一起且有坚硬锐尖的蒺藜。

军中需要配备运输以上所述的重要备品的轻型大车，以及手推磨、锯、锄、锤、铲、篮子、山羊皮席子，指挥官能想到，能够用于保护营地及其周边地区的任何轻型备品。

其他的车辆载运弩炮以及两侧都有绞盘的绞盘式投石机，招募有经验的相关技师，包括精通修造攻城器械的木匠和自带备品的铁匠。一些车辆运输盔甲，其他的则运输食物和可能需要的额外武器。此外，配备驮畜和马匹以及其他用于携带备品的动物和其他所有出征部队需要的备品。

您还需要各种各样围攻时需要的机械，准备登城时而使用的梯子，以及其他您想得到的器械。

如果您遭遇河流或湖泊，应当准备好小艇小船或者皮筏子，并携带被我们

---

① 译注：在亚历山大大帝之后的继业者战争时代，马其顿枪阵所使用的超长枪不断加长，一度可能长达八米，利奥六世要求使用不到四米的长枪以便大部分士兵使用。在拜占庭帝国对超长枪的使用渐渐成熟后，尼基弗鲁斯二世要求超长枪加长到五到六米。

称为帐篷和遮蔽物的备品，以便在必要时挡雨或隔热。

我们要求那些负责海上作战的将军准备好装备完好的战船，一些用于作战，一些用于运输马匹，其他的用于运输装备或者所有他们需要的武器。

在所有以上列举的备品中，一些应由您直接负责，其他则由您指挥的士兵和军官负责。您要关注用于击退敌军的武器以及在作战时防护部队的装备，以及那些满足他们其他需要和提供服务的备品。

您应当特别关注作战时需要的武器，保证它们总是锋利而光亮，以便震慑敌军。您应当提前准备所有这些东西，以便那些靠勇气与敌人决战的战士需要时，能够及时获得它们。这样，您就不必把本应该组织阵形的时间用于做这些准备。对其他我们可能遗漏的事务，您也需要负起责任。如果您在准备武器之外还想到了其他需要准备的事务，就感谢上帝和您自己的精明吧。

最重要的是，无论何时您都要敬畏上帝，保持敏锐的思维，并在任何时间、地点与处理事务时保持认真专注，准备好面对所有意外事件。

因此，将军，我们已经讲述了我们能够想到的，有关准备武器的所有事情。随后我们将讨论步兵和混合军阵，但现在我们应当讨论无论是训练时，还是更重要的作战时，您应如何装备每个骑兵，以及应为他们准备和携带什么备品。

步兵与骑兵的装备

现在，有必要让士兵从军官那里获取他们自己的武器装备。在冬季整训或在军营中时应给他们提供作战时需要的合适装备。所有士兵，无论军官还是名单上的士兵，特别是分队指挥官到百夫长和四夫长，都应当获得与他们级别和力量相当的装备，并对您以及与您一同行动的部队保持特别的关注。

每个人都应有如下的装备：用扎带和锁环系紧，长到脚踝的链甲衣及携带它的匣子。①他们也应当配备抛光过的铁制头盔，顶上应常备羽饰。每个人都应当有合乎自己力量的弓，事实上应更多考虑人虚弱的一面，以及足够

◎ 巴西尔二世（据细密画复原）。最完备的拜占庭护甲应当包括一件链甲，至少防护胸腹部和肩部，时而也防护上臂，步兵的链甲或许还要延长到膝盖以防护腰胯；一件札甲，仅防护胸腹部；一件内衬软甲，使用粗丝绸或其他织物缝制，内部填充棉、亚麻，又或者直接使用毛毡或皮革；一件罩袍，主要作用为防风沙和日光直射，也可能加入填充物以防箭矢；前臂、小腿的防护另配札甲片或板条状护具，与躯干护甲使用皮带或锁环连接；独立的护手

---

① 译注：需要提及的是，现存的一件保存较好的拜占庭链甲仅仅长到腰际，胯部的防护或许使用的是与链甲相连的札甲板。

放置上弦的弓的弓匣。他们的鞍袋中应当配备有备用的弓弦、能装三四十支箭的箭袋以及其覆盖物。肩带上应挂有小型锉刀和锥子。他们也应当配备三角旗以及在中部有小扎带的短骑枪。此外，他们还应当以罗马人的方式在肩上挂一把剑，并在腰带上挂上匕首或刀。

征募的士兵中不懂射箭的人应当持骑枪和大长盾。如果能负担得起被称为"护手"的铁手套，那将很有帮助。他们应当在马臀处系上饰穗，并在肩甲上安上小三角旗。因为一个士兵的装备越威武，他就会越自信，而他的对手就会越畏惧。

如果可能的话，他们应当配备抛光得闪亮放光的胸甲，即现在所谓的"熔炉甲"①。此外还有被称为"护腿"的护胫，有时也应配备马刺。此外还有在需要时应穿戴的罩袍。

所有年龄在四十岁以下被征募的罗马士兵，必须按规定配备弓和箭袋，不论他们是精于射箭还是箭法平平。如今在罗马人中，箭术全然被忽视乃至荒废，对当今的军事行动造成了极大损害。

他们应当拥有两杆枪，以便其中一杆遗失时能及时替换。缺乏经验的人应使用较易开的弓。只要时间足够，即使完全不懂箭术的人也能够学会，毕竟

◎ 札甲片，出土自保加利亚。图中所示的平整札甲片采用热锻，制作较为简便，但强度也更差

◎ 札甲片很可能采用了冷锻技术，强度较高，应当是配给参与一线格斗的士兵

---

① 译注："klibanos"，一种札甲，普遍装备于这一时期的拜占庭军队中，作为胸腹部的主护具或加强护具。

这是项重要的技能。

如果可能的话，他们也应当配备至少两支标枪或投掷武器，以便在时机合适时向敌人投掷。这就是骑兵应有的装备情况。

马匹，特别是军官坐骑以及其他特殊部队的马匹，应当在头部和胸部穿戴有铁质或牛皮之类材料制成的护具。它们的胸部和颈部，如果可能的话还有腹

◎ 斧刃，出土自保加利亚。这种"单刃斧"并不受拜占庭军事典籍作者们的推崇，他们希望在斧的另一端配备类似破甲锥的结构

部，应当有马鞍下方的小片填充护垫防护，这些往往能够保护马匹并让骑手免于危险。那些处于阵列前方的人，特别应当给马匹配备这些护具。马鞍应配大而厚的织物，还应配备质量好而结实的马笼头。

应有两个铁马镫与马鞍相连，此外还有一根带绳的套索，一根马绊索，一个在必要时足够容纳三四天口粮的大鞍袋。还应有四个系在马腿上的饰穗，同样，在马眉处和马下颚处也应各有一个。

骑兵必须配备双头斧，一侧刃长如同刀刃，一侧尖锐如同枪尖。它应装在皮匣子中，挂在马鞍上。

士兵的衣服无论是亚麻、羊毛还是其他材质，应当合身而略宽松，以免妨碍骑马。外衣应长到膝盖而外观整洁。

他们应当有宽松且带衬垫的披风，并带有宽松的衣袖，这样在穿护甲和开弓时，如果下雨或因空气潮湿而起雾，就可把它们覆盖在护甲和弓上面，既能够保护自己的装备，也能够在使用时不受妨碍。这些带衬垫的披风也可以在巡逻或侦察时起到作用。当护甲罩上披风后，护甲的反光就不会被远处的敌军看到，并且它们可以在箭矢射来时起到防护作用。

我们也要求每个小队携带小镰刀和斧头，以备不时之需。

军官和名单上的近卫军以及数量更多的军区士兵必须获得他们的仆役，自由人或奴隶均可。在分发薪酬和集结时，必须注意登记与询问仆役、武器的情况，这样他们就不必在战时因仆役不足而让一些士兵去运输辎重，导致阵列中的作战部队减少。但如果有些人雇不起仆从，那么也可以让三四名低阶士兵

雇佣一个仆从。运送护甲和营帐的驮畜也可以使用类似方法置办。

我们要求战场上每支部队的旗帜应该是同样的颜色，每个分队或大队的飘带旗要使用自己的颜色，以便各支部队可以很容易地认出自己队的旗帜。其他对士兵而言易于分辨的物品，也应当出现在战场中的旗帜上，这样他们可以借此分辨分队、战队和旗队。分队指挥官的旗帜应当格外显眼且易于分辨，以便其下属部队可以在很远的距离外辨认出。

我们命令您，将军，用您的辎重车辆运输额外的武器，特别是弓箭，以替代战场上可能的损失。

除了身体护甲的皮匣子之外，士兵也应当有较轻的生皮匣子。可以在作战或突袭时放置在鞍后面的马臀上。如果发生了时有发生的事，即他们被击退——希望这一切不会发生，而看守装备的人一天之内不能赶到，护甲也不会因为暴露在外而受损，士兵也不会因为长时间承受护甲的重量而力竭。

在这篇总集中我们不会遗漏以下的内容：在冬季整训或在其他空闲时期，各支部队的军官应当进行一次评估，清晰得知马匹数量、武器装备情况以及每个士兵各自需要的武器装备，以便在这一地区的士兵无法轻易获得某些装备时，您在必要时可以准备好这些装备，让他们得以从一些商人处买到它们。结果是，本地的居民不会因此受损。如果这一切得以完成，士兵们将不再无助，能获得必需的武器装备。现在，我们已经装备好了骑兵部队，我们的下一个话题将是关于您监管步兵装备时应尽的责任。

古时的战术家把部队中的步兵分为三类：第一类是重盾步兵，如今的战术家也使用类似的称呼；其二是轻装部队，现在也如此称呼；还有轻盾步兵，这是我们这一时代不再使用的概念，我相信他们把轻盾步兵划入了轻装部队中，将步兵只分为重盾步兵和轻装步兵两种。因而，做好了这段区分后，我们将具体讨论有关他们的规章制度。

您应该让长盾步兵，即古时的重盾步兵，装备一把剑、一柄长枪以及在必要时装备被称为长盾的、大且长又整体带有曲度的盾牌。每个步兵大队或者军团的所有盾牌都应为同样的颜色。士兵也应该有带羽饰的头盔、投石索，以及一侧刃长如同刀刃，另一侧尖锐如同枪尖，装在皮匣子中的双头斧。同时，还得装备一侧刃用于切削，一侧刃较圆的斧头，以及形状如同传统双头斧的斧头。从队列中筛选出来的人要装备链甲等躯干护甲，如果可能的话，所有人都应装备护甲，至少队列前两排要如此。在肩甲，即身体护甲的肩部处应有小旗。他们，特别是那些站在队伍前列或后方的人，也应有铁或木质的手套，称为臂甲或者护手，以及类似方法制造的护胫，称为护腿或者腿甲。

您应按前文所述的方法装备长盾步兵，而所谓的轻步兵则按如下方法装备。他们应当在肩上挂上弓兵携带的，能装三十至四十支箭的大箭袋。也要配有带沟槽的木管以及短箭和小箭袋，它可以用弓远距离发射，而敌人则不会使用。被称为"投镖"（riktaria）的小标枪则由不懂射箭或没有弓的人使用。他们也应当配小圆盾、投石索、斧以及皮匣，它们应与此前提及的类似。所有步兵的上衣都应较短，只到膝盖。如果可能，他们也应当穿外衣。他们的鞋子前端不得有尖，但鞋子必须有小铆钉或钉子以加强耐用性。这些细节在行军时特别合适。他们的头发必须剪短，如果下达不允许留长发的命令则更好。

现在，您已将步兵装备好了，给他们提供了盔甲和武器。为了给他们提供服务和防护，您要准备好容易操作而又轻快的车辆，每个十人队或小队一辆，不得多于此数，以免太多人忙于管理它们而忽略其他事务。每辆车上应有一个手推磨、一把斧、一把锤斧、一把锛、一把锯、两个锄头、一个锤子、两把铲子、一个篮子、一些羊毛席、一把长镰刀以及备用的斧、骨朵和棍，因为士兵可能需要它们。此外还有用轻绳和一个铁桩相连的以便收集的蒺藜。其他的车辆则携带弩炮及弹药，以及能够向各个方向旋转的绞盘式投石机。此外还有攻城武器的技师、木匠、铁匠随行，各自在其指挥官属下工作。其他的车辆则携带每个步兵大队的装备。此外还有十至二十辆车运输面粉、干粮以及额外的弓与箭。

驮马或驴必不可少，如果能够配齐的话，每个小队都应该有，如果不能做到，那么两个小队得配一头驮畜。如果步兵碰巧离开大队的辎重车辆，去占据有利地形，这些牲畜可以追随士兵运输八至十天的粮食，直到行动更缓慢的大型车辆到来。

从阿里安之类的战术家的描述中，我们对古时的部队装备有所了解，即使是粗略了解。古时的指挥官把骑兵部队按照两种装备情况分为两类：全身甲骑兵（kataphractoi）和非全身甲的骑兵。

◎ 铁骨朵头，出土自保加利亚。这种外表粗糙的武器在战场上效果出众，颇受拜占庭军事典籍作者们的推崇。利奥六世对铁骨朵的讨论甚少，或许是因为仅仅队中很少使用这种粗糙的武器

他们给全身甲骑兵及其马匹穿上覆盖全身的护甲。骑兵穿上链甲和胸甲——或是铁质，或是角质甲片连在一起，此外还有胯部护甲。他们给马匹穿上保护头部和身体的护甲，使用札甲、链甲或者其他材质的护甲把马匹的头部颈部和两侧完全覆盖。

装配这些护具后，一些全身甲骑兵持骑枪，其他则持现在被称为"重枪"（menaula）、古人称为短枪的武器。全身披甲的骑兵与敌人近身格斗，另一种被时人称为"阵外部队"（akrobolistai）的骑兵则在一段距离外向敌人投射武器。在那些持骑枪或重枪的部队里，一些人如前文所述进行近距离作战，直接用长枪和重枪杀伤敌军。这些近身作战的士兵中，有些使用长盾或长且大的盾。没有长盾的士兵只使用长枪作战。前者被称为长盾骑兵，后者被称为枪骑兵。

在远距离使用投射武器的部队，即在远距离射击敌人的部队被称为"阵外部队"。其中一些人使用短枪，即标枪，其他人则使用弓箭。一些人在很远的距离投掷标枪，或者成横队行进或者骑马回旋作战，他们被称为标枪骑兵，而那些射箭的士兵则称为弓骑兵。他们中有些人配备轻枪，在先投掷一两支标枪后再与敌人近身格斗，其他人则使用他们没投出的标枪或轻枪，又或用剑格斗。他们把这些人称为轻装部队，有些人也携带斧刃上遍布锯齿的斧。就我们可以讨论的时间范围而言，古人的骑兵部队的装备就是如此。

就我们所知，古人的步兵是如此装备的。如前文所述，他们把步兵按装备分为三类：重盾步兵、轻盾步兵、轻装部队。

他们给被称为重盾步兵的部队配置步兵部队中最重的装备，马其顿人亚

历山大就是这样做的。他们给重盾步兵配备大而呈圆形或椭圆形，被他们称为椭圆盾的盾牌。此外还有刀或者匕首，旧式护甲和头盔，即躯干护甲，以及胸甲和头盔，也配备手套和古人称为护胫的腿甲，还有长度更长的长枪。这就是他们装备重盾步兵的情况。

他们给那些轻装部队最轻的装备。他们既没有旧式护甲或者胸甲、链甲，也没有护腿或腿甲、护胫，更没有椭圆盾或者重盾、大盾。但他们使用能在远距离投掷的武器，放箭、投掷标枪或用手乃至投石索投掷石块。他们身穿结实僵硬的服装代替胸甲、链甲或者其他护具。

较近时代的战术学作者并没有提及过那些被称为轻盾步兵的部队，原因如我前文所述，我认为他们把轻盾步兵与轻装部队弄混了。他们的装备确实比其他部队更轻。他们使用轻盾，即一种小盾。他们的枪则比古人使用的长枪要短。古人的长枪是十四至十六腕尺的超长武器，是马其顿人特有的装备。可能轻盾步兵的地位处于轻装部队和那些被特别称为重盾步兵的部队之间，装备比轻装部队厚重，而比重盾步兵轻。

重盾步兵也使用一种凹陷不大的马其顿青铜盾，或者使用呈圆形而盾面曲度不大的大盾，直径三拃。长枪不小于八腕尺而又不能太大，以至于携带者无法轻易使用。

马其顿的枪阵是敌军无法阻挡的阵形，因为他们使用了特殊的队列。在进入近身战斗时，在战线逐渐贴近时，重装的士兵坚守各自的位置，相隔二腕尺。他们挥动长枪，即据某些资料称达到十六腕尺的超长枪，但实际上应为十四腕尺。每杆长枪有四腕尺的长度在持有者身后，而长枪其余的十腕尺则在他的前方伸出。

那么，古时和近世的战术学作者描述的每个士兵的装备情况就讨论到这里。我们已经组织好语言并做了诠释，以便拥有这些知识的您能够随机应变地使用它们。[1]

---

[1] 译注：本章34页至35页讨论的内容，源自利奥六世对古典军事资料中军队装备情况的摘抄，与这一时期的部队装备情况有不小的差异。下文中利奥也时常摘抄"古人"的说法，请读者注意辨别。

关于骑兵与步兵的训练

下面，指挥官，我们将总体而简略地叙述在和敌人交战前，部队人员应进行的训练，以供您参考。这对您让士兵在训练中遇到危险，从而适应真实作战的这个危险过程中起到帮助。未经训练的人，事实上在面对突发和意外事件时是全然无知而盲目的。

在冬季或者停战时期，或者对敌对领土的远征暂时停止时，您有必要整训部队并让士兵通过习惯战争而精通作战，如同靠苦练熟能生巧一样。不要默许他们空闲或放松，空闲让身体软弱无力，放松则让灵魂怯懦而失去男子气概。毕竟日常享乐足以让最勇敢的人沉迷和堕落。只要他们在长时间休息后再度返回工作，他们便不会情愿地去工作，也无法长期坚持，而他们在体验战争的艰苦之前就会逃跑。即使他们确实有些经验，他们也会迅速撤退，无法承受劳动与危险。因此我要求那些优秀的指挥官做有帮助的准备，并在因战争压力带来的无可避免的劳动之外的时间，组织工作和活动。

按照如下所述的方法训练部队。一开始进行单独训练，那些长盾步兵，即重装的步兵手持盾牌和木棍一对一格斗，并在远距离投掷短标枪和铅头飞镖（saliba）以及斧头。您应当按如下所述的方式训练那些所谓的轻装部队：将一杆长枪竖立在一段距离外作为靶子，让士兵用弓箭速射。训练如何远距离投掷小标枪和使用投石索以及训练在平地和崎岖地域跑动、跳跃。

训练骑兵使用弓箭速射。射出箭矢时的速度和力量很重要，这对那些骑兵至关重要。此外，他们更应该在一段距离外步行使用弓箭速射，使用长枪或者其他靶子。骑马的部队也应当能在马奔跑时向前方、后方和左右两侧迅速射

◎ 巴西尔二世战胜格鲁吉亚人，出自马德里抄本的细密画。在1022年的这次远征中，拜占庭部队中的重装骑兵和瓦兰吉卫队都起到了重要的作用。利奥六世在《战术》中号召重视对步兵的训练和组织，尽管他对步兵的论述比较粗糙，但后世的尼基弗鲁斯二世在《论军事》（Praecepta Militaria）中得以组织更严密的步兵军阵，应当说，也有利奥六世此前安排的功劳

箭。骑兵应加强训练，以能熟练地跳上马匹。他们在策马奔驰时应当能快速射出一两支箭，并把上弦的弓放回弓匣中，如果弓匣足够宽，也可以放到专门为这种动作而设计的半弓匣中，然后拿起肩上挂着的骑枪。在上弦的弓放在弓匣中时，他们应当能够迅速把长枪挂回肩上，并迅速取出弓。

按照"对枪"的技法，两个人应当互相冲向对方然后再撤退，随后再次策马前行，再调转马头。骑马在本方领土中行动时，让一些士兵进行这类的训练是有益的，这样他们可以继续无阻碍地行军，而马匹也不会力竭。

如果远征部队恰巧要长期驻扎，或者全军要同时集结于同一地点，那就不要让所有士兵放松，而是要如前文所述，让他们习惯于艰苦劳动。有时要按照之前我们所说的方式训练他们，其他时间则如同实际作战一般面对面结成阵列，以及让他们花时间整理自己的兵器。放松不止会让他们迟钝而胆怯，也会让他们想入非非，甚至煽动骚乱。如果他们练习过他们愿意执行的任务，他们就能够很容易地忍受那些他们不愿做的任务，并习惯遵守对他们下达的命令。

您不仅应当独立地训练他们每个人，也应当让他们意识到军阵的整体性并保持这种意识，而且熟悉战友的面孔和名字。每个士兵必须知道他上级的主管军官和所在的旗队，以及他和多少人一同驻扎。他必须知道军官给出的关于

军阵的准确命令，比如展开阵形的命令，是要求按照战线的宽度还是深度展开。收缩阵形或集结紧密阵形的命令也要同样清晰，还包括转向左方与转向右方，重组队列以及队列中人与人之间的距离，部分收缩或展开阵列，前进与撤退时从间隔中穿出和穿入队列，横列与纵列的排列与布置。

此外如前文所述，无论何时都要清楚枪阵或整个阵列是要收缩深度还是拉伸宽度。面对面对战或者向两个方向的作战是什么，队尾长或者在整个阵列最后的人要在什么时候转向，对抗包抄的部队，并与他们前方和后方的部队交战。按同样的模式，整个阵列的一半都要转过来。此外还要知道这种回转和重整骑兵部队的声音讯号。

很快就习惯了这些的士兵能够自然地结成军阵，而不了解且并没有习惯这种练习的人会陷入迷惑，且在迫切需要时几乎完全无法组成战线。

您把部队分为两支，然后让他们互相进行模拟作战，使用没有枪头的枪和没有箭头的箭，并如前文所述用棍子代替剑，或者用长木棍、芦苇秆代替长枪。如果他们训练的地方有土块，让他们在练习作战时互相投掷。让他们在训练时使用所谓的"迷宫"（charzania）或类似设施。给士兵指出战场上的陡峭高坡，并命令他们跑步攀登，占领它们。当然，您还要派其他士兵在山坡上守卫。

在您训练好一群士兵后，解散他们，并把我们前文提及的武器交给另一群士兵。您应当表扬那些在训练时坚守阵地与英勇的人，而对那些表现不佳和怯懦的人，您则应劝导他们改正错误。

这种练习和训练的结果不但能让部队习惯艰苦劳动，而且还能保证部队健康，不再挑食，让他们习惯即使普通的干粮也能胜过盛宴。他们的身体会因此而更加结实，曾经在大太阳下和冬季的严寒中训练得大汗淋漓的他们也将习惯于未来的工作。

您应该用类似的手段训练骑兵部队，让他们互相竞争，进行追逐，加强近

◎ 战锤头，出土自保加利亚。这种一头钝、一头如戈的武器同样可以对披甲造成致命伤害

战，使用箭矢或标枪练习远程射击，以及我即将用更多篇幅为您讲解的其他方法。

只要他们仍能在破碎的地形中行进，就可以在平原或者山丘脚下进行这种机动。

古代的战术学者们认为让马匹频繁在平地训练，与习惯在丘陵和崎岖地带行进两者好处相当，而我认为后者更加重要，因为这样它们才能迅速在这些地区，甚至陡峭的地区行动。如果马匹习惯了崎岖的地形，就没有什么地方会吓倒或困扰它们以及骑手。即使在炎热的夏季也要注意不要马过多饮水，因此，不在离河太近的地方扎营是有益的。让它们在崎岖难行的地形排成行列并转向，当骑兵旗队结成阵形后，每个人都应当向前方猛冲，然后调头再如此进行一次。那些让马匹频繁休息并忽视这类训练的人是在害他们自己。

除此之外，有必要更详细但仍适度且简略地为您讲解古人使用的机动方式，以及他们指挥时使用的辞令，如我们前文所做的一样，以便让您使用这些手法预先训练部队，并让您能够用这种辞令以及实际的军事训练激励他们。在训练过每名步骑兵后，您必须按如下所述的方法各自训练每个战队或旗队。当骑兵旗队组织起所谓的横队和纵队，并按合适的阵列集结后，传令官要按如下的方式下达命令。

"肃静！"用于作战开始时。"任何人不得后退，除追击敌军时，任何人不得前出阵列。如果您找不到战线，看好旗帜，作为一个勇敢而非怯懦的士兵跟随它。不要让自己分心或进行其他行动。士兵，您应当坚持您所在的位置。掌旗官，您也当如此。当您在与敌人作战或追击时，如果您离开战线，不要鲁莽地冲出而导致您所在的队列散乱。"

一个独立的骑兵战队应按如下方法训练：得到行动的命令后立即行动，成队列行进或策马奔驰，然后再停止。当指挥官要让士兵行动时，他必须用语言、号角或旗语给出"行动"的命令。当他打算让士兵停下时，他应发令"立定"或用语言、敲击盾牌，抑或吹响如今称为小号的号，或者吹号角来发令。这是机动命令之一。

另一种机动命令，成队列行进，首先抵达一处宽阔地域，指挥官下令："成队列行进。"

再一种，特别用于从两侧或从后方有秩序地收缩阵列。收缩阵列与收紧阵形相同，让士兵肩并肩紧密集结。这一动作的命令如下："从两侧，收缩。"这意味着各个十夫长、五夫长和四夫长要各自靠近，然后他们就如所述地肩并肩紧密集合。他们并非向某一侧收紧而是向中央收紧，即各自向着掌旗官的方向收紧。这类的阵列收缩必须迅速而有序地完成。在十夫长在前方各自集结成一排时，四夫长即队尾长也要在纵队后方集合好。当他们收缩好阵列之后，可以有效地保证他们前方的士兵不会向后逃离作战。

再一种，即当他们从后方收缩阵列直到肩并肩时，不但战线宽度要收缩，战线的深度也要收缩。

再一种机动命令。当部队以紧密阵形行进，特别是他们进入敌军弓箭的射程，士兵从两侧收缩阵线之后，应下达如此命令："出击。"然后十夫长和五夫长用盾牌护住自己的头部，以及马匹的部分颈部，将骑枪端到与肩平齐并在盾牌的防护下有秩序地前进，速度不得太快，应为每步距离一致的小步行进，所谓"有序行进"，以便部队推进时，队形不会在与敌人接战之前散乱，否则会非常危险。此时后方的弓箭手开始射击。

再一种机动命令。在追击时有时他们需要作为突击部队，如今称为"破阵队"，或者结成紧密阵形作为防卫部队，如今称为"复仇者"。如果需要作为突击部队行动时，指挥官应如此下令："策马冲锋。"然后他们按照这种速度奔跑一里地。如果他们作为防卫部队，应下令："阵列行进。"然后他们将保持紧密阵形追击。

再一种机动命令，用于稍微退后再调转方向时。当军官想要让突击部队撤回时，他应当喊道："撤退。"然后他们再向防御部队撤退一到两箭的距离。然后他再喊："调头，冲锋。"他们调转方向面对敌人。要经常下达这种命令，不仅在前方，在左右方也当如此，对第二行战线也要这么下令。他们应当时而从战线的间隙机动，时而在战线之间机动。他们以密集阵形共同向敌人发动冲锋。在训练时，骑枪应当举起而不要垂下，以免阻碍马匹自由运动。

再一种机动命令，用于有秩序地将战线转到左侧或者右侧，期间与侧翼护卫和包抄部队——即在队列右端如同犄角一样，用于包围敌军战线的部队，共同行动。如果指挥官想让他们转向左侧，他应当下令："向左转。"如果想转向右侧，他应当下令："向右转。"这是他们转换战线的方式。如果只有一个旗队，那么就只有这个旗队转向；如果有几个旗队，那么一个旗队如此转向后，其他部队也应同样如此。

再一种机动命令，用于阵形调头时，有时用于转换士兵所在的位置，其他时候则用于把战线转到后方。如果敌军突然向阵后或从后方发起进攻，指挥官应当下达命令："转变方向。"士兵在原地不动，转向面对后方，只有军官和掌旗官移动到原本是后方的新前线。如果大批敌军出现在他们后面，他应当下令："转变位置。"然后他们将以旗队为单位转向。

不但有必要让他们结成线列阵形训练，也应当让他们在非正规阵形中训练，向前冲锋，并使用各种包围动作。首先，他们要后退并转向，然后回身突然对敌军发起攻击，最后还要能够解救受困的部队。如果战队习惯这种机动方式，他们就能作为突击部队，即"破阵队"或"先锋队"，或者作为防卫部队，或者作为"复仇者"、支援部队，结成应对任何突发事件的阵形。

通过适当进行这种训练，士兵们将会自然熟悉几乎所有，乃至全部的机动命令。没必要把所有命令都公之于众，如果这样做，敌军也能够获悉这一切。使用前文所述的九种机动方式，战队将能够应对所有的情况，在需要时，无论是突击部队还是防卫部队，是侧翼护卫还是包抄部队他们都能够胜任，毕竟他们已经习惯了所有的阵形。

此外，让各旗队习惯如同在战线中一样共同集结、互相协作也很重要，但按照如前文所述的方式，我们所有的阵列不会全部暴露在敌军面前。在开战前，绝不要同时集结好整条战线，而是仅集结前两条战线进行训练。那些侧翼护卫和所谓的包抄部队，或者结成密集阵准备突袭敌军的突袭部队，也同样如此。这些部署更多属于对敌的战略而非战术，而它们也不应在训练中就提前告知，而应当按照实际需要决定。

无论是一个旗队长指挥的旗队还是整个骑兵统领队、分队，乃至整支部队进行训练，都应该分为三部分。如果只有一个旗队训练，那就把大部分人作为突击部队训练。与他们同一条战线上，要派出十个人担负防卫部队，排成一排或布置于两侧。再派几个骑手，约十人，前出到战线前方面对他们，以便让他们理解一些进攻的实际情况。

训练行进时，比如迅速向战场行进时，突击部队要与防卫部队分离。他们要稳定地向前骑行一两里，然后转回行进一半的路程，再分别向左右行进，这样做三到四次，然后转回来。此后他们回到阵中防卫部队之间的位置，再以防卫部队的阵形出击，假想迎战追击部队。

骑兵大队也要如此训练，把一些旗队作为突击部队，而另一些旗队作为防卫部队训练，然后让他们互换角色，突击部队担负防卫任务，而防卫部队担负突击任务。结果是他们能够面对任何必须面对的需求。

用类似的方法训练分队，第一条和第二条战线也应当如此。突击部队练习包围所使用的冲锋时，用两个旗队各自独立指挥，骑马对向行进，一支部队从内侧，而另一支从外侧通过，以免己方骑兵相撞。

侧翼护卫和负责从右侧包抄的包抄部队，必须进行分离训练。那些因如前文所述的原因而埋伏，并大规模出击进攻的部队，在敌军战线超过我军时，负责保持战线相当，并防止敌军包围我军，在敌军战线更短时可以用于包围敌军。他们也要进行分离训练。一些骑兵，比如一到两个旗队，应当面对他们排成一排，作为假想敌，要先包抄或包围他们。然后那些伏兵可以突然而迅速地冲出，用密集的非正规阵形攻击敌军后方。

这些练习很简单，而且可以很容易地训练一个军团或数个军团，而不至于把我们的部队规模暴露给敌军。将军，您有责任把这些训练方式写下来，交给分队指挥官和其他您属下负责训练部队的军官。他们不但应当习惯在平地进行这些训练，而且在崎岖地形，如丘陵和陡峭地带也当如此。即使在炎热的天气中训练，并让士兵习惯它也是很好的，因为没人知道什么时候会发生战争，也没人知道会发生些什么。

士兵有必要像真正作战时一样进行这种操练，借此让他们了解在战时应当了解的知识。习惯了危险的士兵会更为勇敢。

既然我们已经具体讨论了骑兵训练，有必要用类似的办法给您介绍源自古时或当今战术学者的步兵训练方法。首先，步兵部队的队列必须组织好，如我们前文所述，以便让士兵跟随军旗和指挥官，一部分人在左，一部分人在右。然后指挥官和掌旗官以及传令官和号手一起向前，队列最前方的人员，即"排头兵"与十夫长，按照预定位置从左到右依次站好。

在抵达训练或者战线应当的位置时，指挥官和他后面的掌旗官与通常的随从在其应当的位置停住。队列中每个人在各自的位置从两侧把队列集结好，一开始距离较远以免相撞，队列纵深应为十六人，把轻装部队配置在后方。他们将枪尖朝上以免互相干扰。传令兵以及战场向导，即当地的向导移动到队列的前方，前者负责传达指挥官的命令，后者则负责侦察和引导。

如果军团进行训练，指挥官应当和传令官、战场向导移动到前方。如果分队进行训练，只有骑马的分队指挥官和两名传令官、两名向导、一名马夫和一名持剑卫士，即为指挥官携带武器的人需要来到队列前方，直到队列即将接战后，他们再安全地撤退回军阵中军旗所在的位置。

指挥官本人不应和敌军作战。步兵军阵的军号除军阵官直属的号手之外都不得吹奏，不论这个军阵总共有一个、两个，还是许多个军号，以免噪音干扰命令。这就是重装步兵，即步兵中的重甲部队应当的组织方式。轻装部队的组织方式有很多种，他们原本被称为"阵外部队"，但现在被称为弓手或者弓箭手。有时在每个队列的后方按比例配置弓手，十六名重装步兵的后面配置四名轻装步兵，而当重装步兵队列缩减到四人时，在后方配一名弓箭手；有时他们配置在阵列中，重装步兵和弓箭手间隔排列；有时他们要配置在队列中和掎角处，即队列的两端，位于骑兵内侧。如果有大量的轻装步兵，通常他们和一部分重装步兵被配置在骑兵外侧较近处，以保护位于外侧的骑兵。

使用投射武器、斧和骨朵的部队应当在重步兵队列后方，或者在战线的两侧而非中央。投石索兵应当配置在两侧。目前我们把弓箭手和其他投射武器的使用者配置在队列后方，以便训练或应对需求。

把骑兵配置在步兵战线的两端，最勇敢的部队要和他们的军官一起在最外侧列阵。如果骑兵部队很多，比如超过一万两千人，他们应当列成十排。如果人数没有那么多，就列成大约五排。在后方，马车附近应有额外的部队提供支援，以便吓退出现在后方的敌军。如果没有这样的需要，那么他们应加入保护侧翼的行列。他们应当首先在一个很宽的区域内集结起来，以便在部队转向时不会互相阻挡。

命令骑兵不要紧追敌军或离步兵阵列太远，即使敌军很快就要溃逃，否则他们可能陷入埋伏，而与步兵距离很远，得不到阵线支持，被削弱而数量较少的他们可能遭到惨败。但如果这种事发生，而他们被敌军击退，就让他们到战线的后方寻求庇护，但不要退到应当位于步兵阵列后方，以便得到保护的马车后面。如果他们还是不能坚持，他们应当下马并步行作战。

如果部队准备集结作战，但没有打算在当天作战，而敌军向我军骑兵冲锋，而我军骑兵未能稳固阵形时，他们不应等待骑兵在两翼就位，而是应当移动到步兵后方，即战线和马车之间。如果这样做的话，中央就会需要更多的空间，以免让骑兵免于在狭窄空间内行动，或者被敌军的箭矢射伤。

这些事情在作战时会格外增多，也正因如此我们才要花时间训练。

现在我们已经讨论完布置，应当如前文介绍骑兵一样，对您解释清楚步兵的阵形和指挥了。

当各种部队集结在前，而军中各部队到达进行训练的位置时，传令官要下达如下命令："安静，所有人注意命令。不要疑惑，坚守阵地，跟随旗帜。任何人都不得离开旗帜追击敌人。"在说完这些话后，他们要无声地稳步行动，任何人甚至不得耳语。

他们应当习惯这些行动，以便在口头命令、点头或其他信号下达时，能够前进或停止，扩展或收缩队列，有秩序地保持战线或成直线整齐行进，并能进行各种收缩或扩展战线宽度和深度的动作。他们要以密集阵形行进，使用木棍或钝剑以作战队形进行模拟作战。

也要用这些方式训练他们：把部队分成双枪阵，然后再恢复平常的阵形。转向右侧，然后再转向左侧。向侧翼行进，即向阵列的右侧部分行进。成战线行进，然后再回到原来的出发地。以面向两个方向，组成双战线进行防御，然后再回到原来的位置。把战线转向右侧，然后转向左侧，展开阵列并扩张阵形，把阵列深度增加到两倍，将战线转向后方，再返回。

这些机动动作，要在接到各种不同类型的命令后执行，以口头命令、手势或者其他信号指挥部队前进或停止。当他想要让他们前进时，战场向导要用螺号（boukino）、号角（taurea）或者语音发出命令，让部队前进。①如果

---

① 译注："boukino"原意为"螺壳"，"taurea"则源自"牛角"，但其他军事典籍中一般不使用这两个名词来称呼军号，军号也未必真正由海螺、牛角制成。

他想让他们停下，就吹响停止号（touba，一种较小的螺号），或用语音、手势让他们停下。让部队习惯口头命令或者信号是非常重要的，因为兵器的撞击声、尘土或者雾气会造成迷惑。

如果您想扩展战线的长度以威慑敌人，或与敌军的战线相当，在队列为十六排时，纵队人数可以减少或者再分。下达命令："成八人队变队。"他们将会间隔一个人移步离开原纵列，这样一来，纵列的深度减小到每列八人，而战线的宽度则增加。如果他想要把纵队减到四人，他再度下令："变队。"他们将以类似的方式向左或向右移动。这必须在监督下进行，以保证所有人进出的方向一致。

他们应当整齐而有秩序地行进。当有人踏出战线前方而导致队列不再整齐，应当下令："前线整队。"这样战线就能重新整齐。

他们要在距离敌军战线两到三箭地之外，收缩阵列或结成紧密阵形，并准备冲锋。命令是："收缩阵列。"他们要向中央收紧，将宽度和深度保持到前列的人的武器几乎触碰到身边的人，而他们身后，直到阵列最后的人则如同粘在一起般紧密。这一机动方式在战线正在行进或者坚守原地时都可以下达。队尾长必须催促后方的人员，并在必要时整齐战线，这样他们就不会因为胆怯而犹豫，而这是有可能发生的。

他们要在我方与敌方的战线逐渐接近，弓箭手准备放箭，而前方的士兵没有穿链甲之类的躯干护甲时结成盾墙。命令是："密集阵列。"前方的士兵将会一个接一个地靠近，直到他们的盾牌几乎互相接触，完全保护住他们的身体，直到胫部，即小腿。站在他们后面的人举起盾牌并把它们搭在前方那个人身上，用这种方式护住胸口和脸部并准备接战。

当队列完全收紧而战线距离敌军仅有一箭地，战斗必然要立刻开始时，要下达的命令是："准备。"然后另一位军官立刻高喊："拯救我们吧！"而所有人一同回应道："上帝啊！"轻装部队随即开始抛射。当敌军贴得更近时，在前方列阵的重装步兵如果有灌铅的飞镖、斧或者其他的投掷武器，他们要一齐投掷。他们也可以等待敌军贴近时，一同投出长枪或标枪，拔出剑并有秩序地和敌人作战，且坚守原地而不得追击面前后退的敌军。在他们后面的人用盾牌遮住头部并用长枪支援前方的士兵。

第一排的士兵们在和敌军开始格斗前，保护好自己是至关重要的，否则他们很可能被敌军箭矢击杀，特别是在他们没有穿身体护甲或者护胫时。

在战线前进而敌军在前后两边出现时，他们要分为两组枪阵。假设当时每纵列有十六人，如果来自前方的敌军贴近并准备近身肉搏时，就下达如下命令："分为八人队。"在这两组枪阵之中有八人原地就位，而另外八人则开始转移，组成一个新的枪阵。如果纵列人数有八人或四人，命令则是："坚守阵地，第二排（deuteros, pl. deutero）士兵和双层枪阵的士兵出列就位。"第二排的士兵此前被称为"跟随者"（sekoundoi）或"二排兵"（epistataes, pl. epistatai）。

一种可能出现的情况是，一支大规模的敌军从我方战线后方抵进，而辎重车辆没有跟随，那么"跟随者"，即"二排兵"就地停下，而排头（primoi），即"排头兵"（protostatai）负责前进迎击。

如果辎重车辆没有跟随，或者在跟随时遭到了袭击，就使用双枪阵。辎重车辆必须跟随每一支装备精良的步兵队伍行进，除非失去后方的辎重车辆和其他补给的骑兵部队依然可以在必要时步行作战。

当指挥官出于各种可能的原因，希望将战线从一侧向另一侧展开时，无论是延展战线包抄或包围敌军，还是防止被包抄或包围，或者占据有利地形，又或者准备穿越狭窄地形时，都要向士兵下达左转或右转的命令。如果他打算率部向右，命令是："转向枪的方向。"重装部队就会转向右方。"前进。"他们将会奉命向指定的位置前进，而后应下令："转回。"他们将转回原来的方向。如果想让他们左转，命令是："转向盾的方向。"余下的命令相同。

需要做出这种转向动作的原因是，敌人可能在我方结成双层枪阵之前，突然从翼侧或后方发动包抄。此时应当下令："保持阵线。"一半的部队坚守原地，迎击前方的敌人，余下的部队则向后转。队列内侧的士兵依然各就各位，共同高举盾牌掩护头部。

如果您需要应对必要的风险，要把战线转向左侧或右侧。命令是："向左转移。"或者是："向右转移。"转移时以小队为单位依次转移，整条战线将很快就位。

战线也可以横向或纵向展开。当士兵结成密集阵形，而您需要分兵，或者展开队列，以增加纵深或使军阵宽松，应下令："向两侧延展。"而他们将会延展队列。无论是某一个分队还是整条战线，进行这一动作时，队列应处于行军状态或刚刚停下，两翼将向外延展。

队列纵深可以增加乃至加倍。假定每列四人，而您想要将其加倍，和敌方的军阵纵深相当，并让您的军阵在冲击之下更加坚实，命令是："入列。"他们将会结成每列八人的阵形。如果想要结成每列十六人的阵形，命令同样是："入列。"他们将会逐个返回预定的位置，每列人数将会加倍，恢复原本十六人队位于一列的情况。如果出于某种原因，您想要把每列变为三十二人——这并不是一种高效的方式，应当下令："一队跟一队。"他们将以前文所说的方式将队列加倍，增加队列纵深而减小军阵宽度。（参见附录三，阵图5、6、7）

当阵线向正前方推进，而敌人并没有从前方贴近，而是从后方出现，战线就要调转方向。当每纵队十六人时，如果您要把各队的队长，也就是所谓的排头兵调往后方，命令是："调转位置。"各队队长会穿过军阵站成一列，他所属的士兵会跟随他们行动，面向敌人结成一个新阵线。最好是在结成紧密阵线之前完成，但如果紧密阵线已经列好，又没有展开的空间时，应当下令："调转方向。"他们将会在原地转向后方，而此时队列最前方的是原本队列最后的"队尾长"，而不是队长。

因此这些行动可以在战时进行，让士兵们在战前做好准备；也可以在非战争状态下进行整训，期间不使用平常的铁制武器，而是用其他的训练装备，让士兵们适应各种队列动作，并将指令牢记于心，在执行时保持秩序而不会喧扰或困惑。将同一支部队分为两条相对的战线时，预先训练尤为重要——至于训练时是一支部队参与还是几支部队共同整训则无关紧要。

我清楚一些其他在训练时下达的指令，以及事实上是从古时流传下来的队列动作，其中阿里安（Arrian）和伊里安（Aelian）的作品影响最大，而他们在这方面的说法可谓异口同声。但为了避免过度延长篇幅，对这些旧资料，我将仅仅进行总结叙述，此外的部分则保持沉默。其一，资料中的一些说法或者不明确，或者不适用；其二，我们此前叙述的部分本就是整理自时代更近的权威军事经验，因而在说清楚了操练方法后，在此处再复述一段语焉不详的记述，也不会过于鲁莽。

伊里安记载了如下的说法和动作，其中包括转向，他将这个指令分为两种：转向盾牌方向，此处的盾牌指重盾；转向枪方向，此处的枪指长枪。他也记载了一系列动作的名称，包括"调转方向""调头""向后转""向外转""入列""成列""前列后退""出列""队列加倍"。他也提到"有序行进""向左转""向右转""宽枪阵""直枪阵""斜线阵""列阵""阵前""阵上""阵下""阵中""阵侧""阵外"。

以上所说的都是行动命令的名称，完整的指令如下："拿起重装备（opla），重装者就地站立，重装者不得脱离枪阵。拥盾者离开枪阵，保持沉默，听好命令。举起长枪，放下长枪，队列收紧成一直线，注意间隙，转向枪方向，转向盾方向，前进，立定，返回前方，纵深加倍，向枪方向行动。返回原处。"但我们并不使用这些命令，因为语义不明，或者不复适用，毕竟如今的指令目标是简短而明确。

以上就是我们对步兵与骑兵整训操练的讨论，每个士兵、每支部队和整个军阵都必须能够立即执行命令。有必要对犯错的士兵进行当前规定的一系列惩罚，让他们清楚犯下错误会遭受何种处分，不敢疏忽大意。

军法

◎ "篡位者"福卡斯，著名拜占庭军事典籍《战略》的作者，皇帝莫里斯就是因为军队哗变而被杀，而被哗变者拥立的福卡斯的残暴与无能，直接导致了拜占庭—萨珊波斯战争形势急转直下，也间接导致帝国最终丢失东方的大片领土

当军官和麾下士兵集结后，有必要大声向他们宣读法典中对官兵的戒令，无论是实际开战还是进行训练均应如此。具体法令如下：

如果士兵违背四夫长或五夫长的命令，应进行处罚。如果四夫长或五夫长违背十夫长的命令，也应受同样惩罚，而十夫长违背小队长时也应受罚。如果所属部队之中有人违背旗队长命令，则应处斩。

如果士兵遭受不公待遇，他应当向所属部队指挥官请愿，但如果遭受部队指挥官本人迫害，则应向其上级请愿。

士兵归乡时，也就是解散返回家乡后，如果逾期不归，应当受连续值班驻防的处罚。

如果有士兵胆敢谋害长官或参与哗变，无论原因如何，都应处斩，密谋与哗变的领袖尤其不能饶恕。

如果负责守卫城市或堡垒的士兵叛变投敌，或擅离职守，应处以极刑。

如果有人意图投敌，应当处以极刑，知情者也应因知情不报受连带处分。

如果士兵听到十夫长的命令而不执行，他应受处罚，但如果是因不清楚命令而迟慢，十夫长应因教训不周而受罚。

如果有人寻获牲畜或者其他遗失物品而不报告上级军官，无论大小，均应受处分，知情不报者同以盗窃论处。

如果有人打伤纳税人而拒绝赔偿，需支付两倍的赔偿。

如果有人在获准离队期间武器维护不周，而他的十夫长没有要求他保证武器维护，或不向上级军官报告，士兵和十夫长都应受惩罚。

如果有人违背军官的命令，应当按军法处置。

如果有人打伤士兵，支付的赔偿金应是给普通纳税人赔偿金的两倍。

如果部队在越冬驻扎或者行军期间，有人打伤纳税人而不给付应当的赔偿，无论军官还是士兵都需支付两倍的赔偿。

在战争期间，如果有人未报告部队主官即允许士兵归乡，应支付三十诺米斯玛的罚金。而在越冬驻扎期间可以进行两到三个月的归乡。和平年代士兵可以休假离开，在其所属的行政区（eparchias）内活动。

如果负责守卫城市或堡垒的人在并无生命威胁，尚可坚守时投降或逃跑，应处斩。

训练期间，当士兵聚集起来后，应高声朗读戒令，其他时候也应当重复宣读戒令，保证士兵和军官知晓。

其他在战时需要遵守的法规戒令，也必须事先告知他们。

部队集结起来后，应向士兵宣读以下戒令：

在作战时，战线集结后，士兵脱离阵线或旗队，无论是逃跑，还是擅自冲锋，或是抢掠死者的战利品，还是独自追击敌军，又或者袭击敌人的辎重车辆或军营，都等同于临阵脱逃，背弃袍泽，应当处决，一切战利品全部充公，纳入所属部队的公帑。

如果在大规模军事行动或阵地决战时，一支部队在已经列阵后无正当理由调头逃跑——愿这再也不会发生，周边部队应向这支部队中带头脱离战线或所属军阵逃跑的士兵射击，将他们全部杀死，擅自移动阵线等同于导致整部分军阵溃败。但如果他们是为运送受战伤者而暂时脱队，则免于如此惩罚。

如果队旗无正当理由被敌人夺走——愿这再也不会发生，掌旗官应受处决，羞辱示众，并降为普通士兵。在作战时受伤的士兵应当免于这一责罚。

如果在部队驻扎期间，一个军阵或者整条战线逃亡——愿这不会发生，而且该军阵所属部队没有转而与其他守备部队会合，也没有到军营中退避，而是向其他方向逃跑，那些逃亡者是不顾袍泽，应受处罚。

如果士兵在作战时扔掉武器，他应因丢弃武器并帮助敌人而受处罚。

如果大军已经集结，军官有意刁难士兵或者阻拦士兵服役，又或要求士兵在服役期间为军官提供私人服务，导致其对从军不满，忽视武器维护，这名军官应受罚。除了财政部门判处的罚金外，他还应当按以下标准受罚：将军罚一磅金，分队指挥官罚三十六诺米斯玛，统领罚二十四诺米斯玛，旗队长和其他军官罚十二诺米斯玛。

军法问题就说到这里。接下来我们将讲述全军或者某一军阵行军时的规定，以及在国境内行军和敌军境内行军时的具体事项，下文将依顺序阐述。

行军

尊敬的将军，当您在国土境内率部行军时，您必须严令部下自律，不得在乡间掠夺。若是大军开始动用武力，便不可能指望他们保持仁慈。当人们看到面前的财物时，便难免被贪欲控制，结果往往是把本国的人民变成敌人。

在您决定进军敌国领土境内后，就不要率部长时间在本国领土内驻扎。若是这样做，就是消耗己方的粮食，是损害友邻而让敌人免于袭扰。应迅速调动部队，若是您准备进入的地区丰饶富裕，则更应如此。

在没有敌对力量行动的情况下不要在同一地点集结大量部队，以免士兵停驻日久，行为不端或哗变。

如果您必须把所有部队集结起来以备行动，或者出于其他紧迫原因，那么您必须迅速分兵，或者开始操练，又或者命令士兵整备武器装备，就像训练的那一章所记述的那样。无所事事者难免会生出无益乃至有害的想法。

如果您准备进行战斗，行军时应列好军阵，以中队规模、分队规模或全部军队结成战线。列阵不但让士兵们更为安全，也让他们得到了锻炼，无论在敌方土地上，还是我方土地上均是如此。

每个中队行军时，要让辎重车辆尾随所部的旗帜，不得和其他部队的车辆错位。当敌军此时并不在我方境内，也不会在近期入侵的情况下，有必要以中队或分队规模行进，不要将部队集结在一处，以免疫病暴发，或者让敌军间谍轻易估计我方部队的规模，又或者难以寻获足够的粮秣。

当敌军贴近，离我军还有六七天乃至十天的路程时，就应当集结起部队并安排营寨。如果不熟悉所在的地区，也没有当地的向导，而敌军尚未出现时，就应当预先派出测绘部队。他们的任务是测量预定扎营区域的周长，并给每个军阵分划出基本等大的区域。

安营部队应当先行一步，他们负责保证营区的粮秣与用水。

如果行军道路穿过颇为崎岖、陡峭、不平或树木茂密的地区，应派出大批人员率先出发尽可能铺平道路，并设法让大军可以通过，而避免马匹体力耗竭。负责这一任务的人员不应属于斥候部队，以及其他有特殊任务的部队。

当部队行军时，阁下身为军区将军，应当在前方开路。率先行进是荣耀的象征，也是践行军法的要求。您的所有随员和旌旗应当全程陪同，而后是您私人的辎重车辆。

分队指挥官和中队统领也应当如此行进，在自己部队的最前方行进，无论是共同行军还是部队独立行进均应如此。

在河流渡口或者其他未知地域时应派安营部队先行一步，对当地进行具体侦察，并告知您这一区域的实际情况，以便您委派能力出色的军官保证行军安全。

如果行军要通过格外难以通过的区域，那么您身为最高指挥官，应当脱离部队以坚守，直到所有士兵安全通过后再自行通过。

我们永世铭记的皇帝，我的父亲巴西尔，在远征叙利亚的日耳曼尼西亚时就曾如此。他抵达帕拉戴索斯河（Paradeisos），在河中提灯守卫，在他的注视与庇护下，全军顺利而安全地渡过河流。他常常出手相助，而且几次亲自解救了陷入危险之中的士兵。

尊敬的将军，我们命令您如此做的前提是附近区域没有敌军。如果敌军贴近，那么您应当留在军阵之中，然而各支部队的指挥官依然应当履行职责，保证自己的军阵中每一个士兵安全通过，否则士兵争先恐后拥挤通过，将会引起混乱，造成踩踏而导致己方伤亡。

在您的部队穿越我方领土时，必须命令士兵避开各种耕地，无论是农田、果菜园还是葡萄园均应避开。他们不得穿越耕地，而您则借此得以遵守法律要求，保护农民免于受害。

如果可能的话，在长途行军时应保持在非耕地上行进。但如果必须穿越耕地，您就应当命令各个部队的军官留在原地监视属下每一队士兵通过，他们通过时应尽可能保证耕地完好，逐一通过，直到完全离开这一地区。

他后面的军官应当以类似的方式继续保持部队行进，让各支部队逐一通过。借此您可以保持队列秩序，而部队的军官也得以保证不损害农民的利益。

当战斗即将开始或随时可能开始，又或者道路崎岖难走时，如果野兽、家畜受惊，或者出现在道路上，不允许部下追击。这只会制造喧嚷与混乱，并毫无意义地浪费马匹的体力。

在和平时期，非紧急情况之下，围猎可以有效锻炼士兵。

如果您率领的部队规模较小，而还要和敌军作战，无论是在己方领土还是敌方领土，都不要行军穿过居民区，而应在不惹眼的区域行动，以免敌方间谍探知我军虚实。即使部队在国境内行军时也当如此。

相反，如果率部穿过敌方领土时，您必须掠夺纵火，将其彻底破坏。财产的损失以及谷物减产会削弱敌人的力量，让他们无法全力作战，而充足的资金和粮秣则对他们有益，增强敌人的力量。

如果你们打算在敌军领土境内长期驻扎，您应当仅仅保留能够满足我方部队支用的物资，而将我方需求之外的其他物资全部毁掉。

当您集结起全部部队时，您绝不能长期停留在我国或附庸国境内的同一地域。若是这样做，就是消耗己方的粮食，是损害友邻而让敌人免于袭扰。如果国内境况安稳，就应迅速调动部队进入敌国境内。若是您准备进入的敌国领土富裕且物产丰富，您就获取了充足的补给来源。即使情况并非如此，您也不能破坏本国或者盟国的土地，而即使是敌国并不繁荣的地区，也总归能找到供养军队的必需品。

在敌对领土上搜寻战利品时，仍应保持部队的纪律。若是陷入混乱，敌人往往能造成极大的损害。

率部在本国领土行进时，应考虑尽可能经过沿途的市集和贸易中心，或者沿海岸线行军，借此让当地商人得以免于危险，并毫不犹豫地给军队提供补给品，而不必畏惧。

当您在敌国境内，准备行军穿越狭窄的关隘或者率部穿越崎岖多山的地区时，您必须派出先遣部队抢占山口以及狭窄要地，所谓的"边境防区"（kleisourai）。若不如此，敌人便可能先下手为强，占据山顶或者扼守道路，阻止您继续进军，乃至在您率部穿越关隘时发动伏击。

当敌人可能进攻我国领土时也不要忘记这些问题。在他们抵达之前，派出您的部队占据道路上的狭窄地域。派部队担负这一任务可以阻止敌军侵袭，或者在他们穿越狭窄道路时加以沉重打击。

如果您打算长途行军，要在己方与敌方的领土上行进许多天，首先，在通过己方领土时就要让士兵适应军阵行进，保持在所属部队或者军阵的队列之中，跟随军官行进。这样的话，在进入敌方领土时，若是在关键时刻突然遭遇敌方的迅猛伏击，您的部下也不会陷入混乱或四散奔逃与推搡冲撞，这样会自乱阵脚，有百害而无一利，士兵们或者会因自己的鲁莽而遭殃，或者会被敌人追杀。但习惯了有序行动后，他们就可以在行军时保持秩序并做好战斗准备。他们应当有自己的口令，并留意军阵中的每一个人。

您必须削减部队行军时的人数，率领部队在队列可以保持宽松的区域行进，不要让部队结成无法展开侧翼的阵形。这样的阵形更容易遭受敌人的突袭，而且毫无意义。

因为，如果敌人结成宽大阵列的话，进攻您阵列的先头部队时可以轻易将他们击退，而在真实的战斗中可以轻易地包围对方。

如果他们从侧翼进攻您队列的中部，他们就可以迅速突破纵列并将军阵截断。如果部队从行军队列转为枪阵时，他们无法保证队列纵深，接战后也将无力突破。

同样，如果他们从后方出现，纵列中最先接敌的人也难逃灭顶之灾。

而且在这种情况下，即使能够得到援助，援助也将相当困难而低效。当后排的士兵前来援助前排士兵，或者前排士兵前去援助后排士兵时，他们需要相当的时间才能赶到。

行军阵形应当严密而成方形，长宽比不得太大，应基本相当，这样可以迎击每个方向的敌人，更安全，也更易管理。

如果军队穿越非常狭窄的小路，队列拉长摊薄，第一支部队穿过山地进入平坦地形时，时常会出现混乱，平地的先头部队可能会把后方正在下山的友军误认为敌军，对他们发动冲锋，直到近乎兵刃相交。

安排您的全部辎重车辆、特殊部队、驮畜和所有的装备部署到队列的正中央。如果您担心后方遭受袭击，就将后卫部队的力量加强到和队列前沿的部队一样，毕竟在未知的环境下，也无法确知哪个方向才会是真正的"前沿"。

派出一些骑兵部队到道路上侦察，在穿过人烟稀少、树木茂密又临近丘陵或山地的地形时应加大侦察力度。敌人往往在这些区域设伏，如果伏兵没被发现，他们将得以迅速消灭对手。

在平坦地形上，每个人都可以瞭望，侦察要容易许多。白昼时，远方的烟尘往往警示着敌军的来临，而夜间营火的光亮则会暴露他们的位置。

如果您不打算集结部队作战，就只在白昼行军，但如果您想抢占先机，可以在夜间加急赶路，不过要以保证安全为前提。

在开战前，行军应当缓慢放松，但如果发现敌军，就应当有序地集结起部队并立即发动攻击。在开战之前过于劳累，即使是勇敢者也会士气低落，紧张情绪也会耗竭体力。

步兵穿越敌对领土的狭窄道路或者崎岖地形并不困难。下文将具体讨论这一问题。

若非紧急状况，我们不建议骑兵在敌对领土上仓促而不必要地通过这类地形，特别是在夏季。不过，如果这一段地形不长，仅有约一里长，而且步兵能够通过，那么骑兵便可以下马步行通过。

上文所说的狭窄与崎岖地形仅限于别无其他通路的情况。当存在或可以开辟其他道路时，部队就可以顺利通过。因此，当部队穿过狭窄地形，并准备从同一地点返回，而且如果那里树木茂密，距离也不长，如前文所要求的那样，那么在第一次通过时就应当砍伐树木，平整道路，因地制宜。如果通路狭窄而陡峭，无法平整，就应如前文所述，派出步兵部队率先控制要地据守，必要时还可以派一支骑兵协助，在大部队返回后再转移。或者在要地也如此进行准备，也就是砍伐树木，平整地面，并留下适宜的警卫部队。

穿越狭窄道路的部队，无论是有辎重车辆跟随还是携带战利品，都应当结成双层枪阵或者将侧翼收缩成步行纵列。步行纵列是一种行军阵形，阵形前窄后宽。如果携带战利品的话应特别注意。步兵可以较容易地通过树木和崎岖地形，骑兵则必须下马，辎重和重装备则位于阵列的中心。

在这样的情境与地形中，采用双层枪阵——这种军阵将精锐部队放在最前方和最后方，如同剑刃一般。还应派专人防卫辎重车辆以及战利品。在此之外，要派其他的轻装部队配置到双层枪阵的四边，依地形尽可能展开，他们更适宜担负这一任务，数量也更多。他们要与军阵共同行进，并阻挡所有试图袭扰我方军阵的敌对力量。这保护了负责守卫辎重车和战利品的队列，而又不必分兵、影响秩序或者抽调防御敌军主攻的部队。毕竟，处于双层枪阵之中的部队不可能有序地保卫战利品，也不擅长对付敌方袭扰部队。因此，有必要把那些可以配置到枪阵之外的部队抽调出，以其中的精锐守卫军阵四面，而且特别要注重后方的防卫。这样士兵们便在任何时刻都能安然穿越崎岖难走的地形。

如果没有步兵陪同，下马骑兵的马匹不应当跟在骑兵身边，而是应当留在阵列中央，若是步行的骑兵们因为无理由的畏惧而准备逃跑，马匹留在身边的话，他们就可能轻易上马脱离军阵。这会造成极大的损害，所以要如此安排。

如果他们要转移俘虏或者战利品，而敌人准备发动追击，您必须把敌军的俘虏安排到军阵的某一侧或者两侧，用捆住双手的俘虏作为屏障。敌军或许会因有所顾忌而停止投射，而即使他们投射，也会杀死俘虏而非我方士兵。

有时军队或许会遭遇意料情况，困在狭窄的地形中无法安全脱身，若是如此，最好和敌人达成协议，放弃部分或全部战利品。这样就可以安然撤走，而不必因为战利品而陷于危机中。

但如果他们不愿意谈判，就在敌人面前处决俘虏。而后，在他们的领土中停驻并无情破坏，或者尽可能维持军队秩序，集中全力逃出生天。

最重要的是，尊敬的将军，如果您困在了这种狭窄地形中，特别是那些较长的狭窄地形，您一定不能让军队强行向前突破，特别是在夏季，树木茂密的枝叶能遮蔽敌军，我方军队击退敌人并抢占制高点将付出极大的代价。

骑兵远征的情况就是如此。当步兵在平地上行进时，您必须派出骑兵在军阵前方与后方巡逻，任何步兵都不能越过巡逻队行动。营地应当保持紧密，这样步兵就不会因为长距离步行而耗费体力。

陪同步兵的辎重车辆应当跟随其所属部队行动，无论他们是成纵列还是宽军阵。右军阵的车辆在先，左军阵的车辆随后，再之后是左中军阵的车辆，直到右中军阵的车辆通过。他们不应混杂或在行进时错位。

如果敌军在附近，重装部队应当继续行进，每个人都不能把武器留在辎重车中，而应当手持武器准备战斗。在遭遇敌军时，各部应当按照作战阵列组织队形，这样他们在行军时就不会混杂或分散，当必须开战并组织作战阵列时，士兵已经就位。

如果大批敌军骑兵正在附近，并在向我军贴近，我们不应立即准备转移营地，也不应在交战之前行军。应在开战两三天前抢占有利地形并在安稳处安排营地。

如果您打算率领一支步兵远征敌方领土或发动突袭，而这一地区森林茂密、崎岖不平且通道狭窄，决不能配置大量骑兵、车辆、辎重或者重装备，比如链甲、札甲、头盔以及类似的装备。长盾步兵应仅携带大盾、长枪、剑和斧。那些所谓的轻装部队则应当使用更轻小的盾牌、弓箭、投镖、短标枪、斧，以及其他类似的轻便装备。他们必须携带额外的斧，由驮畜载运以备不时之需。

和在平坦开阔的地形作战时不同，重装步兵不应当结成一整条阵线，而是应依照部队实际规模和环境情况，结成两到四个阵列，每个阵列有两排到四排士兵。这样的分队可以更平稳地行动，各部队之间不应超过投石可及的距离。

如果骑兵或者辎重车辆随同行动，辎重车辆应在步兵队列后方，再之后则是骑兵，而最后方还应当部署少量重装步兵和轻装步兵，作为后卫部队，因为突袭者往往袭击后方。

轻装步兵以及少量骑兵应当在主力部队前方一里外的距离行进。其他部队则应当在侧翼各处巡逻，侦察敌人的埋伏以及那些乍一看没有异样，实际上背后被锯开，可以轻易推下封堵狭窄道路的树木——它们往往会给那些中伏的部队制造相当大的困难。

轻装士兵以及少量骑手应当搜寻这种布置，同时肃清隐匿的敌方部队。主力部队随后通过。

◎ 拜占庭剑配重

在相对开阔的区域，骑兵应当在前方行进作为斥候，但在林木茂密而崎岖的地形则应由轻装部队担负这一任务。

不要按照集结重装部队的方法，把轻装部队集结成一条直线，而是应该结成散队，也就是以两个、三个或四个手持盾牌的标枪手——这样他们既可以用盾牌掩护自己，也可以投掷标枪——作为小组。每个小组还应当配一名弓箭手，由标枪手掩护。

这类散队不能沿着军阵的行进道路行进，也不能成纵列，而是应当分散开来逐个行进，让一支部队掩护另一支部队的侧后。如果前方的部队遭遇敌军的抵抗，或者被崎岖地形拖住，后方的部队就可以悄然转往占据较高的地形，从敌人的背后杀出。因此轻装部队往往有必要加急而有序地行动，先占据交战区域的高地。

您要下令轻装部队不得离开主力部队太远，至少还能听到号声。失去支援的他们很可能被敌军冲散。

如果前方的四阵列来到无法通过的狭窄地形，就将其中每两个阵列结成双层枪阵，但如果双层枪阵也无法通过，那么就将军阵从侧翼转为纵队，四个军阵依次通过，而期间必须保持轻装部队在前。在穿越狭窄区域之后，他们便再度以纵队转横队恢复成四个军阵的阵形，继续行军。

如果前方或者侧翼出现大批敌军，就在合适的方向结成阵列，面向敌军。也就是说，如果敌军在左侧出现，这一侧翼的军阵就原地就位，而其他三个军阵则转向左侧各就各位。如果敌军在右侧出现，进行类似的机动，将军阵整体转向。如果他们在中央的一个或两个军阵遭遇敌人，另外两个军阵就前进并右转，以类似的方式将侧翼转向前方，结成阵列。

如果地形允许，轻装部队应当以紧密阵形贴近敌军，以便和骑兵协同包围敌人。但如果集结成紧密阵形通过不现实，就把重装部队（重盾步兵）的队列拉长，加强纵深，以便迅捷通过林地，并在需要时继续维持紧密阵形。

但若是连这都不可行，就有必要让主力部队停止前进，派轻装部队迎击敌人，并以少量重装步兵和骑兵协同支援。

您必须要下达如下的命令。在您的部队正在行军，发出敌军抵进的警告时，士兵们不应当过于兴奋，直接冲向那个方向。重装步兵应当原地就位，而各部队中的轻装步兵则冲向发出警报的方向。若是没有收到指挥官的命令，前方的部队不应仓促向侧翼行动，侧翼部队也不应赶往中央。各部队应当在收到警告之后支援同一部队的战友，而如果部队遭到的攻击太强，他们就应尽快返回重步兵组成的主军阵中，以免被敌军驱散。

因此如前文所述，步兵可以在密林地带或者崎岖地形中安全而有秩序地行军，只要他们收缩侧翼，也就是将队列宽度变窄，依照地形实际情况分成四个军阵或者两个，而在较开阔地形则展开侧翼，即依照地形宽度展开横排，而纵列保持紧密坚实。

不要忘记，在密林是时配备重枪（menaula）的标枪兵要比弓箭手和投石兵更有价值。因此，大部分的轻装步兵应当在训练中学习投掷标枪和使用重枪。

相比之下，弓箭手更适合在军阵中和开阔地形投射支援，而非在崎岖、陡峭、狭窄的地形中作战。

因此标枪兵需要在军阵外作战，特别是在密林中时。因此，尊敬的将军，您有必要在行军时注意这一问题。

无论部队是由步兵还是骑兵构成，绝不要解散主军阵，除非所有人都已经进入军营，防御工事已构筑完成，巡逻队也已布置完毕。

所有人必须清楚这些指令，他们必须在听到号声时立即停下，而在听到进军的号声时再度开始行进。

因此，我们就此完成了对行军的阐述。下面我们将要讨论辎重车辆的相关事宜。

辎重车辆

您必须认识到，辎重车辆是重中之重，曾经有部队离开辎重车辆的情况发生，而您绝不能再犯这种错误。车辆必须有安全防卫，无论里面有什么物资。另一方面，也不能粗心大意地将辎重车辆带上战场。车队之中有士兵们需要的马夫，以及他们的子女亲属。如果他们的安全无法保证，士兵们难免分心犹疑，无法全力作战。

所有明智者都要尽可能让敌军受损而保全自己，如果他担心自己的利益受损，就不能袖手旁观或者犹豫不决。

最重要的是，当您带着辎重车辆行动，而决战即将开始时，我们建议您不要带上大批马夫，也就是那些在我们的军队出征时随同部队行动，为军官和士兵服务的仆役随行，应仅挑选少量勇敢者随同。

◎ 今保加利亚的黑海海滨，拜占庭帝国与保加利亚曾经在这里几番决战，尽管拜占庭方拥有海军优势，却依然因为指挥官的疏忽，在这一地区遭受过几次惨败

每个小队应当有一名马夫，负责照料与管理马匹，而补贴则按照任务不同，人员质量高低，具体所属部队以及照料马匹数量确定给付额度。这可以减少大量的管理混乱，节省不必要的开支，也让他们免于分心。

作战时这些仆役应当留在后方，无论战争是在我国境内还是敌国境内进行时均如此。如果附近有步兵部队，他们应当与之会合，并由这支部队的军官指挥。他们应当在营地中自保，而下一章将对营地进行具体叙述。

也要把备用的马匹，以及余下的装备和辎重车辆留在一起。

在掠夺或者其他的进攻行动中，士兵们必须能迅速骑上装备完备的战马，在开战的那一天勇敢地向战场前进。

但开战后，我们认为不需要把备用的马匹留到军阵附近，而是应当留在营帐中，毕竟经验不足的年轻仆役时常会惊扰马群。

如果步兵在场，无论是在我方领土还是在敌我双方的边境地区，而且战斗将会在不久后不可避免地展开，那么就应当把不必要的辎重车辆、备用马匹、工具，以及其他战斗时不必要的物品留在三五十英里之外的营地中，那里必须易于防守，并有充足的草料与饮水。

在辎重车辆和军阵之间，应当安排一些不卑劣不胆怯，而且大多数人都认识的人。让负责辎重车辆的军官——为辎重车辆安排独立军官负责很有必要——负责指挥他们，这样他们可以就这一战的结果决定辎重车辆是应当留在原处，转往其他适宜的地点，还是和部队主力会合。

部队离开辎重车辆出战的话，应当带上备用马匹和小帐篷，或者可以代替营帐的厚斗篷，所谓的罩篷。此外，还应当携带二十到三十磅的补给品、硬面饼、面粉或者其他轻便之物。他们而后应当到合适的位置停驻扎营，而后再出发与敌人交战。这个营地应当得到壕沟或者砖石工事掩护，即使部队仅在这里停留一天。

每个旗队都应当储备足够一天使用的草料或干草，以备战事不利而被迫仓促撤回时使用。此时便可以在营地之中使用备用草料喂马，不必在混乱中与敌军监视下出发搜寻粮秣，也不必到敌军重兵把守的村镇附近寻找补给，更不必在补给所剩无几、人困马乏的情况下继续行军。

但如果我军可以继续行军，不需要补给品，您应当派人烧掉放在后方的草料，阻碍可能从后方追赶的敌军。

在行军时，若是敌军在附近，必须要把辎重车辆放到军阵的中央，这样它们不会因为缺乏防护而遭袭击。如前文所述，部队在行军时不能让辎重车辆混杂，而应当保持距离。车辆应当跟随所属部队行进，而士兵们则可以放下所有不必要的物品轻便进军。

如前文所述，辎重车辆必须配备独立的军官管理，他要负责车辆的整队与管理。他应当如此率领车辆：如果从敌军领土返回，就让车辆先行；如果进入敌军领土，就让车辆后行；如果担心敌军从某一侧发动袭击，就把车辆安排到安全一侧；而如果每个方向都可能遇敌，就把车辆布置到军阵的中间。

尊敬的将军，我们就此简略地讨论了辎重车辆的相关问题，无论是跟随步兵的车辆、跟随骑兵的驮畜，还是跟随混合部队的其他运输工具，均应按本章所说布置。我们尽可能避免遗漏，而接下来我们将向阁下阐述扎营的基本要求。

军营

您必须保证我方营地与筑垒营寨的安全，此处的筑垒营寨特指全军停驻的营寨。如果可能的话，部队应当在开阔地中扎营，但如果这不可行，我们也不能大意。我们的营地必须坚实并配备严密警戒。不要在临近高地的位置扎营，以免敌人趁夜间先我们一步占据高地，借此攻击营寨。

当您在敌方领土扎营后，应当在营地周围挖掘深沟，即使仅打算停驻一天也应如此。这样布置营地可以避免突袭和偷袭，值得为此费力。即使您相信敌人距离甚远，也依然要和敌人随时都可能到来那样安排岗哨。

若是您准备在那里长时间停驻，因为您认为敌人不会发动进攻，希望借机在他们的领土上破坏，应当选择有利的营地，不应当是树林或者泥泞潮湿处。这些地方的雾气和异味对健康不利，可能导致军中疫病横行，让许多人因此病倒乃至死亡。若是如此，军队的人数不但要减少，战斗力更会锐减。

士兵不应在同一营地长期驻扎，也对健康无益，不过冬季例外，那时士兵或许会住到建筑中。同一营区堆积的排泄物会产生有害的气味，污染原本的新鲜空气，传播疾病。

如前文所述，在冬季驻扎期间，应当尽可能训练士兵，练习战术动作，让士兵们习惯于劳累，以免他们因闲居无事而怠惰。

您不但要在敌人不会进攻时考虑营地的整洁，也应当保证营中人有足够的各类补给品，特别是在行军时，或聚集在一起的大军必须要在某个地点较长时间驻扎时。

也应当关注商人，保证他们不受不公正对待，以免他们心怀不满，而停止为我们提供必需的补给。

如果您担心遭受意料之外的袭击，就使用壕沟、木栅或者所谓的"战壕"（fossa）以及蒺藜和其他木石工事，或者其他任何合适的防御手段，如在外侧配置岗哨。如果有车辆的话，也可以用它们构筑坚实的防御设施，或者可以用尖桩（stabarosai）用作围墙，或者分散开来，或者紧密排布，或者使用木材制作，或者用倒下的树木。无论如何，营地必须保证安全稳固，除非部队是在我国境内行军，或者是在训练，或者是进行其他有益的行动。

应当留意在营地附近居住的陛下的臣民们，不能让他们遭受士兵的侵害，特别要关照农民。在我看来，这两个职业对我们国家的稳固与延续最为重要，农业生产供养士兵，军事行动庇护农民。因此必须关注这两个阶层的生活状况，这样士兵得到合宜的供养后可以英勇作战，农民得到公正的对待后则会在军队出征时向士兵欢呼致敬，为士兵祈祷。

尊敬的将军，当敌军即将贴近，战斗将要开始时，应当预先花时间挖掘战壕。您可以依托工事静候敌军，还要准备好可供马匹、驮畜食用一到两天的青料、干草或谷物，而我们在《行军》一章已经提及此事。同样，如果您希望从现在的营地出发，转移到另一处营地并在那里准备作战，也有必要把可支用一两天的草料运走，储存到新营地。而在作战当天，敌军不太可能任由我军的马夫在他们的监视下随意割草或放马。

如果敌军贴近，如前文所述，有必要让士兵搜寻粮秣并储存自己需要的补给。在营地驻扎下后，侍从们绝大部分时间都不得外出搜寻粮秣，敌军骑兵规模远多于我军骑兵时，更应当如此安排。

如果您觉得频繁考虑不利情况没有必要，就好好想想可能的后果，并为此尽可能未雨绸缪，以免临渴掘井。最重要的是为士兵和马匹准备好可以支用几天的食粮，以及保证营地的稳固——考虑地点是否合适，以及是否有能够在危机时庇护营地的河流、崎岖地形或者其他障碍。

当步兵的军营遭遇猛攻时，如前文所述，将辎重车辆布置到营地四周，不论这些车辆属于步兵还是骑兵或混合部队。也应如我在前文所说，在地形允许的情况下在外侧挖掘战壕。保证战壕五至六尺宽、七至八尺深，并把挖出的土堆到内侧。在壕沟外侧布置蒺藜和埋有尖桩的陷坑。您必须保证部队清楚它们的位置，以免他们因此受伤。

在营地的边界应当有四个公用大门以及一系列的小暗门。离每道门或通道最近的军官要负责其警戒任务。在辎重车辆以内布置轻装部队、标枪兵、弓箭手的简易帐篷，应有壕沟防护，这些帐篷和其他帐篷之间应有宽三百至四百尺的空地。当敌人开始投射时，他们的箭矢会落到这块空地上，而不是中间的营帐。

应保留两条宽阔的道路，四十至五十尺宽，成十字形穿过营地中央。在道路两侧营帐需紧密排列，营帐之间保留一小段距离。

每一位分队指挥官都应当驻扎在他属下营区的中央。而您，作为总指挥官，应当偏向一侧，以免阻挡交通或者被往来的人员干扰。如果营地中有骑兵，他们应当驻扎在营区中部，而非边缘区域。

较为出色的旗队长应率领他们的部下驻扎到营地的大门附近，这样在入夜休息到清晨集结之间，不会有人胆敢违抗军令进出营帐。在骑兵安全进入营地后，就应当安排巡夜人员出发。

每一位分队指挥官都应当委派麾下一名信使到将军的营帐中待命，同样，统领和旗队长也应当委派下属到分队指挥官的营帐中待命。这能加快命令传达给所有人的速度。

大号手和小号手应当和您，尊敬的将军一同行动。休息的号令应当在傍晚下达，让所有人停止工作，并在晚餐结束后共同唱诵"三圣颂"（Trisagion，即 Ἅγιος ὁ Θεός, Ἅγιος ἰσχυρός, Ἅγιος ἀθάνατος, ἐλέησον ἡμᾶς）。

安排您信任的一些人到岗哨中警戒，并要求所有人保持安静。任何人都不得高喊战友的名字。保持安静有许多好处。我们发现如此安排往往能够发现并逮捕在营帐中游荡的敌方间谍。同样，高声喧哗会造成很大的损失。禁止舞蹈和类似的轻佻娱乐，特别是在夜间。他们不但扰乱秩序，喧嚷烦扰，还会破坏军纪，而且浪费士兵的体力。

如果您打算将部队从营地转移到另一个地点，而且希望不被敌军发现，或者先于敌军占据要地，或者因为与敌军作战受损甚大，准备拔营启程而又不希望遭受敌军追击，就点起大量篝火后再撤退。当地人看到营火时，他们会以为您依然在营地，而您将得以继续完成您的计划。我们还能想起我们的将军，尼基弗鲁斯，在奉命率领大军前往叙利亚时，曾经使用过这个计谋。他的部队在当地进行了相当大的破坏，进入敌军领土腹地。当他的对手萨拉森人（蛮族）的宦官将军阿普尔菲尔（Apoulfer）集结起军队之后，他依然把蛮族俘虏和所有在敌方领土获取的战利品带了回来。

在远征保加利亚时，他使用了另一个有效的欺敌手段，而我们也不应遗忘他的功绩，这应当在军界中传诵。情况如下，他将三腕尺或再略长一些的两根等长木料绑在一起，成"人"字形。以类似的方式将一根五至六腕尺的木料像标枪一样架到刚才的木架上，变成一个三脚架，连接处用绳索紧固。在标枪一样的尖端处他还绑上了一把大阔剑，从三脚架上伸出略多于两腕尺的距离。他就此把这些木制的工事配置到需要的位置补充防御，而在必要时再拆除。同时，在营地遭受骑兵猛攻时，他们也可以用作武器。当他们骑马前来进攻我方部队时，他们将会在冲击这种防马栅时损失惨重。这种工事可以迅速制造、转移和再度布置。如果壕沟无法完成，这些工事能保证营地的安全。

当您准备安全转移营地时，您必须在傍晚前下达命令。而后在准备转移的当天的破晓时分，吹响三次军号，部队启程转移。军官们有序安排行军，重步兵在最前，营地中如果有辎重车辆，或者其他载运补给品的民夫或驮畜，就跟随他们行军。

使用防马栅对保卫营地安全而言至关重要。如果当地岩石过多无法挖掘，或者天色已晚，布置得当的防马栅能够给大军提供与壕沟相当的保护。

我们清楚古人的记载中提到了使用各种各样形状的远征军营寨，但我们如今更喜欢以方正的四边形为基础安排营地，保证秩序。

对附近驻扎的敌军而言，宽大且展开的营地与高地上布置的营地，要比平地或斜坡上的营地更惹眼。因此如果您希望对敌军展示军力，您应当在宽阔地点，特别是有充足补给的宽阔地点扎营。

如前文所说，选择有益士兵健康的地点扎营，而且不要在同一地点停留过久，除非当地气候特别有利，补给足够便利，也没有重大的威胁。

如前文所说，人员需要便溺时要到营地外面去，因为产生的气味不利，对被迫在同一地点长期停驻的部队而言更应如此安排。

在关键时刻，您必须寻找一个有小溪或流速缓慢的河流的地点，横跨水流扎营，而士兵们也能迅速涉水通过。但如果河流太大或水势湍急，就只能将营地扎在河流的同一侧，庇护营地的侧翼。如果附近有合适的河流，马匹不得到营地上游饮水，马匹的踩踏会让水流浑浊无用。马匹应在下流饮水，如果水流太小，则使用水桶装水饮马，不要放马踏入溪流，让它们将水搅浑。

不要把营地布置到敌人易于攀登的丘陵附近，因为他们可以轻易从上面向营地中射击。

如果敌军部队不在附近，还要行军几天后才能抵达，就不要试图在水边安排营地，在我军有较多骑兵时更应如此。牲畜和人员会习惯于饮水充足的情况，而当供水困难，饮水不足乃至一时无法获得饮水时，他们将无法忍耐。

在敌人贴近前，步兵不应当和骑兵混合在一起扎营，而是应在营区壕沟外侧的不远处驻扎。这样他们的生活环境不至于过于拥挤，也不会让敌方间谍误以为我军人数不多。您应当在几天前就预计好他们需要多大的空间，以便在他们必须进入营区和骑兵一同屯驻时，清楚如何安排营地。当敌人贴近时，骑兵将和步兵汇合在一起，在预定的区域扎营。

在作战时您必须计划好，将营地安排到易守难攻的位置，并准备足以使用几天的补给品，而且如前文所述，不仅要准备人的补给，在条件允许时也要准备牲畜的补给，毕竟战斗的结果是无法预知的。最重要的是，应当格外注意饮水补给，并安排对水源的守卫。您终将发现实际上敌军也需要水源。如果战斗在开阔地展开，尽可能利用河流、湖泊或者类似的天然屏障庇护您的后方。

布置坚实的营地并在其中留下规模可观的部队，这样敌军指挥者就不会计划进攻城壕并杀死其中的驻守者。此外，您要让辎重车辆有序跟随。

如果这一地区崎岖不平，就把车辆、驮畜以及类似的物品辎重留到营地，留下一些车夫警戒，并在营地附近的适宜位置结成战线。

面对敌军骑兵时，崎岖的地面本身就是对我方阵列的有效庇护。如果车辆在这样的地形上跟随行动，战线中的士兵不但无法得到它们的援助，反倒会被它们拖累。

应当注意拖曳辎重车辆的力牛，这样在军阵结成，车辆停止后，他们不会被敌方制造的喧扰惊动，或者被箭矢惊扰而惊慌奔逃影响军阵。它们应当拴住或绑上腿，如前文所述，这样的话即使它们被箭矢射中，也不会奔走而影响军阵的步兵。因此它们也不应当被拴在步兵军阵的附近。

有时需要支援遭到敌军猛攻的地点，或者在辎重车辆可以到达前抢占要地，这样的话，为了不拖慢行军速度，将余下的辎重车辆和部队留到一个易守难攻的位置。如果没有如此需求，就让步兵带上他们的补给品以及蒺藜和防马栅，在驮畜或者专用驮马的驮运下和大军一同行进。

而后，当需要扎营时，就按照要求挖掘壕沟，布置防马栅，并在内侧布置坚实的木栅或木墙。这能够让营地得到和辎重车辆阵线相当的庇护。我们把环绕营地的车阵和同区域的防御墙称为"车阵"。

如果当地恰巧有大批的骑兵，而步兵数量不多，并且决定要把辎重车辆保留在营地之中，就不要把所有步兵都留下，派一些步兵留在营地警戒，将余下的人员结成军阵，驻扎在营门与壕沟外。这样，如果骑兵被击退，没有军阵保护，这些步兵至少能够提供掩护，让他们得以整队与敌军再战，或者安然退到营地中，而不至于在营门处自相拥挤。

您必须向下属军官们说明，他们必须要在冬季驻扎时进行统计。让分队指挥官统计部队中有多少马匹以及所部士兵需要补充什么样的武器。在情况顺利时，您可以进行必要的准备，让士兵们负责这一任务。您应当格外关注弓箭方面的问题，可能的话，让那些并没有列入征召名单的人也在家中存放弓箭。忽视这方面的补充曾经让罗马军队付出了巨大的代价，使他们无法发挥战斗力，前文也提及了这一点。就此，我们结束了对营地的讨论。接下来的一章要讨论战斗即将到来之前的准备。也就是说，在战斗将要开始的一两天之前，甚至更早，需要进行什么安排。现在我将告知您需要如何安排，需要避免什么以及应当和军官、士兵们宣告什么。

战前准备

第十二章

当您集结起训练有素的大军等待战斗开始时，尊敬的将军，明智的做法是不要把他们同时集结到一条战线上，对规模较大而完成作战准备的部队犹然。这样臃肿的大军会彻底毁掉战线的良好秩序，其巨大规模和人员数量导致部队无法高效执行命令。正确的做法是将规模过大的部队分开，结成两条战线。

当双方准备进行大规模骑兵作战时，依然将全部军队集结成一条战线，意味着既不考虑可能的逆势，也没有准备对付敌人的其他手段，比如集结第二战线。这样安排的人在我看来经验不足，也无疑会将自己陷于危险中。

毕竟，战争的事实情况与缺乏经验的人所想的不同，单靠大规模的部队、缺乏纪律的蛮勇、放手一搏的突击，无法确定战争的最后结果，更不是通向胜利的道路。最重要的因素是机巧与策略规划。有了这些，再加上士兵们的热忱，才真正能够胜利。

靠着明智的计划与机变，考虑开战时将是白昼还是黑夜、是风雨还是晴

◎ 货币上的尼基弗鲁斯二世与巴西尔二世。尼基弗鲁斯二世是拜占庭帝国马其顿王朝最出色的军事指挥官之一，尽管执政时期在内政上诸多失误，他依然为帝国收复了克里特岛、奇里乞亚和安条克，为此后约翰一世和巴西尔二世进一步拓展领土打下了坚实基础，也主持编著了《论军事》等军事典籍

天，顺应天时；主动控制狭窄的道路，占据地利；而后布置伏击、安排突袭，使用各种各样的妙计欺敌，您才能够未战而先胜。这攸关生死存亡。靠着您的明智、谋划、勇气与机巧，您将战胜敌人。

明智的谋划与策略安排就说到这里。要在与敌人的战争中取得胜利，必须要依靠实用的知识，也就是，您要以各种各样的方式分兵或合兵，保持安全与有序。您集结起有序的军阵后就对敌人发起进攻。您不但能够保护自己免于敌人的阴谋诡计，还能够利用敌人的阴谋诡计对付他们。

意识到这些问题后，旧时的军官们认为保持良好秩序很有益。也正因如此，他们才会把全军分为分队和中队，委派旗队长和百夫长，并在需要时进行其他划分，再以这样的方式集结大军。将全军集结到一条战线是错误的，这等于在一次冲击中投入数以万计的骑兵，赌上他们所有人的性命。应当在第一条战线后安排第二条乃至第三条战线，再集结起部队，特别是，如前文所述，部队甚多时。当您认为有必要时，您可以安排进行各种各样的进攻。

将全部军队集结到一条战线，在我们看来会导致各种不利，特别是部队里面有人使用长枪时。如果人数太多，战线难免过长，一些士兵被迫布置在不利地形上。战线太长会导致兵力不均而难以掌控，部队之间无法进行协同，部队最终会陷入混乱，甚至队列与敌人交战前便自行瓦解，自乱阵脚。

如果敌人延展他们的侧翼，发动突然的包抄时，部队若是没有来自后方后侧翼的支援以及其他援助，我们的士兵将被迫溃逃。

此外，在真正的战争中，没有人能从后方清晰地看到整条战线的情况，一些士兵往往可以从所属的军阵或旗队中溜走，让余下的士兵们军心动摇，准备撤走。这诚然可悲。当他们撤退时，将无力回头再战或保证撤退时的秩序。事实上，当溃逃开始时，在场者无人能够将他们召回，或者让他们调头继续与敌军作战。

有时集结成同一条战线的部队能够在战斗中占据上风，将敌军击退，但在混战时他们的阵形将必然陷入混乱，只能在混乱中继续追击。如果敌军在逃跑时突然掉头迎击追击他们的我军，或者其他支援部队突然出现发动伏击，那么追击者无疑要被击退，陷入溃逃，因为如前文所述，他们没有能够击退那些突然之间出现，向他们发起冲击的敌人的预备力量。

我认为将部队集结到一条战线只有一个好处，敌军从远处看，这样的阵规模极大，让他们畏惧。但这种好处也仅仅存在于理论上。此外还有一种可能的好处，也就是部队能够借着极长的战线包抄而最终包围敌军，但前提条件是部队必须能够以足够的理智和机巧完成这个战术机动。

我们相信，以常人的理智考虑，有许多掷地有声的理由证明结成两条战线更有利，第二条战线将支援第一条战线。一个原因是第一条战线的部队得到第二条战线保护后方之后，会因无后顾之忧而英勇作战。同样，他们的左右侧翼也能得到所谓侧卫部队的庇护，让他们一往无前。此外还有其他的有利之处：若是有第二道战线，第一道战线的士兵往往很难掉头逃跑，毕竟后面的部队能清楚看到逃兵，这在作战时至关重要。事实上，第一道战线时常会被击退，而第二道战线则将作为第一道战线的支援和庇护所。第二条战线提供的支援能够让士兵们得以再度集结起来，迎击前进的敌人。

更重要的是，在追击敌人时，第一道战线的士兵能够安全而有序地执行追击任务。逃跑的敌军往往会回头再战，或者得到伏兵的支援，若是如此，第二条战线的部队可以加入作战，迎击他们，支援第一条战线的部队。但即使第一条战线完全崩溃——愿这再不会发生——而无法再度投入作战，第二条战线也已经做好了战斗准备。即使第一条战线彻底崩溃，他们也能够继续作战，并英勇地迎击敌军。

敌军的阵线几乎必然要在交锋后崩溃混乱，而我们的第二条战线则能依然保证有序。敌人的阵线会陷入混乱，而我们则将再度占据上风，追击军阵瓦解的敌人。

最值得如此布置的原因是，将部队如上文所述布置到两条战线上，既适合对付与我方规模相当的敌人，也适合对付规模明显大于我方的敌人。

或许有人会问：优势何在？如果第一条战线陷入混乱或被击退，第二条战线也难免要被击退。我对此的回答如下：如果我军以前文所述的方式安排了两条战线，依然被击退，那么布置成一条战线又能有什么胜算呢？这条战线的部队被击退之后，就再没有部队能够支援协助，并重新集结败退的部队了。或许还有人会认为，将全军分为两条战线，每条战线的实力都会更弱，效果也会更差。这样问的人应该再多考虑一些问题。如果如此布置后，后方部队完全不参加作战，他们的看法确实有道理；然而我们并不是下令分兵，而是改变阵形。阵形改变前，部队布置成长而薄的阵线，此时则收缩成双层的等长阵线，士兵们紧密布置。我们并不是将后排部队撤出战斗，而是转移位置，以前文所说的方式加强了军阵。

因为这些原因，无论骑兵的规模是较大还是正常水平，都很有必要将他们分成军阵。因为对您，尊敬的将军而言，很有必要尽可能保持理智并应对实际情况，在面对纪律严明而机巧的敌国时更应如此。

如果您得知敌军比我军规模更大，就应尽可能避免正面作战。在进行阵地决战之前，必须要调查清楚敌军的规模。

如果您的部队以步兵为主，您应当将他们结成战线，接下来的部分将讨论步兵军阵与步骑兵混合军阵。如果部队中只有骑兵，而且对方也是骑兵，就把我方部队分为三条阵线，第一条阵线，所谓"先锋队"（promachos），要把军阵三等分，也就是把每个分队分为三个中队，将副将安排到中央的军阵中。另外两个军阵，也就是左侧和右侧的军阵，各自军阵的指挥官也应当位于所属部队的中部。

您要把这些军阵分出"突击部队"——即发动进攻的部队，以及防御部队——即掩护进攻者，并为他们提供庇护的部队。每个军阵应当将能够开弓投射的三分之一的部队组织成"突击部队"，余下的三分之二，位于中央的防御部队，即所谓的"防卫部队"，则为"突击部队"提供庇护。

以如下的方式集结第一条阵线。在左军阵最侧翼安排三个旗队作为侧卫部队，敌军的包抄从这里进行，他们将担负掩护任务。在右军阵最侧翼安排两个旗队的弓骑兵，即所谓的包抄部队，用于包抄敌人。第一条阵线应当如此布置。

由全军三分之一部队组成的第二条战线，所谓的支援阵线，应分为四个军阵。这些军阵的侧翼弓骑兵之间应当保持一箭的距离。您应当将这些军阵安排为双向，保证前方，即所谓队头的士兵人员精锐装备良好，而后方，即队尾的士兵也同样要人员精锐、装备良好。而后，如果敌军从侧后或后方进攻，他们也能迅速调转方向列成军阵，面对两个方向的敌人。在主军阵以及两个侧翼军阵后大约一箭之地的距离外，各安排一个旗队作为后卫部队，即第三条阵线。

在第二条阵线中的空隙，即阵列间隙，有必要配置一个旗队，以保证阵线外观上如同一体，同时避免行军时产生混乱。他们应当每列两人，若是能组织成每列四人则更好，特别是部队规模较大时。这样，当需要给第一条阵线撤退的部队提供庇护时，这三个在间隙布置的旗队就撤出，留出空隙让他们躲避。在为撤退部队提供庇护与空间时，他们也可以迫使意图逃跑的士兵返回战场。此外，将后卫部队组织成第三条战线，往往能够击退从侧后或后方进攻，意图干扰第二条战线的敌人，让这一区域保持安稳。

如果您部队的规模适中，也就是五千到一万乃至一万两千人时，您就不要把第二条战线组织成四军阵，而应保持两个军阵，留下仅一个无人的开阔区域接收撤退寻求庇护的部队。如果您的部队不足五千人，就只在第二条战线布置一个军阵。

除了以上所有的布置外，我们还要命令您安排三到四个旗队作为所谓的伏兵或伏击队，布置在阵线的两侧。他们的任务是防止敌军向我军左翼发动伏击，并在地形适宜时对右侧的敌军发动伏击。

应当注意的是对敌方侧翼或战线后方的进攻，如果时机合适并组织有序，要比仅仅直接进攻正面有效，也更能决定胜负。如果敌军规模较小，这样的进攻会出乎他们意料，包围他们能给他们带来极大的损失，因为被击退的部队也无法安然逃生。如果敌军规模与您相当或更多，他们也会陷入艰难之中，误以为对面的部队规模甚大。

应当注意的是，除非迫不得已，不应该让规模较小的部队与规模更大且纪律严明的敌军进行阵地决战。如果真的迫不得已，也不要将战斗限制于正面，而是要袭击敌方军阵后部、侧翼以及后方，即使我军规模更大也应当如此。无论和什么敌人作战，仅仅在正面战线作战风险太大，即使对面的敌人规模较少也是如此。

因此，总而言之，我们要求您在作战时将所有的骑兵部队集结成两条战线，特别是部队规模较大时。将他们以前文已经解释的方式组织成"突击部队"，即位于阵线前方先于他人攻击敌人的部队；防御部队，即保持有序阵形的部队，准备在进攻部队没能击退敌人而被迫后退时为他们提供庇护。也要分配出侧翼护卫和包抄部队，即用于包抄敌军的部队，并安排伏兵（所谓的伏击队）以及在后方结成军阵，庇护前方的撤退部队并阻止他们逃跑的支援部队，最后则是驻扎在最后方，庇护全军侧后的后卫部队。

如果我方拥有大军，而您能够将他们集结成前文提及的双层阵列或者布置成三层乃至更多，这样一来，规模较小的敌军也会被迫进行分兵，他们的部队或者要摊薄或者在冲击我方军阵时，被其他阵的友邻部队击退或包围。这至关重要。

军阵每列的人数，即所谓的纵深，古时的资料要求每支骑兵部队结成每列四人的队形。毕竟事实证明，如果骑兵结成更长的队列则低效且无用。步兵军阵使用大纵深的话，后方的推挤可以迫使前方的士兵奋勇向前。这是步兵的情况，骑兵的情况则有所不同。后方的马匹无法像步兵军阵那样，推挤前方的马匹。队头，也就是前方的部队，也无法得到后方远处部队的支援，无论后方是枪骑兵还是弓骑兵均如此。

第四排之后的枪骑兵无法攻击到前方，而弓骑兵因为前方友军的关系必须抛射，而这样的抛射在乱军中毫无意义。如果有人怀疑这种说法，事实会教训他们的。

因此，如我们所说，纵深保持每列四人已经足够。然而，由于勇敢的士兵，也就是那些愿意在前方与敌人近距离搏杀的士兵，人数往往不多，因此有必要就事实情况组织部队的纵深。也就是，将勇敢的士兵布置到第一条阵线的中央，每小队七名骑兵加一名侍从。左侧的军阵，相比之下不会给士兵展现英勇的机会，每小队应为七人。右侧的军阵规模应当与左侧的军阵相当，每小队应为八人。余下的部队则由质量较差的兵员组织，每小队八人或十人。

如果您被迫把质量较差的兵员布置到第一排，每小队也要布置八人或十人。将其中质量较高的兵员排到前方，每列五人，余下的士兵则在后方跟随，就此布置成每列十人。如前文所述，这些部队也应当组织好，作为突击部队和伏击队。

因此无论部队有多羸弱，也尽可能不要组织超过八人的纵深，超过十人更是错误；而即使部队全是精锐，也不应该让纵深少于五人。前文的布置方法能保证军阵的纵深正确而合宜。军阵宽度，也就是第一排的人数，不应该因此大减。如果将全部部队都布置成每列十人，敌方的间谍就可以靠排头兵的人数轻易算出我军的数量。不能让敌军清楚我军的虚实。如前文所述，要保证合适的比例，从余下部队中组织第二条阵线。

我们要求您在组织基础小队时，保证老兵和新兵的比例合适。如果小队里只有老兵，作战时体力上难免不足；而只有新兵的小队由于缺乏经验，往往无法有效约束。

如此布置作战阵列。在第一排的队长以及队长身后的人，即第二排的人，还有队列最后的人，也就是队尾长，除了基本装备外还应保证装备有长枪。他们之间的士兵如果能够开弓，就不要持长枪，毕竟在骑马时，右手执盾牌就无法再拉开左手的弓。但士兵在训练投射时要把盾背到身后，这样更有帮助。

除以上布置外，我们还要命令您，尊敬的将军，在军阵中，特别是第一道阵线中布置好医护兵，也就是负责照料伤兵的人。每个旗队抽调八到十人担负这一任务。他们应当灵活、勇敢且不持武器。他们的任务就是跟在己方部队一百尺之后，救助在战斗中不幸受重伤的人，或者坠马无法战斗的人。这样，这些勇士就不会被跟进的第二道阵列践踏而死，或伤重不治。医护兵每救起一名士兵，就应该得到来自陛下府库的一枚诺米斯玛作为奖赏。

而后，当敌人被击溃，第二道阵线跟进时，这些医护兵也能够收集第一道阵线作战时遗留的战利品。在战斗结束后，他们应将战利品上交各自小队的十夫长，也就是队头。他们在上交时应当得到补偿。我们认为战胜敌人后，战利品理当归属队头，因为他们在作战时首当其冲，要承受的凶险比所有人都多。另外也有一个重要的原因：让他们不必为争抢敌军遗落的战利品而下马并打乱作战队形。

为了让医护兵带着伤兵或坠马士兵迅速上马撤离，医护兵必须把两个马鞍都挂到马鞍左侧，一前一后。这样当医护兵和伤兵上马时，医护兵踩前面的马镫，伤兵踩后面的马镫。医护兵也必须携带水袋，以免伤兵昏厥。（参见附录三，阵图1至4）

士兵们在作战时应把长枪上的三角旗解下。作战时三角旗毫无帮助，然而又是重要的部队标志。如果士兵想要投掷梭镖，三角旗会干扰他们的判断，无法准确击中敌人。而对使用弓箭的骑兵而言，前方的三角旗又会挡住视线。

在发起冲击、队列转向或掉头时，三角旗会造成不小的妨碍，因此他们不应该在作战时使用。

然而，为了保证军阵远看时的威严，把三角旗留在枪上，直到敌人距离一里左右时再收起来放到盒中。

除了以上问题外，将军，我们命令您，在部队里面安排哨探，也就是说，在精锐部队的每个中队里安排一名侦察者，在其他部队安排更多侦察者，每个中队安排两人，整个分队保持八到十二人。这些人应当保持警惕、清醒和积极。在开战前、战斗中，直到战斗最后结束，他们应当坚守岗位，驻守在阵列间隙处，他们的任务就是侦察，保证部队不会遭到伏击或者遭受敌军其他的诡计。

应当有数量足够的测绘部队率先出发丈量营地和铺平道路，引导部队前往营地。这些问题就说到这里。

阁下有义务将前沿部队组织好，这样在他们集群行动时，各个军阵之间的距离不会太大，保证他们在行动时不至于拥挤，又不至于分离。

在敌军贴近前，侧翼护卫应当保持紧密阵形。当他们贴近后，他们应当从军阵左侧出发，向侧向推进大约一箭的距离，但不要再前进，特别是当敌军阵线更长时。以类似的方式部署包抄部队，让这些负责包抄敌军的部队集结到军阵的右侧。

将第二条战线的部队集结成军阵，各军阵距离其他军阵侧翼的距离大约一箭远，将他们部署到第一条战线的后方。当敌人距离依然较远时，视实际地形情况，他们应当在大约一里之外的位置跟从，尽可能避免被敌军发现。敌人发现不了他们，就不会及时改变战术和计划。当敌军贴近，足以看到第二条战线时，也来不及改变战术了。那时，第二条战线应当主动向前贴近，到距离第一条战线四箭远的地方，视前线战况行动。在作战时，第二条战线不能距离第一条战线太远，让第一条战线得不到支援；同样也不能距离太近，太近会与第一条战线混杂，特别是在尘土飞扬时。等到敌军击退第一条战线，开始追击时再迎战。

配置在第二条战线两侧的部队，应当拖后一箭之地以掩护后方，并以类似的距离随同行动。

各个分队都应当有自己的军旗。常备部队的旗帜应当轻小，步兵中队和骑兵中队的旗帜应当较大，图案也应明显不同。与之类似，分队指挥官的旗帜也应当和麾下统领的旗帜不同。副将的旗帜应和分队指挥官的旗帜不相同。最后，您的旗帜必须明显可辨，比其他旗帜都要显眼，所有人都清楚，只有这样，在逆境的情况下麾下的官兵才能轻易找到旗帜，从而集结重组。

当所有旗帜都在战线之前展开时，您必须委派十五名或者二十名最勇敢的士兵担任掌旗官，护住旗帜。

高级军官应当配置在更安全的位置，不能冲进战线的深处而战死。主将阵亡会极大动摇士气。如果下属军官阵亡，那么除了他所属的部队之外，其他部队未必会注意到。但如果高级军官阵亡，绝大多数乃至全部士兵都会注意到，全军都会因此动摇。

将军，正因如此，副将和分队指挥官应当和所部军旗站在同一排，在那里监管并维持军阵，直到敌军距离我方一两箭远。当战斗即将开始时，我方最勇敢的士兵将集结到掌旗官身边，移动到他们的前面进行庇护，并与敌人搏杀。

我们命令阁下，在即将冲击时，组织好我军的阵形，并应对敌方的行动。而后您应当把自己的中队集结好，并非上前搏杀，而是作为标志，位于第二条战线的中央，引导第一条战线和第二条战线行动。

我们并不建议在作战时吹响许多号角，这有害无益，会导致混乱和困惑，而且这也会导致指令无法有效传达。如果地面平坦，各条战线中央军阵一人吹响号角已经足够了。如果遇到地面不平或者大风的情况，或者因为水声让人们难以听清声音，那么每条战线的三个军阵都派一人吹响号角，便可以解决问题。军阵保持肃静，没有仆役和马匹的纷扰声，这样的军阵足以恫吓敌人，而指令也更容易传达。

基于这些原因，在战线开始前进，做好准备接战的工作后，任何不应该有的声音都不应该发出。而在部队走出工事或者营地向前开进时，必须要保持绝对的肃静，不能下达任何命令。这样能让士兵免于困扰，也不必过早暴露指挥官的旗帜。

我方的行进与队列变换以及敌人的情况，决定了冲击的方式与质量。在我方出战时，必须高声喊出基督教的常用战吼：胜利十字。但当双方即将接战时，高喊或喧嚷，特别是后排的人如此，会对我方更有利，这会让敌人紧张，同时鼓励我们的士兵。

所谓的领号者，在作战时的作用相当重要。他们负责催促部队前进，勉励他们，用歌声鼓舞士气，让士兵们坚持作战。可能的话，军官可以自己负起这一责任来，或者选择口才好又擅长鼓舞的人担负这一职务。以同甘共苦的战友身份来勉励，会让听众更乐于听从。

领号者应当用勉励的语句激励部队前进作战。他们首先要让他们回想对上帝的忠实信仰以及皇帝的恩惠，还有此前的胜利。战斗将由上帝和上帝对士兵乃至整个国家的仁慈来决定。此外，士兵们也要为战友、教友、妻儿老小与祖国而战。我们永远会铭记那些为了战友的自由而英勇杀敌的人。我们相信掌握战局胜负的上帝会支持我们，敌人则截然相反，因为他们不敬上帝。如果领号者想到了这些语句，就要高声喊出，勉励士兵们。在合适的时机说出这样的话语足以提振士气，胜过大笔金钱。

还要提及一个不应忽视的问题。由于敌人通常可以通过估计旗帜的数量来估计我方军队的规模，因此我们认定每支部队有必要准备两面十分相近的旗帜。真正的战旗上写上旗队长的名字，而另一面则写百夫长的名字。两面旗帜都应当高高举起，直到真正作战那天。战时，只有真正的旗帜才有必要打出。大量的旗帜会让人陷入混乱，甚至所属部队的士兵也无法辨识。这样的话，可以让部队通过打出更多的旗帜来假装人数众多，而在作战时只使用真正的旗帜，保证士兵能够轻易辨认。

在开战几天前，特别是预先训练军令和预定的机动动作时，各分队的军官应当集结在一起，参考下文的记述，用合适的话语劝导下属。古往今来，将军们规范部队训练，熟练安排战线以及使用直线、弧线或者其他方式行进的机动动作，绝非徒劳无用。野兽，比如鹿、兔或者其他小野兽，在被猎人追逐时绝不会愚蠢地一路前进，而是会回头看追击者的体力与速度，而后计划他们的行动。那么，智慧的人类在拼死决战时，自然同样要计划好他们的进退行动。他们不一定应当如同流水一样放任自流。若是敌人和我军都没有向前行动多远，不要贸然冲击，自乱阵脚，而是要保持稳重，竭尽所能击败敌人。仅仅短距离追击敌人后，就任他们后退，并不意味着决定性的胜利。稍微后退之后对敌人发动突击，也不等于失败。是胜是败，关键在于战斗的结果，我们追求的是最终的胜利。分队指挥官有责任约束麾下的部队，让每一个士兵遵守命令。

在各分队指挥官完成任务，进行训练并下达命令后，将军，您本人要集结起一条或最多两条战线，以类似的方式，用语言以及行动让他们做好战斗准备，并习惯格斗。

指挥第一线，即所谓先锋队的军官，必须注意中央军阵的行动，通常副将或者所谓的军阵官就配置在这里。他们应当与中央军阵并列行动，并同时发起冲击。如果敌人被冲击击退，那么突击部队就可以跟随追击，一路抵达敌人的营帐，防卫部队则保持阵形紧密跟随。在敌军调头反击时，若是突击部队无法在格斗中取胜，他们就可以借防卫部队获得庇护，并重整队列。如果战时某一个或者说所有军阵被击退，突击部队就应当后退一两箭的距离，仿佛向第二条战线撤退一样，而后突然调头迎敌。过程中要发出合适的号令或指令。

如果他们成功击退敌人，就应当进行追击，而后撤回并再度调头冲击。如果一两次冲击之后，他们仍无法击退敌人，第二条战线应当前进，而第一条战线则穿越军阵之间的间隙往后退，寻求庇护，在第二条战线与第三条战线之间进行重组，并和第二条战线集结成临时阵形——全军紧密结成一线——共同进攻敌人。如果敌人战败，就紧密追击。

您应当给侧卫部队下达如此命令。如果对面的侧翼延展更长，就应当竭尽所能向侧翼，也就是盾牌的方向延展我方的队列，与对方队列同长，以免敌人包抄我方军阵。但如果对面的军阵更短，就尽可能结成半月形，也就是半环形行进，在军阵与敌人交锋之前，先行包抄敌人。也就是说，要在开战的信号发出前完成机动。如果敌方战线与我方等长，他们就应当作为防卫部队留在军阵中，共同冲击。

您应当给包抄部队下达如此命令：在敌人距离我方军阵两三箭地之前，他们要紧密追随右翼，但要安排好掩护。一个中队应当把十夫长和五夫长派到前列，若是士兵质量足够高，五人的深度就足够。其他中队也应当集结临时阵形保持随同，即全军紧密集结。

旗帜，也就是队伍的引导，不应当直接竖起，而是应当稍微放低，在合适的时机再展示。否则敌人或许会预先认出旗帜，并就此采取对应的行动。

如果对方的侧翼延展更长，首先要向右翼，也就是枪的方向延展，而右翼的军阵稍微减缓速度，延展大概半箭地，以便包抄对方。当他们向侧翼发动包抄时，下令"出击"，隐匿的统领队就会从后方全速冲出。

如果这些敌人调头撤退，我们不应当追击，而是应当立即和其他中队结成一线，攻击余下敌人的侧后。如果对方战线更短，就立即派出部队结成半月阵发动包抄。如果双方战线长度相当，就稍微延展队列来包抄敌人，而后按照计划发起冲击。因此如果我方延展阵线时，敌方也企图延展阵线，您就应当立即趁敌方变换队列时发起冲击。在他们的侧翼部队被我方击退后，他们必须要向这一侧增兵，那时他们的紧密队形也就会松动瓦解了。

包抄部队，也就是右翼的先锋队，应当做好包抄机动的训练，这样不会在行动时落后或者突前。不止如此，军阵的指挥官，无论是分队指挥官还是其他等级的军官，都应当让整个军阵行动起来，保证在包抄部队发起攻击，敌人陷入混乱时一同攻击。

军官应当尽可能率部包抄对方的军阵，如果做不到，也至少要让己方军阵与敌人同长。如果对方的战线更长，他就应该让包抄部队做好他们的任务。

注意，包抄部队是侧翼作战的关键，因为他们可以安然进攻，即使在开阔地也是如此。

以类似的方式向第二条战线下令。他们要跟随第二条战线的中军阵行动，那里正是阁下平常应当所处之地。在接战时，他们应当距离第一条战线三四箭地远，这样如果敌人后退，他们可以及时跟随支援，保持防卫部队的阵形。如果第一条战线的部队后退，第二条战线的部队就可以支援前方战事不利的部队，免于他们陷入溃逃。第二条战线的部队以及第一条战线撤退而来的士兵，应当保持有序前进，不要解散队列，直到确定了战斗的最后结果才返回军营。他们必须保持阵形，不要因为追击敌人而解散。

如果第一条战线的战斗不利，双方已经开始追击与反追击，那么有必要观察局势变化。派两三个人高呼鼓励我们的战士并惊扰敌人。注意不要仓促投入战斗，或者距离第一条战线太近，否则可能会造成混乱，在关键时刻愚蠢地战败。但如果第二条战线也后退，他们就应当退到后卫部队那里重整。

如果您得知敌人从后方发动偷袭或奔袭，应当如此准备。如果后方的部队只是少量的分遣队，那么您的第三条战线足以解决他们，由他们解决即可。但如果他们无法解决，就让第二条战线大部分人停驻，让部队做调头动作。各部队负责的指挥官和旗手转向后方，将战线变成双枪阵，这样就可以迅速发起攻击。敌人被击退后，一两个旗队组成的后卫部队应当展开，攻击他们。

如果敌人进攻的部队规模大，那么就应当下令"调转位置"。各个中队的十夫长行动到后方，将后队变为前队。（参见附录三，阵图3）

您应当在战前下达这些命令，这样士兵才能清楚自己的责任。没有经历过这些动作的人很难理解这些命令，除非指挥官时常而且清楚地下达命令。

此外，如果您在开战很久之前就说明了这些指令，您说过的话会被遗忘，因此，在开战不久前，您必须要求他们回忆起这些指令。向全军下令，任何人都不得退到第二条队列之后，即使第一条战线陷入溃败，否则他们就是自寻死路，或者被敌人杀死，或者因为违犯军法被我方处死。仅允许在迫不得已的情况下出现例外。

由于我们必须要对敌人的战线发动突袭，您应当给负责突袭或者准备隐匿的部队下令，在执行这些任务之前，首要任务是预先派出巡逻队，以免他们意外遭遇敌人，反倒被敌方的侧后部队袭击。

敌人时常也会结成两条战线，若是没有做好谨慎安排，我们对他们第一条阵线的伏击往往会适得其反，被第二条战线的敌人袭击。因此，如果敌人也把部队配置成两条战线，就不要进攻他们第一条战线的后方，而是进攻侧翼，无论是一侧还是两侧。

您必须估计好攻击的时间，这样突袭部队不会超过我方军阵太远，也不会投入太晚。当两军大约相距两三箭远时，突袭部队投入战斗最为有利。这一切都不是从训练中得知的，而是从实战中积累得来。

阁下不但要把我们已经给您下达的指令向全军传达，并做好训练，您也应当把命令交给各个分队长，甚至写下来给他们，这样他们会清楚自己军阵的情况。各个分队长应当把麾下总兵力的三分之一作为突击部队，将所谓的破阵队配置到军阵应当的位置，另外的三分之二则布置在中部作为防卫部队，即所谓的复仇者。

骑枪上的三角旗：真正作战时骑枪上不应当配上三角旗，而是应当在敌人一里左右时解下放到盒中。在此之前他们应当把旗挂在枪上。

旗帜的差异：各战队长，即各旗队长的旗帜应当较小，统领的旗帜应当更大且有不同的纹理，而分队的旗帜则应当最为显眼，如前文所述。

开战时：在喊出"胜利十字"后，他们应当高喊或喧嚷，特别是后排的人，鼓励我们前方的士兵。开战时不应当吹响多支号角，随同分队指挥官的一名号手吹响号角就够了。

军官在战线中的位置：分队指挥官应当配置在他所部中军阵的中央，也就是配置在防卫部队中，而统领队则配置到两侧各军阵的中央，位于突击部队的各旗队中。

战前侦察战场：在战线集结起来后，信使要负责侦察战场，也就是我方战线与地方战线之间的区域，确定这里是否有池塘、沟壑、泥沼——所谓的"阻碍"（palmata），或者敌人准备的陷阱。如果发现陷阱与阻碍，战线应当停止前进，迫使敌人绕过这些障碍，而后我们的部队就可以在畅通无阻的战场上迎敌。

分队指挥官的旗帜：分队指挥官的旗帜，如前文所述，应当和他麾下部队的其他旗帜不同，以便麾下所有掌旗官可以辨认。

旗帜的信号与行动：指挥官的旗帜也要通过一些不同而显眼的方式保证易于分辨，或者是立定不动，或者是高举，或者是低举，或者向左右偏放，又或者在高处不断前后摇晃，或者在竖起之后左右摇晃。这样，即使陷入混乱，人们也可以轻而易举地辨认。

旗帜与分队指挥官的区分：各个分队指挥官的旗帜不应当使用完全一致的信号，而是让各个分队的旗帜使用不同的信号。分队指挥官有责任让麾下士兵们熟悉信号，并通过预先训练来了解。这样的话，他们不但能够分辨出自己军阵的旗帜，而且在可能出现的混战中，他们也可以借旗帜找到自己所属的部队。

指挥官附属的部队要维持在旗帜附近：各种行动中，如果士兵因故和所属部队的旗帜分离，他必须竭尽所能与之会合，让军阵免于混乱，这或许足以拯救全军。

让异族远离战线：如果部队中有和敌方属同一民族的异族部队，那么必须要在开战前，使用某种合理的借口把他们调离战线，转往别处。

统领和旗队长催促部队进军：您要命令分队指挥官履行这些职责，同样，各个统领和旗队长也应当如此，竭尽所能保证部队达成任务。

让部队每天清晨与傍晚唱诵三圣颂：当各中队或旗队驻扎在军营或其他地点时，在破晓时分进行其他任务前，在傍晚结束晚饭并解散休息前，都要唱诵三圣颂，并履行其他惯常的礼仪。

组织小队：组织小队时您也要保证和组织旗队时一样，尽可能把年长者与年轻者混编，如前文所述。

小队的装备：每列的第一个人和第二个人以及最后的人都应当使用长枪，第三个和第四个人使用弓箭，中间的部队按照需要进行装备。

三角旗在作战时不利：如前文所述，长枪上的三角旗不应当在战时留在长枪上，因为他们会挡住后面使用长枪的战友，而且还会干扰弓箭手射箭。

所谓的医护队：如前文所述，医护队是我们委派负责解救并照顾伤兵的人。您应当从每个战队中选择六到八名较不适宜作战的人，让他们专门负责照料伤员。

战时配置斥候和掌旗官：派两名干练、机警而勇敢的人作为斥候，也就是间谍或哨兵，另外派两名信使。再从行伍中选择两人担任战时的掌旗官。

所谓的"领号者"：务必要选择两名出色而受过教育的士兵担任所谓的"领号者"，他们要在军阵中迅速行动，鼓励军阵中的部队，并使用我们前文提及的话语激励他们。

两支旗帜与一支旗帜：规模较大的战队应当准备两面旗帜，一面由战队的指挥官携带，另一面由首席百夫长携带。然而战时不要使用两面旗帜，仅仅使用战队队长的旗帜。

战时士兵携带的食物：在作战当天，所有士兵要在鞍袋中携带一个水袋、一块硬面饼和两份大麦饭。在紧急情况时，他们可以让自己或者战友们免于饥渴之苦。

在战斗结束前不得掠夺战死者：他们应当清楚在战斗结束前，部分部队仍在作战时，所有的士兵都不得进行掠夺。要时常向部下强调这一命令。

配置辎重车辆的位置：在行进时，士兵们不得和辎重车辆混杂到一起，特别是敌人即将到来时。各旗队的部队先行，辎重车辆随后，或者在必要时，按前文讨论辎重车辆的部分进行布置。我们前文所述的手段，您要保证各个旗队长、统领和分队指挥官也清楚，并忠实执行。

必须利用时机击败敌人：将军，我们命令您，抓住合适的时机对抗敌人，您首先要防备敌人突袭造成的损害，而后以突袭来损害敌人。

不要在混乱中追击敌人：最重要的是，您必须要防备对手布置伏击，向战场的四个方向频繁派出巡逻队，避免在混乱与脱节的情况下追击。

将军不应当参与格斗，应交给下属军官负责，我们不允许您亲自进行追击或者格斗。这些任务应当交给合适的军官负责，因为下属军官若是没能成功，我们至少还有迅速扭转局势的可能。但如果最高指挥官本人败亡，他的部下将彻底陷入混乱。

最优秀也最明智的将军，在战争前会审慎研究他的敌人，对敌人实力更强的部分保持警戒，从敌人实力更弱的部分寻求胜利。总而言之，如果敌人的骑兵比我们多，您就应该破坏牧场，让他们的马匹没有草料。如果敌人士兵的数量比您多，就要切断他们的补给线，焚烧他们的粮草。如果对方的士兵来自不同的部族，就用贿赂和封官分化、拉拢他们。如果您得知敌军内部存在纠纷，就解决他们的领袖。如果敌人善用长枪，就和他们在崎岖地形开战，和他们近战肉搏。如果他们行军或扎营时缺乏防备，就在夜间或白昼设下埋伏突袭。如果他们在作战时鲁莽不守纪律，也不习惯在逆境作战，就假装要发动进攻，把他们诱骗出来后拖延时间，等到他们三鼓而竭、犹疑不定时再发动进攻。如果敌人的部队以步兵为主，就把他们引到平地上，在安全的距离外投掷标枪。

战争就像打猎一样，要搜寻、等待、包抄，要用其他的欺骗手段才能捕获猎物，单靠蛮力是不可能取胜的。我们在作战时也应当如此，不论敌人是多是少。

试图在开阔地通过面对面搏杀来压倒敌人，即使您的胜算更大，也充满了危险，可能造成极大的损失。除非迫不得已，否则用这种损失极大、仅仅带来虚无荣耀的方式取胜，是愚不可及的。

将军，这些就是我们给您下达的命令，您应当在开战之前依照这些命令做好准备。

开战前一天

第十三章

◎ 尼基弗鲁斯二世围攻尚达克斯堡垒，出自斯基里泽斯编年史的细密画

开战一两天之前，分队指挥官应当保证军旗得到神父的赐福，而后交给各个部队的掌旗官。

各部队的指挥官应当集结整队，保证部队满员。

您要尽可能安排斥候和细作，获取敌军动向、规模和部署的确切信息。若如此，您将得以从容调整，有备无患。

若是您没有其他事务，您应当把部队按照中队和分队集结起来，但不得集结在同一处。您应当亲自向他们演讲或者委派各部队指挥官进行演讲，追溯旧日的胜利以及此前他们的胜利，鼓励部下，向他们许诺，陛下会因他们忠诚于国家，而赏赐丰厚的钱财与荣誉。更要提醒他们，遵守您本人以及各部队军官向他们下达的军令和其他命令。

如果有敌人士兵被俘虏或逃来，他们精神饱满、装备良好，就不要向他们显露自己的部队，把他们悄然带到其他地方；但如果他们羸弱不堪，就一定要让全军来观看敌军的逃兵，脱掉他们的衣服示众，逼他们恳求士兵们饶命，让士兵们相信敌军境况如此之恶劣。

当敌人抵达，决战即将开始时，您应当命令各部军官暂不要处罚不守军法的士兵，也不要对士兵苛刻，而是应当向心怀不满的士兵施恩。但如果这些人冥顽不灵，就找个借口把他们暂时调走，直到战斗结束，否则他们可能叛变投敌，向他们提供重要的我军情报。同敌人同族的士兵，如前文所述，也应当预先调走，您不能让他们和自己的同族作战。

当您准备开战时，将军，您必须记住形势随时可能逆转，因而要未雨绸缪。特别是如我们反复提及的那样，为士兵和马匹搜集可供几天食用的粮秣。在合适的地点建造坚固的营盘，最重要的是，在紧急状况下依然能保证水的供应。

不要忽视给部下准备食物的工作。如果您在谋划后决定进行决战，一定要保证士兵们在最合适的时间用餐。如果没有决战的打算，那么正餐应该尽可能提前，保证突然遭遇敌人时，士兵们的身体状况良好，不至于在一整天的作战后累垮。

将军，您时时刻刻都不能忽视思考谋划，无论是在其他时候，还是决战前。特别是在决战前，把麾下的分队指挥官们召集起来商议，让其他在您看来头脑灵活的人一同参会，寻求他们的意见建议，借此制定作战计划。对这一战将要进行的地点进行确实的侦察。

提前向军官们下令，在开战前一夜，军号吹响时，放出马匹饮水。如果忽视了这一工作，马匹或许会在结成战线时因干渴而无力。

如前文所述，提前令所有士兵在列阵前在鞍袋中携带两块面包或者熟大麦、硬面饼、熟肉。他们也应当带一个小水袋，但其中只能装水，不能装酒。在境况有利或者不利时，这些饮食都能用得上。战败的敌军往往全速逃往据点，我们的士兵在追击时可能要花一整夜，甚至在次日白天乃至夜间持续作战。因此他们必须携带饮食，以免因饥渴而中止行动。

如果我们在和强大的国家开战时，士兵们因为不清楚敌人的虚实而紧张，就不要试图立即展开决战。首先，在开战前一天，谨慎安排一些擅长伏击的干练士兵，秘密轻装袭击敌人的小股部队。如果他们在野外杀死或俘虏了一些敌人，我们绝大部分的士兵就会认为这是我们强大的证明，士气将重振，紧张情绪将被克服，士兵会越来越勇敢。

如果敌人发动突袭，地利不在我方，例如地形崎岖或者林木密布；或者天时不在我方，例如刚刚下过暴雨或者暑热难当，总之只要境况对战斗不利，就不要在此时此地展开决战，您应当集结起部队，占据一处适合扎营的地点，找到天时地利在我方的机会。不要勉强开战，这样做并不意味着您畏敌逃跑，只是免于在不利的境况下战斗。

如果上帝赐予我们胜利，敌人溃败，您要命令士兵不得掠夺地方死者的财物。在战斗结束前掠夺死者，袭击他们的辎重或营地存在着相当大的风险，可能导致灾难。您必须预先严令士兵不得如此，任何人也不得例外。占上风的部队时常会因为肆意掠夺而失败，而且四散分开的他们遭受突袭时，要面对更大的风险，可能被彻底歼灭。

下面所说的内容前文已经提及。如果部队屯驻在工事中等待敌军，您必须预先准备供马匹食用两天的干草或草料，在敌军正在前来，决战即将开始时更应如此。不仅如此，如果部队准备转移营地，在另一个地点展开军阵，那么也有必要带走供马匹食用一天的干草或草料，储存到新的营地。敌人不可能任我方的仆役们在开战前外出打草或者放马。

但如果敌人贴近，一个不错的办法就是让士兵们各自在行军时顺便准备草料，我们前文也提到这一点。他们在建立营地后，仆役们往往无法出发搜集粮秣，特别是敌军的骑兵比我军规模大时。

在开战前，我们要求您进行以上的一系列安排，保证您麾下的官兵清楚这一系列的要求。接下来，我们要尽可能讲述在开战的那一天，您和部下应当怎么做，并应在哪些问题上保持警惕。

开战当天

◎ 巴西尔一世与利奥六世，出自马德里抄本的细密画。父子二人的关系远没有画中这么和谐，而利奥六世也没有和父亲一样亲自出征。即使如此，利奥六世依然成功延续了王朝，而他在内政与军务上的远见，也让这位"马其顿人"创立的王朝得以繁盛

现在，将军，在讨论其他问题之前，我们要先要求您保证在开战当天，您的军队得到了赎罪。开战前夜，神父们要进行虔诚的代祷。所有人都应当得到祝福，通过话语和举动，他们会坚信自己得到了上帝的支持，他们将会昂扬热忱地投入作战。

在作战当天，您不应当进行太多工作，您可能因此耗竭体力或者遗漏关键问题。您不能因紧张而显得低落，而是应当轻松自信地骑马在战线前方行进，用话语鼓励所有人。

不要亲自和敌人格斗，这是士兵的任务，不是将军的任务。但您应当完成所有必要的安排，而后留在合适的位置，在那里观看部队奋战。您应当为他们提供必要的支援，安排预备队的投入，也就是侧翼护卫和后卫部队，前去支援陷入苦战的部队。

当您在军阵中，而对方有大批弓箭手时，不要停在崎岖地形，而且绝对要避开山地的缓坡，也就是山地刚开始上升的区域。不要在这里战斗。如果可能的话，就把部队集结在高处，或者直接从山上下来，在开阔的平地上开战。否则您的军阵有可能会被借高地掩护机动的战车突袭。

不要冲进敌军的军阵，也不要在您的侦察兵观察敌方部署，为所有的圈套或伏击做好准备前，就把军阵暴露给敌军。

如果开战的地点开阔平坦，您的第二条战线很难掩藏的话，为了保证敌人无法弄清您的部署，就让您的第二条战线紧密跟随前沿部队，让敌人误以为这是一条战线。在距离敌方军阵约一里的距离时，第二条战线再稍微减速，和第一条战线按照前文所述的距离分开，而后回归第二条战线原本应有的队形。这将会让敌人无法及早清楚我军的部署情况。

当您发现敌军后退与逃跑时，必须要保持警惕，不要仓促发动追击，因为这很可能是他们的圈套。您应当结成稳固的军阵追击，直到确信胜利后再全速追击。

如果您得知敌军攻击了第一条战线，而您又无法派出侧翼护卫或者突袭部队前往协助，那么就派第二条战线侧翼的一些旗队前去助战。如果他们从一侧发动进攻，那么就从这个方向提供支援，如果从两侧进攻，就派两翼去支援。同样，如果他们进攻第二条战线的后方，而您的后卫部队又无力独力将其击退，就用类似的行动解决他们。余下的部队可以继续保持集中，支援第一条战线。

如果敌人的军队规模庞大，人马众多，远看上去难以抵御，就不要在敌军距离尚远时过早登上高地。看到如此大军，我方的士兵士气很容易受损。这种情况下，您应当把他们集结在低处，既让他们看不到敌人，也让敌人看不到我方。当敌人的距离只剩一里乃至半里时，再让部队登上高地，这样的话，战斗将会在您的部下士气受损之前展开。但如果没有类似的地形，士兵们难免要在看到远方的敌人时，就放出风声说敌人将大批马匹或者驮畜带在军阵中，以故弄玄虚。

如果您做得到，尽可能在敌人集结起军阵前，尚在忙乱时发动进攻，这样可以痛击敌人。

在部队列阵前，记住要把一两个旗队布置到军阵前方一两里处，这样敌人将无法安然观察我方的军阵，并借此安排机动。

如果敌人没有步兵，就把马夫、仆役留在后方，让他们在营地的工事中，手持他们能够使用的武器、弓箭、标枪或者投石索，守卫营地内侧的壕沟。应当留一个旗队在营地中，奉命巡逻并守卫营地的大门，并委派一位合格的军官守卫营地。

如果可能，不要把辎重车辆带到战场上，因为战场上的敌人可以轻易将其毁坏。如果敌人在您行军时发动突袭，没有时间构筑营地保护辎重车辆，就把辎重车辆转移到军阵后方，转移到第二条战线的两侧，并委派适宜的两个旗队去看守。

如果您无法按照建议预先收集草料，那么就在开战当天，在重盾步兵列阵时，派仆役们到军阵的后方割草。他们应当得到一些留在后方的侦察兵的保护。在战斗期间，他们应当能收集足够的草料。预先告知那些收集草料的仆役们信号，比如在显眼的位置高举旗帜，这意味着敌人抵进。还应当及时发出撤退信号，让他们尽快撤离到营地寻求庇护，以免在营地外遭到屠戮。这些是必不可少的安排，因为战斗的结果无法预知。如果情况不利，士兵们和他们的马匹就能够获得补给品，可以迅速整备再战，取得胜利。如果做不到，他们也可以立即有序地撤退，马匹依然能保持良好体能，而敌人和他们的马匹将愈发虚弱。如果无法获取补给品，战败后没有人敢外出搜集粮秣，马匹将会无力，士兵们的士气也将彻底瓦解。失去必需品又心怀恐惧，他们将再无心逆转态势。您要保证给马匹留可食用一到两天的草料，可能的话还可以多收集一些，特别是当营地周围草料肥美时。

如果第一天的战斗受挫——愿这永不再发生，在我们看来，让在战场上受挫的部队继续战斗，甚至是在几天内接战，是完全不利且无用的。因此，将军，我们不建议您进行这种尝试，这样的任务对任何人而言都堪称艰难。没有人能立即从失败的阴影中走出来，这种品质在罗马人中相当稀少。即使将军意识到自己犯下的错误，希望在新的战斗中弥补，绝大部分士兵也无法理解他为何选择立即再战。他们会认为这一切是上帝的旨意，会彻底失去信心。除非是迫不得已或者情况特殊，您绝不能在公开战败后的几天内再进行阵地决战。您应当以计谋和欺诈来代替，使用谨慎计划好的突袭以及所谓的战斗撤退，直到部队终于放下了挫败，重新鼓起信心再度开战。具体的理由不难列举，但在此处列举并不合适。

如果部下放下了挫败，在您的成功鼓励下重新出阵，您必须把受损的先锋部队配置到第二条战线，把原本第二条战线的部队调到第一条战线，但第一条战线的其他部队保持在原位，毕竟第二条战线部队较少，单独使用过于赢弱。

在战斗遭遇挫败时，绝不可以犹疑拖延，除非盟军或者其他支援能够到来，又或者敌方决定停战和谈。这些谈判不能立即公开，而是要秘密研究，如果协议能立即生效，就不得再拖延，而是要坚定确认，并用人质或者誓言来确保协议。但如果我方提出的条件过于苛刻，或者是用来拖延时间或放松对方警惕，您就必须放出流言，声称条件比实际的条件让步更多，这样在对方拒绝提议后，部队就会因为愤怒而重拾信心，决心与敌人拼杀到底，并追随指挥官的领导。拖延越久，战斗不利的一方士气就越差，有利的一方则会愈发自信。

因此，在人们彻底失去信心之前，将军，您必须让各部队的军官，包括十夫长和五夫长，发言勉励部下，指出此时沮丧消沉毫无用处，而是应当集结起来英勇奋战，反败为胜。您也应当对他们做类似的演讲。

如果有可能在开阔地反败为胜，就按照前文所说的方法布阵，但如果无法如此，就应尽可能在面对危险时虚张声势。

如果取胜的敌人以步兵为主，不要停留在原地，尽快骑马进行有序撤退，或者在保证安全的前提下拔寨撤退。但如果敌人以骑兵为主，那么您必须要扔掉多余的物品，抛弃笨重的装备和马匹，仅仅留下一支小规模的骑兵部队，余下的人马步行结成双枪阵或者结成四面的方阵，将马匹和辎重放到中心，士兵们如前文所述在外侧列队，弓箭手在最外侧。以这样的队形，部队可以安然转移阵地。

同样，如果战斗的态势对我方有利，我方在上帝的指引下取得了胜利，我们不能仅仅因击退了敌人而满足，缺乏经验的指挥官不懂得抓住战机，恰恰相反，他们乐于宣称："穷寇莫追。"他们的让步会让自己陷于危险中，让战争的最终结果增加变数。您必须持续追击敌人，直到敌人彻底崩溃。

如果他们在营地的工事后方寻求庇护，应当继续施压，或者阻止他们搜寻粮秣补给人员和马匹，直到他们被彻底消灭，或者达成对我方有利的协议。不要在将他们稍微击退之后就放手。在经过如此多的奋战，经历如此多的风险后，绝不能因为缺乏坚持而失去战机，就像在打猎时那样，差一点得手就是没能得手。

时刻约束士兵保持良好的秩序，特别是在胜利后。他们要在追击中维持军阵，将军要运用他的知识和理智来进行决断。力量本身不足以保护自己免受敌人的损害，在上帝的支援外，最重要的就是将军的指挥能力。

因此，将军您必须要利用天时与地利。如果您决定进行决战，您就必须要检查开阔平坦的地形，以便枪骑兵驰骋。您必须在集结战线两三天之前便开始在军阵左侧、右侧和后方进行持续侦察，直到战斗结束，还要检查清楚前方的情况，以免前方有天然或人工开掘的水坑以及其他类似的陷阱。

在开战当天，如前文所述，平常两倍数量的巡逻队要在一大清早出发，到战场四个方向两三里之外进行巡逻。命令他们不但要侦察敌人的动向，如果发现意图投敌者，还要将他们逮捕。他们在远处可以轻易截住我方的逃兵。同样，如果敌人有逃兵前来，而且还带来了自己的财产，巡逻队要掩护他们来到安全之处，以免被恶人劫掠。保证那些带着财产前来投奔的人的安全，既是出于公正，也是必要之举。

在我方战线前方巡逻的巡逻队应当到距离敌人有一箭之地的地方，侦察敌人是否秘密挖掘壕沟或设下其他的圈套，如前文所述。这会保证我方部队免于遭受意外损失。

若是天时地利不在我方，我方处于不利的境况下，如前文所述，不要只派出一队巡逻队，而是要派出两队，这样的话，若是一队没能完成任务，另一队依然能够侦察敌人。

此外，如果我方军阵已经展开，而且地形适宜，不要等待敌军前来，任敌人变换队形，应当以稳固的阵形向前主动进攻。

若是战斗因故拖延，那么将第二条战线隐藏到森林或者后方的低洼地便至关重要。如果敌人过早发现第二条战线，他们将会得以布置埋伏或用其他的手段反制。

我们已经讨论过了巡逻的问题，您必须保证巡逻队的精严，将侦察兵分派好，让一部分人去睡觉，让余下的人出发巡逻，而后再换岗。不要以为有人能整夜保持清醒与警惕，即使他们许诺如此，毕竟谁也无法预测睡意何时来袭。当其他人巡逻时，要确保您的哨兵们站直，椅子或者倚靠会让人愈发易困，而站立则能够保证头脑清醒。

战斗后，将军，您必须要保证那些作战中受伤的士兵得到良好照顾，并礼葬那些阵亡的士兵们。您要时常宣称他们得到了上帝的保佑，因为他们把信仰和战友看得比自己的生命还重。这是虔诚之举，也能提振生者的士气。

如果英勇战死的士兵留下了孤儿寡母，您应当给他们适当的抚恤。

我们都清楚，无论是罗马人还是其他的民族，都认为远看上去盔明甲亮的堂堂之阵往往无法战胜有所隐藏的军阵。尽管这一观点很常见，却是明显错误的。在上帝的裁决之外，战争胜负将由将军的领导能力和部队的士气决定。即使如此，若是有人想要如此安排，您也应当从善如流，如果周边有林地或低洼地，部队应当在其中隐匿，不要让敌人一眼发现，直到敌军距离一两里时再出现，这会让敌军无法采取反制措施。

如果战场开阔，天气晴朗，就应当要求士兵不要在开战前的长时间等待中带上头盔，而是将头盔拿在手中，直到敌人贴近后再戴好。如果他们盾牌较小，就让他们把盾牌举到胸口，遮挡照射链甲的阳光，而链甲头罩也应当脱下搭到肩上。如果有明亮的铁盾，应当将他们隐藏起来，枪尖也是如此。采用这样的方法可以让我们的武器在远方看去毫无闪光。敌军也会使用这样的手段，我们可以借此让他们失望，甚至在开战前就让其士气低落。

将军，我们命令您在作战时采用前文所述的欺敌手段，我们此前已有叙述。若是出色的谋划得到了有效执行，将对战局十分有利。他们有一系列以少胜多的手段，在敌人将整条战线投入战斗前先大量杀伤他们。

一些指挥官会利用有利地形进行伏击，比如密林、洼地、陡坡、峡谷或者延伸到战场的山地。他们时常利用这些地形隐藏部队，以免敌人在远处就发现己方军阵，谋划应对的手段。这样，在开战前，这些伏兵可以突然从敌军的后方杀出，让敌军陷入混乱并最终溃败。

在地形不利时，指挥官们不会把伏兵贴近敌军军阵布置，而是配置到自己的侧翼或者是位于两军军阵的侧向，或者是配置在己方侧翼的后方。他们将大部分的部队隐匿起来，只展开少量部队。

还有一些指挥官将一个军阵专门用于欺敌，其规模相对较小。当双方开始决战时，那些欺敌部队会迅速后撤，而敌军则会在一片混乱中发动追击。他们会穿过伏击地点，设置好的伏击部队就会攻击追击者的后方。而后，听到预先设置的信号后，那些诈败者就调转方向夹击敌军。军纪涣散的北方部族和斯基泰人时常中计，托尔克斯人和类似的部族也同样如此。

指挥官可能会挖掘八尺到十尺宽的壕沟，沿着军阵延展开来，在上面覆盖树枝和干草浮土，仿佛是不曾挖掘过的平地一般，他随后应当把挖出的土堆在周围，以免看上去奇怪。在壕沟的中央，他应当预留一些坚实的区域做好标记，让自己的部下清楚情况。在壕沟的两侧，他应当在隐蔽位置配置伏兵，而余下的部队则应当布置在壕沟前方。当双方开战后，前方的部队诈败，从他们预知的坚实区域退过壕沟。敌人或许会鲁莽肆意地发动追击而掉进壕沟。而后伏击的士兵就突然冲出，诈败的部队也调头迎战。绝大多数的敌军都会被杀，或者因落入壕沟或突然的灾难而溃败。当然，如果敌人预先侦察得知了消息或者叛徒泄露了军情，这个策略就没有用了。

另外一个类似的手段，是在地面上配置尖桩。安排两三个安全的出入口，并告知军阵中的士兵。而后把部队在尖桩前方集结起来。在作战时，士兵同样诈败，诱敌人撞向尖桩，两侧的伏击部队将和调头返回的诈败部队全力冲击，击垮敌人。

若没有挖掘壕沟和布置尖桩，也可以布置类似的陷阱，派人及时并秘密地把铁蒺藜散布开，这些铁蒺藜应当用绳子拴好，以便在战后回收。铁蒺藜应当布置到军阵后方大概一百尺宽的区域，中央大概三百尺宽的区域要预留四五条安全通道，并告知作战部队，布置明显的记号，比如大树枝、怪枪头、土堆、石堆之类。这些记号不但要布置到安全通道的入口，也要布置到通道的两侧。在作战时，诈败部队穿过他们预知的通道后，除掉这些记号或者委派一些骑兵调换记号的位置。当敌军因为踩上铁蒺藜而进退两难时，两翼的伏兵就一齐杀出。

甚至在没有蒺藜的情况下也可以布置类似的陷阱。可以在各处挖掘陷坑，即古人所谓的"陷马坑"。这些陷坑直径应当为一尺、深两三尺，下面布置尖桩。将这些陷坑交错布置，距离大概三尺，不要布置在一条线上，陷坑区域延展一百五十尺宽，与军阵同长。在完成后，第一条阵线应当在陷坑一里前列好，第二条阵线则布置在陷坑后方两三箭地，军阵正对着无陷坑的通道。这样在紧急情况下，若是第一条战线的部队被击退，他们可以安然通过，如果需要攻击敌人，第二条战线的部队可以安然通过安全通道发动攻击。

若是在这些陷坑后面布置阵线，阵线应当布置在距离陷阱三箭地的位置。当敌人前进并踏入陷坑后，他们就对马匹落入陷坑的敌人发动进攻，将其歼灭。同时，若是我方的阵线在陷阱后方配置，安全通道则不应当太宽，以免大批敌军借机避开陷阱继续作战。

您必须要秘密布置这些工事，委派一些可信的人在作战当天或者作战的前夜，在预定战场上进行布置，而后在合适的时机告知您的部下，特别是掌旗官，这些陷阱的位置，让他们保持警惕，余下的士兵们可以紧密追随掌旗官行动，通过安全通道。

所有士兵都必须遵命随同自己所部的旗帜行动，特别是在撤退时，不至于因乱跑而落入己方的陷阱。

此处讨论的所有策略中，布置铁蒺藜是最容易完成，也最容易保密，而且可以布置到所有地形上。

如果您认为主动进攻敌军军阵的时机合适，就按照前文所说的办法，派一两个旗队或者更多的部队——视部队总数决定，由机智勇敢的士兵组成，派胆大的军官指挥。在地形有利时，您应当派他们从敌军军阵的左侧和右侧发动偷袭。

如果敌人发动进攻，这些部队要负责打乱敌人的计划，不让他们得以抵近并袭扰我方的战线。如果敌人没有试图发动这类进攻，那么这些部队应当攻击距离最近的敌人，或者偷袭敌人的辎重车辆，也可以包抄敌人，袭击敌人战线的侧背。敌人可能准备了第二条战线，或者在战线后方布置了伏击部队，专门用来抵御我方的侧击部队，因此我们派出偷袭的部队必须要做好侦察工作，按照敌人的部署调整进攻方案。

发动突袭的时机必须要谨慎安排好。我们的部队不能过早冲向敌人的主军阵，数量太少的他们会被敌人轻易击溃。另一方面，他们也不能出动太晚，以免敌方军阵已经开始接战，让他们的攻击于事无补。

负责突袭的部队和主军阵的部队应当同时行动，无论突袭部队是一支还是两支。但更好的情况是主军阵稍微提前一点时间行动，因为他们是在开阔地行动，而且可以分散敌军的注意力，突袭部队则在掩护下行动。他们应当在斥候、信号和时间的帮助下协同行动。如果一方找到了捷径，进度过快，就应当减缓速度等待另一方，这样，主军阵和突袭部队就能够同时和敌军接战，不同之处在于突袭部队的位置更靠前。这样做的目的是，当敌人因为遭遇突袭而混乱时，我方的主力部队恰好可以开始攻击。

所以，如果地形允许，您必须从两侧发动突袭，特别是您的部队规模太大时。一支突袭部队可以击退敌人的突袭，另一支部队则可以自由搏杀。

如果突袭没能成功，或者您的主军阵被击退，突袭部队不要就此放弃，或者脱离与敌军的接触，也不应向第二条战线撤退，而是留在开阔地试图攻击敌军的后方，而您败退的部队可以借机重组。

确定的是，我们向来认定，执行这些特殊突袭任务的部队，无论是发动伏击、突袭、袭击敌方侧后，保护辎重车辆，迅速支援境况紧急的部队，护卫战线后方，还是作为侦察的小部队，最适合的阵形是密集阵形，也就是紧密集结在一起，不安排平时的纵队，也不配置十夫长和五夫长。规模庞大、完备、严密而有序的队列在冲锋时更为安稳，但在紧急情况下这种阵列过于缓慢而且不利于变阵。密集阵形则截然相反，在伏击时更容易隐匿，不需要太大的空间，可以在紧急时刻迅速机动。出于这些原因，您必须花时间进行练习，通过实际体验来了解这方面的基础知识。

派出的部队规模应当与地形相适应。如果大批部队或者规模适中的部队集结在开阔地负责突袭，而且确定了战场，那么就应当按照十夫长的方式组织起来。但如果只有少量部队出发或者要分兵行动，那么就使用紧密阵形，而不是常规阵形。

重复一遍，两者的差异在于：使用常规阵形可以调动更多部队，也更安全；紧密阵形可以迅速行动，适宜追击、突袭或者袭扰。

我们相信这些阵形适宜骑兵使用，而您必须时常按前文所述的方式整训部队，以趋于完美，除非您已经有了丰富的经验。如果对这种计策有足够了解，就不需要再依赖战前的指令或者其他命令了。军阵以及训练足以让每一个人清楚自己的任务。或许有一些犹疑而过度谨慎的人，会认为这种阵形过于复杂多变，时常会造成过多的纷扰。这些人应当注意，运动员、赛马车者以及其他参与体育比赛或休闲竞赛的人，成功所得的不过是一些钱财，失败的结果也不过是自己一阵怨叹。即使如此，他们也会努力苦练，注重饮食，从不停止训练，这样他们就可以学到击败对手的各种手段以及破解对手计策的方法。那么，我们又有什么理由不去全力训练阵形，保证军阵的多变与灵活呢？在战争中，失败者的结局或是迅速死亡，或是因逃亡而生不如死；胜利则会带来功劳、战利品、名望以及终生的回忆。

用一成不变的简单方式集结军阵会带来不合适、损害甚至毁灭。一个意外失误足以让大批士兵死亡。罪魁祸首是谁，或许无法得知，但他的错误会让所有人受害。无论如何，这些还要讨论的问题已经不多，更何况说明原因已经让本书的篇幅大为增加。

我们讨论骑兵军阵已经够多了，现在我们要讨论步兵军阵以及步骑兵混合军阵的重要基础知识。这一部分我们在另一章已经展开叙述过。

步兵军阵中有所谓的长盾步兵，也就是所谓的重盾步兵。您要这样组织长盾步兵：第一排的士兵一部分在指挥官和旗帜的左边，一部分在右边。指挥官与掌旗官、号手以及其他随从一同行动。队头按照前文所说的方式行动，由左到右依次布置。抵达战场后，指挥官和身后的掌旗官停下，下属部队也停下。队列在两侧依序集结起来，起初保持较远的距离，以免士兵相撞。每列十六人，轻装部队布置在军队后方，并把枪尖举高以免妨碍行动。向导部队（负责侦察战场的人）以及信使离开第一条战线，向导部队负责引导，而信使则负责传递指挥官的命令。当部队按前文所属组织起来结成军阵，也就是统领队和分队后，长盾步兵的战线组织完成，而后把轻装部队部署到相应的区域。

弓箭手按照比例布置到步兵队列的后方，每十六人的长盾步兵后面配置四名弓箭手。这样，即使每列的人数减少到四名长盾步兵，每列依然能有一个弓箭手跟随。必要时，弓箭手部署在长盾步兵队列中，让一排轻步兵替代一排长盾步兵的位置，也可以配置到战线的侧翼，也就是长盾步兵与骑兵之间。如果有大批轻装士兵，让他们驻扎到外侧不远处以支援骑兵，并配备少量重步兵防卫。使用标枪、斧或者类似武器的人，应当配置到重步兵的后方或者战线的侧翼，而非中央。使用投石索的士兵则一定要布置到侧翼。

我们要求骑兵在战线的侧翼集结，部队较多时，指挥官也要配置在这里。如果骑兵部队规模够大，也就是超过一万两千人，那么军阵每列应有十人，如果规模没有如此大，那么每列应为五人。另外应当在后方配置一支额外的部队，部署到辎重车辆的后方。如果敌人从后方出现，他们就可以将其击退。如果敌人没有出现，就把他们调动到侧翼。他们首先要集结距离较宽松的军阵，保证发起冲锋时不至于被妨碍。

您应当告诫您的骑兵不得全速追击敌人或者距离步兵阵列太远，即使敌军已经溃败也应如此。他们可能遭到伏击，而那时他们数量处于劣势，孤立无援又远离军阵，可能就此丧命。如果他们被敌军击退，他们应当向后方撤退，但不能退到比辎重车辆更远的地方。如果他们依然不能维持，他们应当下马，步行坚守。

如果您希望将您的部队集结成一条战线而又不在当天接战，若是敌军对我军骑兵发动冲击，他们或许无法抵御，他们不应当在战线侧翼或者车辆旁边等待敌人攻击。在这种情况下，他们的间距应当增大，这样在骑兵机动时，他们不至于互相拥挤，也不至于被敌人的箭矢轻易射中。

在《关于骑兵与步兵的训练》章节我们已经提及并讨论了这部分的一些内容，但在本章节再提一次并非不合时宜。我们期望用于战斗的一切手段都要在训练中练习，唯一的不同是训练时使用钝头武器，也不真正格斗。将这一大前提牢记于心，我们就有必要把这些问题再讨论一次，加深对这些内容的记忆。失之毫厘，谬以千里。

集结军阵时，您应该让各军阵间保持一百到两百尺的距离，以免在行军时过于拥挤。但在作战时，各个军阵要协同行动互相支援，他们应当以中军阵为指引，那里是将军或其他高级军官的所在地。因此古人将中军阵称为眼或口，因为其他军阵都服从于它。

鉴于收缩阵线比展开阵线要安全和迅速，原本的阵线不必结成十六排，只结成四排就可以。这会让敌人以为我方的部队规模庞大，而且也让重盾步兵在行进时更加轻松，特别是行进距离较远时。若是行进距离较长，有必要在行进时将军阵转变为八排乃至十六排，士兵们可以迅速地完成命令，收缩阵线。

如果军阵过于紧密，而战况需要延展军阵，展开军阵可能需要几个小时。此外，在敌军开始推进时，试图展开军阵有害无益。

掌旗官和他们的军官应当骑马抵达列阵地点，在军阵列好后再下马就位。

阵列的深度不应当多于十六排，也不当少于四排，即使敌人的战线更厚或更薄。十六排以上的阵列臃肿无用，而四排以下的阵列过于脆弱。中央的八排阵列都应当由重盾步兵来布置。

您应当命令部队保持绝对的静默。如果各队的队尾长听到队中有人说话，就要用长枪击打他，作为警告。开战后，队尾长要把部队向前推，这样动摇的士兵将无法逃跑。

不要让全副武装的步兵长距离行进。不过，若是对方行动缓慢，而战线中的部队要等待一段时间，不要让他们在那里久站。作战时他们已经因为披甲过久而耗竭了体力。您应该命令他们坐下休息，以免过早耗竭体力。等敌人贴近后再让他们重新站立列阵。

在接战时，任何人都不得走到战线之前，唯一的例外是骑马的分遣队指挥官，两名信使、两名向导、一名马夫和一名持剑卫士随他行动，如前文所述。他们在前方站立，直到敌军贴近后再安然返回军阵。

如果您决定把辎重车辆带到战场上，把它们布置到其所属军阵的后方，距离战线一箭远的位置，车辆延展的长度应当和战线一样长，因为如果过长的话就失去了保护。

每一辆车都应该在后方加上厚牛皮，这样驾车者可以在庇护下战斗，而驮畜也可以免于受箭伤。携带投射机械——射石弩（toxobolistrai）和绞盘投石机——的车辆应当按照整条战线均匀布置，并把最高效的机械布置到两翼。

驾车者应当能够使用标枪、投石索、斧、飞镖或者弓箭。把余下的辎重成一排布置在车辆内侧。在车辆与战线之间的区域应当保持开阔，这样如果重甲部队，无论是骑兵还是步兵，必须要结成双枪阵以保护车辆时，车辆不会成为他们机动的阻碍，引起混乱。

如果一支强势的敌军从后方袭击我们的车辆，只靠驾车者无法驱逐他们，双枪阵也不足以驱逐他们时，就扔出铁蒺藜阻碍他们。但在扔出铁蒺藜后，您必须要保证前方的部队不会走这条道路，而是另寻道路行动，以免被蒺藜伤害。

将军，我们命令您，在步兵或者混合军阵参战时，如果敌人拥有比我军更多的骑兵，而辎重车辆没有与我方共同行动时，不要在开阔平坦的土地列阵，而是在崎岖难走的地形列阵，比如沼泽地、泥地、岩地甚至林地。

如我们反复提及的那样，靠布置巡逻队保护好自己的军阵免遭来自后方或侧向的袭击。把少量重装部队布置在辎重车辆两侧和中间，这样在必要时他们可以协助对抗意图袭扰我方车辆或者我方军阵与骑兵侧后的敌人。

如果敌人正在扎营，正处于混乱中，您可以发动偷袭，悄然贴近后发起冲锋，您将对他们造成极大的打击。

不要派出大批骑兵与步兵作战，而是集中少数部队攻击战线的翼侧。精锐而装备良好的骑兵应为三千到四千人，不应更多。在战机出现后，他们要发动攻击并追击撤退的敌人。在步兵数量不变的情况下组织更多的骑兵并不安全。

如果骑马的敌人在进攻我方步兵的问题上犹豫不决，而我方骑兵较多而步兵不足，就把骑兵配置到前方，让步兵结成阵形，在骑兵一两里后跟随。命令骑兵不得脱离步兵军阵太远。而后，如果他们遭到敌军的压制，他们可以到步兵军阵的侧后寻求庇护，但不能从正前方后退打乱步兵军阵。

作战当天，如前文所述，不要让步兵在营地外步行太久，不得多于两里，以免士兵因为穿重甲行动太久而耗竭体力。如果敌人推迟进攻，就让您的部下静坐休息，直到敌人贴近。

夏季时，让您的部下在休息时脱下头盔透气。此时士兵们不得饮酒，因为酒会让他们发热晕眩，但是要在辎重车辆中携带饮水，分给军阵中需要饮水的士兵。

开战前，和骑兵一样，您必须把步兵也在一天内集结起来。如果士兵清楚军法，也就是惩罚的规定，就再提醒他们注意；如果他们不清楚，就让各部队军官向所部宣读本书之前提到的军法以及在作战时违反军法的士兵要接受何种惩罚。当部队了解军法后，再集结军阵。

将军，把古时的军事典籍作者提到的集结步兵和步骑兵军阵的组织手段在此处总结一番，或许也会有帮助，特别是在部队规模较大时。

他们提到步兵的总数应为16384人，因为许多军事典籍都认定应是这个数量，这个数量也足以布置一条完整的阵线。这支部队可以不断地两等分，没有余零。古人将所有的部队组织成一个完美的枪阵。他们把枪阵等分为两部，假想一条线从前到后将军阵分开。一半部队，共8192人，作为所谓的右角或者阵头；另一半也是8192人，称作左角或阵尾。在中央分开的那条开阔地，被称为枪阵的阵脐或阵口。将军配置在这里，监管整条战线的行动，竭尽所能指挥全局。阵线时而被称为"重盾阵"，因为阵中的士兵都是使用重盾和长枪以及其他武器，是全军中装备最重的部队。

在这两个重步兵军阵后方就是所谓的轻步兵，他们的装备比第一条战线的士兵轻得多，因为他们的任务是快速、便捷地行动。其中包括标枪手、弓箭手和投石兵，他们的数量应该是第一条战线的一半，即8192人。在这条战线后方，骑兵部队装备完备后就位。这些骑兵的数量又是轻步兵的一半，即4096人。

古人将步兵分配成四个军阵。将重装步兵和轻装步兵集结到一起，按照指挥官的谋划或者是把轻装部队配置到重装部队两军阵的两侧，组织另外两条阵线或者是配置到他们的前方。

他们也将骑兵分为两支部队配置到步兵的侧后，即配置到翼侧或者后方，或者其他适宜的位置。将军配置部队不应当随心所欲，而是按照形势的需要布置。在面对敌军骑兵时，他应当把骑兵配置到开阔的区域，让他们在需要支援步兵时免于遇到障碍，无论是在军阵的前方、后方还是侧翼。（参见附录三，阵图8）

如果把所谓的轻步兵配置到重步兵的前方或者在必要时配置到侧翼，效果会更好。如果他们布置到中军阵的后方，他们的武器将毫无效果。在投掷标枪、射箭或投石时，他们必须要向高处抛射以免打伤友军。他们的箭矢标枪会落到前方友军的头上，而投石索因为没有甩动的空间，根本无法使用。

如果敌人拥有比我方多的轻步兵，那么您必须将重步兵配置到前方，作为排头兵。他们应有长方形的大盾，所谓的"长盾"，这种与人同高的盾牌能庇护人的全身。在后方的士兵则要把他们的长盾举过头顶，用这样的方法前进，步入有箭矢或标枪投射的区域，这样如同屋顶的布置可以让他们免受敌方所有投射武器的伤害。

如果轻装部队在各处提供支援，那么在双方接战之前，他们要先前进，使用弓箭和标枪攻击敌人。而后，在双方接战后，他们要持续从侧翼投射，打击敌人的阵列。遭到侧面的攻击后，敌人会陷入混乱，无法有效向前攻击。如果附近有一些工事，轻装部队也可以利用它们。他们可以安然投射，并赶往障碍的所在地——陡峭的地点、河岸、附近的高坡以及其他障碍。

军阵间必须保留一定的距离，如果轻装部队已经投射完毕，而敌军尚未与我军接战却依然在前进时，轻装部队应当有序后退，穿过枪阵间的间隙来到安稳的后方。对他们而言，从主力部队的外侧绕后并不安全，他们可能被推进的敌军赶上并杀死。同样，中央的大批部队如果队形过紧，也可能在压力下撞上后方友军的武器。让其他的军阵准备好，这样在轻装部队投射完毕后，他们可以依次前进，履行自己的职责。

若是延展战线以应对意外事件，战线的厚度会减小，因而愈发薄弱，因此我们不应当因为担心遭到包抄而延展阵线，以免军阵过度薄弱而放弃纵深。敌军可能迅速撕开薄弱的军阵，打开一些突破口，这样一来，包抄将变为包围，敌人不但将从两翼进军，也会从中央突破抵达军阵的后方，造成极大的破坏。将军不但要避免这种情况出现，也要试图以这种方式击溃敌人。

同样，不要试图加厚军阵，让敌人轻易包抄我方的部队，而是应该把后方和侧翼的士兵按照前沿部队的方式武装起来，这样他们将足以抵御敌军的包抄与包围行动。

明智而谨慎的将军若是想要实现自己的目标，应当把军阵布置到敌方无法包抄的位置，如前文所述。在作战时，谨慎的将军能够发现许多对我方有利的布置。我认为这是上帝的干预，上帝会将这些智慧赐予谨慎遵守德行的人。

在敌人占上风的战斗中，必须要采用欺诈手段。可以高喊："敌方的将军死了！"这样的喊叫必须在关键时刻进行，不要让其他人思考对策。一些距离其指挥官较远的敌军士兵会就此丧失信心，而将军身边的人会共同高喊，重拾勇气，仿佛谣言是事实一般，振奋精神继续作战。就此，人们将因为谣言的鼓舞取得胜利。靠着机敏顺应形势变化，诡计时常能击败对手。

近年的军事著作建议，不要让您阵线的盔甲太亮，而是要按照一些异族的传统手段把闪亮的武器收起来，直到敌人贴近再亮出。但欧纳桑德（Onasander）在写军事著作时并没有提到这一点，他宣称阵线应当盔明甲亮，向敌人显示军威。但在我看来，或许是那时他不了解这一计谋，毕竟这个计谋的年代比较近，或者他所说的是在战斗即将开始前突然亮出武器，和近世人的观点类似，而在此之前把盔甲兵刃掩藏好。从远处看到盔甲明亮的重甲部队不会让人畏惧，但如果看到灰暗的军阵突然间闪亮起来，必然会震慑敌军。敌人或许会误以为这是神意。将军，在作战当天不要首先把军阵暴露给敌人，而是应先侦察敌人的军阵，了解他们的组织方式，这会对您大有帮助。

作战时，您必须格外关注那些作战部队，而不是仓促投入战斗，在局势并非危急时亲自参与搏杀。您更应该完全避免与敌人近战，即使您能够借此展现卓绝的英勇。您和敌人展开近战并不会给部下带来多少帮助，如果您阵亡，反而会带来极大的危机，而这在近战中是不可预测的。如前文所述，仅仅是将军阵亡的谣言就足以摧垮一方的部队，那么如果将军真的阵亡，他麾下的士兵又要遭遇何等的灾难呢？

您应当在安全之处观察战事，尽自己的职责。在危急时分能够安排应对策略，不亲自搏杀的您也将能够按战场的态势进行预先的计划，这才是一位将军应当赞许的美德。

如果当时您有必要向士兵们讲话，鼓励他们，内容是上帝的协助以及陛下许诺给英勇者的赏赐。如果需要更多的鼓励，就把一些东西当作胜利的迹象向他们指出，宣称这些就是胜利的预兆。由于还有其他内容要介绍，这一部分的内容不能立即讲述，但在本书的后面集合了格言供您参考，让您在战前、战时与战后有话可说，让您显示自己超越了敌人。这些以及其他与战争相关的格言，我们汇总到了一起，这就是我们对步兵和骑兵作战准备的总结。

攻城

◎ 老尼基弗鲁斯·福卡斯攻破阿曼提亚（Amantia），出自马德里抄本的细密画。相比之下，拜占庭军队更倾向于使用云梯而非洞车、冲车，投石机和射石弩则作为云梯的辅助

接下来，将军，我们必须要向您讲述围攻战，我们从古时和近世的作品中收集了资料，让您了解如何围攻敌人以及在被围攻时如何防守。即使您在这方面的经验有限，这一段记述也能够让您对此有初步了解，而后再进一步深入思考。您将会把这一章提到的策略用于实战，实战经验会让您了解所有的细节。

发动围攻战要求将军勇敢而机敏，了解军事，通晓常识，还能够整备攻城机械。在城市或者堡垒驻扎时，他必须注重安全，把相当一部分注意力放在安保方面。

因此，将军，当您驻扎在我们提到的这些地点周围时，您的营地必须要用深壕沟防护，或者用砖石、木材或其他材料构建工事防备敌军。配置大批机敏的斥候日夜巡逻，特别要观察那些似乎不可能出兵的位置，防止城中守军或者外来的援军发动进攻，而让大军陷入危险中，这种情况在围攻城市时十分常见。外面的部队无法得知城中守军在谋划什么，但城中人在城墙上可以轻而易举地看到您正在准备的行动。因此您应当为自己部队的安全做好防备。

如果您在城市或堡垒的城门、便门或其他通道附近配置一些士兵，会有相当的帮助。他们可以击退出城突袭的敌军。您必须进行这种准备，特别是在夜间，因为夜袭更为常见。

不过，如果您在夜间持续攻城，会让城中人产生更多的恐惧。黑暗让他们看不到发生了什么，他们会愈发疑惑、愈发沮丧，担心在夜晚遭受各种各样的厄运，即使您不打算如此做。毕竟夜间发生的一切，即使是细枝末节的小事也会让守城者畏惧，他们会很快丧失信念、屈膝投降。如果可能的话，让一两个人登上城墙，这样城中人会误以为我方全军已经登城，他们会逃离岗位，将城墙留给我们控制。

这些情况要求将军展现他的勇敢。他应当亲自参与围攻准备工作，与士兵共同劳动，不辞劳苦，士兵们因此才不会感到羞耻，因为他们得到了平等的对待，因而会以对待朋友的热忱回应。

当您开始围攻时，您必须进行确切的审查。首先要确定食物和饮水是否无法运入城中。如果城中补给充足，就只能靠攻城机械了。

如果您挑选麾下官兵中最为健壮、高大、正当年的士兵穿上闪亮的盔甲，让他们在城墙附近行动，向城中人展现他们的军姿，这将极大地震慑守军。把看上去不起眼的士兵们配置到辎重车辆那里，让敌人看不清楚他们。这样，他们会误以为所有人都和城墙附近的那些人一样精锐与健壮。

让守城者看到您的大批部队身着链甲和全身甲，这往往对我们有利。为此，给那些没有铁甲和头盔的人配备装备。通过这种方法，您能够震慑城中的守军。

在距离较远的位置建立营地，让敌人把营地中的一切都当成围攻的士兵。

首先，向城市或堡垒中的人说明，您愿意提出开明且可接受的条件换取他们献城，他们只需要留下马匹或者一些武器，抑或其他一些细软，就能安全离开。这样温和的提议以及对安全的渴望，可能会让他们改变想法，在危机中他们的抵抗也会愈发犹疑。

在我们看来，明智的将军不应当在一开始就提出苛刻的投降要求。如果要求过于苛刻，守城者可能会死守，这会让他们团结起来拒绝投降。

最重要的是，在围城战旷日持久时，您必须确保您的补给准备完成，这样一来，您的部队在攻城时就能取用一切所需，有备无患。

您也应当命令那些进行关键工作的人必须努力工作，您必须说明每个人应当履行何种职责。

当您开始进行围攻时，您不能每天都派出全部部队攻击，这样的话他们将全部耗竭体力。您应该把部队分组，命令各组部队在每天什么时候行动。派一些人在夜间行动，余下的士兵在白昼行动。不但要在白天持续攻击守城者，也应当以类似的方式进行夜袭，耗竭他们的体力。您会弄清在夜间需要担忧什么风险以及在什么时候做什么准备。

如果您的部队规模够大，在夜间也能持续围攻，您应当尽可能将部队分成较多的组。一部分部队在夜间睡觉，余下的部队继续进攻，疲惫的攻城部队需要休息时，休息好的部队再继续发动围攻。这样夜以继日、持续不断的车轮战会让守军得不到一刻喘息之机。他们将缺乏睡眠，同时又要应对攻城者、攻城武器，会很快崩溃。接连不断的危机感会让他们放松警惕，他们会决定放弃抵抗，或因力竭而被俘。

时常还会出现这种情况，即依靠城中的叛徒轻易破城，他们能指出您从未想到过的弱点或者奇袭捷径。

在接连不断的围攻战中，将军，您必须进行简短的休息，以便保持清醒，下达明智的指令。

如果您足够勇敢，您还可以把部队集结成更大规模的组，使用云梯强行登城。从四个方向同时突击，守城者会无助而沮丧，特别是在使用云梯时配合冲车、洞车、攻城塔或者其他机械一同行动。如果您在云梯登城的同时使用了这些机械，守城者就要面对各个方向的进攻。如果他们忽视某一段城墙的守卫，集中抵御攻城机械，那么使用云梯的士兵将会因为没有遭受强力抵抗而轻易登城；若是他们分兵对抗云梯上的部队，攻城机械上的部队也可以更有效地攻击。他们将无法在夹击下取胜。

围攻时，往往存在一些相当坚固的地点无法攻破。然而也正是这些坚固地点，给您提供了攻破该城的机会。守军因为这些坚固位置而自满，而放弃守卫其他位置。明智、细心、坚定又勤奋的您，能够找到这些薄弱点。既然这些地方没有人防守，您将很快找到将其夺取的手段，比如派出勇士，许以荣誉和赏赐，让他们用云梯登城。结果是，当城中人发现这些位置出乎意料地丢失后，他们会抛掉武器放弃作战。他们会前来请降或者被我方部队消灭。那些登上城墙的人应当吹起号角，守军见到他们成功登城后会极为恐惧；或者他们在入城后立即快速行动，为我们的士兵打开城门；他们也可以采用其他手段，以便最终夺取这座城市或者堡垒。

如果堡垒或城市坚实难攻，而且城中有大批顽固的守军敢于迎战冲进城中的我方部队，我们必须抢占城中的制高点或者至高点，依托有利地形杀伤城中守军。我们的军官随后应当宣称，不得杀戮没有武器的人，只攻击有武器的人。您要使用城中人使用的语言下达命令，听到这个命令后，城中人会为自己的安全考虑，因为畏惧而抛下武器放弃抵抗。城中的抵抗力量会迅速瓦解，攻城部队会取得决定性的胜利。那些被围攻的人在被俘虏后，为了自己的安全，会成为您的仆从，而非敌人。

如果攻城战拖延日久，而您在城外俘虏了一些人，那就扣留所有精壮男子，把余下的妇女儿童老弱病残放回城中，这些不堪作战的人会消耗城中的食物，对守城者有害无利，成为事实上的累赘。此外，这也对城中人展现了仁慈，他们会就此开始动摇，考虑向您投降。

攻城时，人们的喊杀声与盾牌相击的声音喧闹不止，确保您的部下不会全部处于这种纷扰中，增添不必要的压力。命令您的部下到敌方工事一两里外的地方扎营，免于因扰乱城中人的噪音而产生困扰。

不要贸然或无目的地命令部下攻城，以免他们因为伤亡而失去信心，而使守城者得以振奋士气，这种事古往今来时有出现。即使最优秀的士兵，面对羸弱的妇女从城上投掷下来的岩石、砖块或滚木，也是一样的无助与脆弱。

如果您围攻小型的工事，而您认为直接攻城过于危险且损失太大，还知道当地拥有充足的补给，就主要进行夜以继日的欺诈和袭扰，这样的袭扰会让他们疲惫。毕竟他们人数不足，却要面对接连不断的袭扰。

如果敌方城市中有易燃的房屋，就持续从多个方向往城中射击火箭，特别是在起大风时，借此在城中纵火。在箭头上拴上易燃物，也可以使用投掷机械，即所谓的绞盘式投石机或四方投石机（tetrareon），向城中的房屋投掷装有易燃物的弹药，这样它们会更易燃烧。当城中人忙于灭火时，在适宜的地点搭上云梯，下令士兵登城。

整体而言，在围攻时，古往今来的指挥官们使用的攻城机械多种多样，各种机械都在合适的时刻与地点发挥作用。不应当在此处详细讨论您在围攻时应当何时使用何种机械，时间会教会您一切。所谓的冲车是用来冲撞敌方的城墙，让他们动摇；还有用木材制成骨架，包上生皮或者其他防火材料的攻城塔，下面要装上轮子以便将攻城塔推向敌人，而塔上的士兵可以向城中人发动攻击；洞车也时有使用，掩护士兵挖掘敌方城墙的地基；云梯要搭在城墙上，或者制成云梯车，用木梁架好，装上轮子，推向城墙。

挖掘工作也可以在城外进行，而后持续向前，一直把地道挖到城中。使用地道的前提是土地平坦。

简而言之，如果您阅读其他历史作品特别是军事著作时，可以看到许多的攻城机械。它们如何建造？如何移动？用于攻击城墙的哪一部分？您不但要将攻城武器建造出和设置好，还要吸取随同您行动的攻城技师的实际经验，听从对这些机械有充足了解的人的建议。凭借他们的机巧与经验，您将会明白哪些机械更高效实用。

必须要礼遇从城中或者其他工事中出来，或者在向敌方领土前进的道路上发现的叛变者。如果他们说实话，就一定要履行您赏赐回报的诺言，而这会带来更多的回报。给叛变者回报的人事实上所得比所失要多得多。毕竟您不是城中的法官，也不应在意叛变者对城中敌人不公，作为军事指挥官，您应当竭尽所能为您的公民奋战，损害并摧毁敌人。在此时不给敌人的叛徒赏赐，在我看来愚不可及。所有的美德都有场合。尽管在敌人看来，这个叛徒十恶不赦，但在您和您的部下看来，他是有益的。

如果上帝展现仁慈，让这座城市、堡垒抑或筑垒城镇因为畏惧围攻或者其他原因向您投降，您应当温和仁慈地对待城中人。不要横征暴敛、恫吓威逼或者执法不公，而是应当接纳他们。而后，当其他人看到您对投降者的温和态度后，他们也会前来求和，以避免遭受战祸。

曾经的将军尼基弗鲁斯，在奉陛下之命迫使伦巴第人臣服时，就采取了怀柔政策。他最终使他们臣服，不仅仅是靠组织严密的远征，同样也靠机智、公正与仁慈。他公正对待那些投奔的人，赐予他们自由，免于劳役或者赋税。①

陛下命令那些对我们怀有敌意的人臣服，并不是出于获取领土的目的，而是为了我们的荣耀，也是为了保证我们臣民的安全与自由。

因此，您应当公正对待那些向您臣服的人。您可以通过他们联系并降服此时尚未向您臣服的人。愤怒与苛刻的对待会让那些臣服的人改变主意，让那些尚未臣服的人决意抵抗。他们会愈发热忱地拿自己的生命冒险，只因为他们不肯落入苛刻的军官手中。您会在围城时遭遇更多困难，无法实现任何成就。但如果他们得知您态度和善，就会很快向您臣服。

我们陛下在意的是，让公民得到公道、仁慈、和平，因此您在作战时，如果一座城市、堡垒乃至一个民族决定投奔我们，您必须展现仁慈与善意，接纳他们，对他们以礼相待。

在夜间，就像在白昼时那样，通过观察月亮与星辰的运动来确定时间，在我看来也并非毫无用处。无论是在行军中还是正在围城，您都可以在叛变者或者您安排的时间投入行动。抵达太早或太晚，往往都会让约定的计划无法实现。

当您得到叛徒或者其他帮助，出发准备攻城时，担负特别任务的骑兵或者随同您的士兵要把路上遭遇的所有敌人扣押，以免他们报告您进军的消息。进行这类行动，必须要保证突然，出乎敌军意料之外。

当部队向敌人发动突袭时，即使数量上更少，意料之外的进攻也会让敌人陷入恐慌，即使他们拥有数量上的优势。结果就是，他们会陷入恐惧，而在

---

① 译注：老尼基弗鲁斯·福卡斯迫使南意大利的伦巴第人臣服，一个重要的背景是，南意大利当时遭受了来自西西里和北非的阿拉伯军队入侵，各个伦巴第小领主为自保而被迫承认帝国的治权。

重拾自信前就会被彻底击溃。

因此，当您夺取一座城市或者筑垒城镇，或者其他有工事的地点，战争就此结束时，不要因为您的成功而骄傲自大，对那些战败者或者随您出征的士兵无礼。不要趾高气扬、残忍待人，而是要如前文所述，以善意、仁慈与谦卑对待他人。仁慈对待那些被俘虏和遭遇厄运的人以及那些您会与之继续作战或围攻的敌人。对朋友和身边的随从保持谦卑，这样他们不会妒忌您，您应激励他们和您一起建功立业。您即将围攻的城中人会期待您善待他们，让他们愿意向您臣服。我们命令您，将军，在准备继续与敌人交战并进行围攻时，做好这些准备工作。

但如果说，我方的一座城市、筑垒城镇或者其他工事将要遭到敌人的围攻，而您得以在敌人抵进时发动攻击，化解掉这次围城，您应当感谢上帝。然而如果没能如此，无论是您留在城中组织防御，还是交给您麾下一位经验丰富而谨慎持重的军官负责，您都要使用一切手段确保城中的人已为攻城战做好准备。

首先，您必须为守城者准备好补给品，估计敌人要进行多久的围城战，也评估一下您目前的补给储备情况。在敌人到来前，先把无用的人从城中撤离，比如妇女、儿童、老弱病残等等，把补给全部供应给城中的作战部队，这样一来，即将指挥守城战的将军就可以准备对抗敌人的投石机了。

使用厚重的垫子来防护敌方的投射机械。厚牛皮、绳卷、木板之类的防护工具也可以挂到城墙上，城垛上还可以包砖。在应对冲车时，衬垫或者装了麦糠或沙粒的袋子都很有效。

对付洞车，抓钩或者带尖并包有沥青的长木都十分有效，它们可以打翻洞车或者掀掉上面的遮蔽，让其中的人无法避免来自上方的攻击。沥青会让无遮蔽的洞车着火。不可燃的物体，比如带尖的重岩石可以用绳子或链条拴好，用机械突然放下，而后再用其他配重协助吊起。

使用火箭或者投石机对付他们推来的攻城塔，如果这不能挡住他们，就在城墙上建造木塔或者其他材质的塔楼来应对。简而言之，竭尽所能让城中人得以对抗城外的机械。整体而言，在您研究了战况后，您会发现您能够找到对抗每一种机械的手段。城墙上的塔楼不得加顶，这样城中的作战部队就可以毫无阻碍地战斗，投射机械也可以在塔楼上使用。这些塔楼应当配有小而窄的开口，位于敌方攻城机械的右侧，这样步兵可以从这个开口走出，在盾牌的掩护以及塔楼上友军的支援下与敌人格斗，借此解决掉敌人的攻城塔。这些开口应当配有门，在必要时可以封死，平时也不应敞开。

在城垛上，要用绳子拴好沉重的木料、树干和磨盘。如果敌人把云梯搭到城墙上，就切断绳子，用重物砸死敌人。我们要求您在整个城墙做好布置，如果可能，保证所有城垛都配置了重物，无论是石头还是木料，足以摧毁登城梯和攀爬者。

您必须在城墙各处安排支援部队，并准备好额外的预备队，这样他们可以在必要时支援陷入危险的部分。在紧急情况下，城墙上的部队就不至于四处奔走，留下一些区域无人防守，这是非常危险的。

如果城市或筑垒城镇中存在纠纷，那么有必要平息这种纠纷，让他们加入士兵防守各段城墙。这样他们就无法发动暴乱或自相斗殴，而在接到守城任务后，他们将会耻于叛变。如果无法完成这一准备，就必须要把他们预先调到其他区域，并对他们进行严密监视，以免在围城战中分兵平息纠纷。同时也要防备城中人叛变，做好警戒工作。若是没有得到守军军官的批准，任何人都不允许向敌人传信或者与敌人见面。

城市的大门应当交给可信的人掌管，特别是在围攻战初期，士兵或者平民都不得出城作战，即使城中有许多勇敢者。进行旨在破坏对城墙有威胁的攻城器械或者其他紧急情况时，才能主动出战。若非如此，所有人都要在城墙上进行防守，不要冒险出城作战。因为若是出城作战，能力最强的人可能被杀或受伤，余下的人则会士气低落，会被敌人轻易击败。很明显，只要这些战士得以安全，城墙就能保证安稳；但若是他们放弃抵抗，余下的人就陷入了危机。

如果城市或者筑垒工事有一道外墙，在这里配置善战且机警的哨兵将会很有利，特别是夜间，若是有人想要投敌，或者敌人想要发动夜袭，哨兵都能够进行预警。

从城墙上投射，无论是箭矢、石块还是投石机的弹药，都必须要在时机合适时进行，因为若是投射没有效果，就无法阻挡敌人。

如果饮用水来自蓄水池而非泉水，或者储水量比小型水池还少，必须要做好准备和管理。任何人都不能随意浪费水。同样，其他的补给品也要均匀分配，保证城中守军维持在良好的状态下。

派巡逻队持续进行警戒特别是在夜间，保护补给品，以免遭他人盗窃。

守军军官必须持续用话语勉励城中人，劝他们保持忍耐，让敌人知道您的坚定，或者其他原因使其撤军。在可能的情况下，军官必须以各种方式袭击围攻者，他也可以散布大军即将抵达之类的流言，惊吓敌人。

因此，遭受围攻的人要按照我描述的方式进行防备，在此之外也要设计其他的手段来应对敌人的计策。此外，还有我们前文所说的话：在自己安排守城时，他就会明白要用什么手段来应对什么计策了。

我不会忽略那些通过阅读和研究获得的知识，即使目前作用不太大。将军要如何在边境迅速建立起一座堡垒，而不被敌人发现呢？您必须进行彻底侦察，寻找适宜筑垒的地点，若是敌人可能进攻，这里的堡垒必须要能在十至十二天内使用干料建造完成。要考察附近能否获取石料、木料或者烧制砖块，以及这里是否有水源或者能否设法取水。

提前召集足够的工匠以及预制的城门和机械，还要准备一支规模适宜的支援部队，他们应当勇敢且装备精良，由机敏、勇敢的军官负责。与此同时，把辎重车辆集结成工事保护施工者，并准备三四个月的补给品。如果是在夏季，要把周围的草场焚毁，如果很难焚毁，就先将草料割走。放出流言，声称您要在其他方向进攻敌人，让敌人分兵到那里守备。而后，提前一天鼓励部队进军抵达这里，并用馈赠和许诺激励他们。在敌人分兵其他地点时，您要在突然间把全部部队调到您预定建造堡垒的地点，委派哨兵，并派步兵环绕工事建立营地，如果可以的话还要挖掘深沟。

如果能够获取石料或者砖块，您就必须建起一道干墙，并使用木料加固。如果只能获得木材，就用木料建造小而坚固的工事，不要过大。如果敌人对此处发动进攻，在您如前文所述的方式进行安排后，您依然认为无法抵御，那么就在他们抵达前撤退，在其中配驻足够的部队，主力在附近扎营。不要停驻太近，以免被迫和敌人作战，也不要停驻太远，以免敌人抓住机会集中攻击新堡垒。

让城中人记住信号，白天的信号是什么，晚上的信号又是什么，这样驻军就可以及时把信息传递给您。

如果步兵能够和敌人直接交战并将他们击退，而且堡垒中的境况也可能愈发严峻，那么您就该当机立断，以免让守军陷入危机。

情况安稳时，您就应当一步步加固临时工事，使用砂浆使其坚实，也要注意为城中人准备必要的补给品。

有一种应对以骑兵为主的敌人非常有效的策略，在7月、8月和9月，牧草较干易于燃烧的季节，敌人可能会因为失去草料而无法长久停驻。

如果工事中没有水源，没有流水，挖井也无法取水，就有必要制造大陶缸或者牢固的木桶，在其中装满水，放上几块干净的卵石，储水应该就能支撑到收集雨水的蓄水池建好。流水不腐，为了防止桶中的水因不流动而腐败，有必要在桶旁放置小桶，让水缓慢滴流，保持运动。在小桶储满水后，再倒回缸或桶中。

有必要准备厚木板放置到堑壕中，再紧固到一起如同箱子一样，在连接处和缝隙涂好沥青麻屑，制成常备的小型蓄水池。还可以另外建造一个或更多的十至十二尺宽、八至十尺深的蓄水池，这种临时蓄水池可以在砂浆加固的蓄水池建好前迅速投入使用。很明显，水储存在大型的容器中更有利，蓄水池底应当安装木梁，就像桌子的紧固梁一样，木板也必须保证够厚，不会因为水压而破损，导致储水流失。

以上就是对这个问题的全部讨论。您在必要时可以应用这些手段，这些手段足以应付围攻战和其他相关问题。

战后事宜

接下来，我们要讨论在战役结束后的任务。毕竟，如果您正确地准备了部队，我们认为，在上帝的指引下您将会取得胜利。

首先，向我们的天主与神，耶稣基督感恩。如果您战前许诺在胜利后进行奉献，就不要忘记履行诺言。

而后寻找那些在作战中表现英勇的人，给每个人合适的馈赠与荣誉，也要惩罚那些作战不力的人。让那些英勇者得到馈赠，比如一套精制的盔甲，并给他们分发一部分战后获得的战利品。也要给他们合适的职务提升，让他们在统领队、旗队或小队中担任职务，或者担任其他由您负责任免的官职。让奋战的普通士兵以及军队的军官们也得到一些赏赐，这样士兵们在作战时就能英勇昂扬，特别是他们获取了他们所期待的回报后。

赏赐了那些英勇者、惩罚了那些懈怠者后，部队应当充满希望。那些懈怠的人不敢再度出错，而英勇者会继续他们的英勇。不但要赏赐特定的士兵，也要给他们所属的整个战队、统领队乃至分队赏赐。让那些表现出色的士兵去搜罗战利品，拿走敌人的装备、辎重或者城市与堡垒中的储存，特别是您对俘虏和缴获的物资没有预定的处置计划时。

不让表现出色的士兵分享战利品，是何等不公！猎人也要给猎犬一部分猎物，比如猎物的内脏，来刺激他们继续追逐。在战争还没有结束时，如此分配也会激励部下奋战。

战争与战役不同。战争有始有终，直到双方停止敌对行动才终止，期间要进行一系列的战役与战斗。战役是战争的一部分，时常发生在战争中，一场战役的结束不一定就会结束一场战争，一场战争时常要进行两三场大战后才得以结束。

可以说，并非所有的战斗都能获取战利品。情况时而会有所不同。

军队应当将战俘出售，但如果需要钱财和大量的补给品，事先就宣布把一切带到您的面前。您要克制自己的欲望，也要约束麾下的官兵，不得侵占用于购置补给品的钱财。这样您才能尽可能把钱财用到补给品上，提升那些奋战者的士气。尽可能如此使用钱财，但如果钱财不够用，也可以使用荣誉和职务来代替。

在战争结束前，不要杀死俘虏，特别是那些重要显赫的人。记住运气的存在，胜利后时常伴随着挫败。如果您的部下被俘或者您管辖的城镇被敌人占据，此时您就可以利用这些俘虏来交换，弥补失败造成的损失。用敌人的俘虏可以换回朋友和同盟。如果敌人不肯交换，您自然有权保护自己，并以任何您认定合适的方式来损害敌人。[1]

在您取得胜利后，将军，向军官和士兵们下令，安排庆功宴。您亲自安排一些酒席，军官乃至各个小队也要参与安排，并尽可能使用缴获的物品。让士兵参与庆祝，得到休息。给那些展现英勇的人奖赏，在战争结束后，他们也会依然热情参与各种艰苦工作，为作战做好准备。

您要格外关注阵亡士兵的葬礼。无论是胜是败，您都不能以时间、地点乃至畏惧作为借口来逃避职责。尊敬死者向来是有益而高尚的，特别是那些在战场上阵亡的人，他们已经展现了自己的虔诚，这也是对生者的极大慰藉。目睹这一切的士兵相信自己阵亡后，也会得到同样的厚葬。如果他看到战友的遗体被抛弃在荒野上，他难免因如此的冒犯而悲伤、愤怒，并决心不要落得死无葬身之地的下场。但如果士兵无论生死都能得到应得的荣誉、感激和纪念，活着的士兵就会更热忱地投入战斗。

但如果我方已经被击败，一定要注意用鼓励的话语来提振生者的士气。

---

① 译注：拜占庭—阿拉伯战争中，赎回俘虏往往是用地位相当的俘虏来交换，双方在签订停战协议时也往往伴随着大规模的俘虏交换。使用钱财赎回俘虏的情况在这一时期较少，此后的拜占庭—塞尔柱战争以及拜占庭帝国与西欧的战争，才开始出现使用频繁的赎金。

竭尽所能寻找机会，通过突袭和伏击挽回败局。

胜利者时常会懈怠，放松对自己的保护。他们蔑视战败者，因而忽视了对自己的保护。结果是，起初胜利者往往遭到比起初失败者更大的损害。

现在，您已经从经历中得到了教训，此前的战败会让您警惕，以免重蹈覆辙。但向来取胜的人，因为从没有失败过，只会思考该如何布置以自我保护，避免他从未体验过的损害。古人曾经指出：合适的畏惧，加上谨慎让人得以安稳，无度的轻蔑与招摇则使人易受攻击。

在战争中，如果您签署和约，同意了一些条件，就必须履行协议，不要攻击，但也不要因为和约而放松警惕，要在保证和平的同时警惕敌人。为了保证安全，避免遭受敌人的突袭，您应当依然保持和战争中一样的警惕，考虑事态的发展。注意不要在这样的境况下脱离保护，也不要冒犯敌人，不要在上帝的见证下背约。然而您必须警惕敌人背信，发动攻击，因为敌人的想法，即使在签订和约后也无从得知。有信仰的您应当履行诺言，维持正道，但依然要保持对无信的敌人的怀疑，小心他们的背约让您受损。思维纯粹的人并不会把一切都归于上帝的旨意，毕竟上帝的裁决不会立即生效，而是要等待时机。如果敌人的背信导致他们自己的毁灭，而您自己得以保全，又该如何解释呢？

敌人很可能背信，我们也时常经历这种事，您的远见会让您得以避免损害。但敌人若是决心作恶，无信的他们就会肆意妄为，但坚持协议的您将会得到上帝的庇护。

不要赶走想要向您进言的人，不论高低贵贱，不论白昼黑夜，不论行军宿营，不论就寝、洗浴还是进餐或者其他时刻，都不应如此，要允许他们发言。那些不听劝告、命令卫士赶走进言者的人，很可能在许多重大问题上失误。我们要求您谨慎处事，无论是在战后还是战前。

偷袭

◎ 安德拉索斯（Andrassos）之战，出自马德里抄本的细密画。960年的安德拉索斯之战中，数量较少的拜占庭军队在山口设伏，击败了阿勒颇埃米尔赛义夫·达夫拉的部队，而这一战的指挥官利奥·福卡斯也留下了讨论边境袭扰战的重要军事典籍

我们接下来要讨论时机到来时，您应该如何袭击敌人的领土以及如何反击敌人对我方领土的偷袭。当然，在不应开战的和平时期不适用这些策略。本书简练的风格要求我们此处的叙述应尽可能简洁。

古时的格言教会了我们如何应对敌人发动的突袭与掠夺，而不至于让我们受损。古时明智的将军们谨慎遵守这一格言，而如今我们的将军更是一致遵守，并将其视作最有利的手段。如果我们谨慎地计划好对敌人的突袭，并迅速得以实施，就能达成目的。这样的突袭不仅面对数量与我军相当的敌人有效，面对数量更多的敌人也一样有效。

因此，有必要时刻寻找便利的借口与时机，让事态对我方有利。将军，您应当在敌人准备好和您交战前就进攻敌人，特别是当您觉得他们的部队规模更大，实力更强时。

在这种情况下，如前文所述，有必要进行偷袭，并尽可能使用计策和欺诈，而不是阵地决战。阵地决战会让您陷入危险中，而且还会难以重整或脱身。既然有这么多的计策可用，您有责任分析时间、地点、人员和实际情况，决定使用什么计策。

当敌方的使节前来，您提出温和与慷慨的条件，使节得以欣然返回后，您可以立即率部跟随并发动突袭。其他时刻，您可以派出使节诈降，而后发动突袭。您可能有机会进入敌军的营地，无论是在敌方还是我方的领土中。观察敌方营地的情况，而后，只要机会合适，在月光明亮的夜晚或者破晓两三个小时前，您可以发动夜袭。此时使用弓箭手极为有利，事实上他们也是取胜的关键。其他时刻，或许您会收到敌人正在散乱行进或者四散行动的信息，那时您要掩藏好己方部队，在他们行进时发动突袭，给他们造成极大损失。其他时刻，在特定地点率领少量部队隐藏，而后突然发起攻击。您也可以在时机合适时假装撤退，而后突然调头攻击敌人。

一些人驱赶牲畜在前，让敌人前来抢夺牲畜，而后趁敌人混乱分散时发动突袭。

一些突袭要在开阔地进行。如果我军与敌军间有一条难以渡过的河流，我们就可以在这里建造桥梁——骑兵都可以做到。我们可以使用木架搭起平常的桥梁，也可以在小船，所谓的"独木舟"（monoxyla）上搭建浮桥。在桥的两端树立木塔或者干燥的石塔。在必要时，部队可以安然通过桥梁或者在需要时安全撤退。由将军来决定在这一地区停留多久，借助桥梁攻击敌军或迅速撤退，在离开后要摧毁桥梁。

然而，进行这类行动或者进入敌人领土时，不要焚烧或毁坏您退路上的补给品，以免我军缺粮。

我认为，如果在这样的河流附近扎营，前文提到的桥梁在阵地战中也有用。如果渡河上岸在沿河各处都困难，特别是在敌方控制的一侧如此，您就应当避免渡河上岸，这样您可以在开战当天既不拥挤也无阻碍地行动。在敌人进攻的情况下，为保证您的部下返回营地躲避时，不必强行穿过桥梁，营地应当驻扎在敌人一侧的河岸。

古时的军事家设计了一系列夜袭，其中的一些手段我们也要向您讲述。当您在距离敌人不远处，大约行军一天就能到达的地方扎营后，派出一两个使团前去和谈。您给敌人和平解决的希望，让他们放松警惕，而后率部夜间行军，在破晓前突袭他们。

有时，如果您想要夜袭敌人，可以连续几天把部队集结到营地附近，仿佛准备阵地决战一般，假装您已经被敌人吓倒，因此不敢离开营地太远，而当他们因此放松警惕后，就可以夜袭了。

我们还记得，在希拉克略皇帝执政时，阿瓦尔可汗就曾经在色雷斯的赫拉克利亚夜袭罗马骑兵。罗马骑兵拒绝和步兵共同驻扎到防御工事中，因而遭到袭击时没有任何防护。

如果您麾下有忠诚勇敢的士兵，明智的您可以派他们假装逃兵，向敌人报告您的部队士气低落的假消息，而后做出您正往家乡撤退的假象，但仅仅把营地向后移动到不远的距离，组织部队夜袭敌人。

如果有效利用好弓箭手和标枪手——无论他们是否骑马，对敌人的夜袭会格外有效。用他们来对付没有有序扎营、一片混乱且缺乏防护的分散的敌人，无论他们是步兵还是骑兵。

对抗那些不擅长使用弓箭、标枪，热衷近战格斗的民族时也是如此。而擅长使用弓箭、标枪或其他投射武器的敌人却很难用这种方法来解决，除非他们的营地毫无保护或者过于分散。

这类突袭应当选择月光明亮的夜晚，或者开始进攻时月光或星光足够照明的夜晚，否则部队在黑暗中可能行动困难乃至迷路。

调动部队时，保证部队装备较轻并做好战斗准备，不要携带任何不必要的行李。估计好行进所需的时间以便在破晓两小时前，抵达距离敌方营地一两里的地点。行进时保持速度均匀，保证士兵的体力不至于耗竭。抵达后，部队就地修正、隐匿，在破晓时分开始攻击敌人。这类夜间行军，必须要准备好对这一地区地形了解充分的向导，以免部队走错道路。全程必须保持绝对肃静，不能吹号或叫嚷。要求部队全体停止或全体开始行动时，可以使用口哨、敲击盾牌或直接发令。

喧嚷混乱或者延展过长都会让战线蜿蜒不齐，因此必须要不间断地叫嚷指令。任何失误都会把部队暴露给敌人，因此部队行进时不能向战线正前方行进，即不能展开成横队行进，而是应当让一个小队跟随另一个小队行进，期间还要保证阵列的厚度。

当部队抵近敌人后，他们应当在掩体下隐藏、休息、整队，并按照地形情况从两个或三个方向发起攻击。他们绝能从四面包围敌人，这样一来，敌军士兵发现自己被彻底包围后就会被迫向内收缩队列，做困兽之斗，而放开一侧后，想要逃跑的敌人就可以逃走。

如果您发动进攻的部队规模较大，那么发令进攻时就只吹响一两支号角，让敌人误以为他们面对的敌人不多；而如果您的部队较少，就多吹号角，让敌人误以为面对大军。

您必须保留一支预备队，不要和他们一同进攻，而是在一旁展开，为遭到反冲击的友军提供庇护。

在进攻敌人骑兵时要特别谨慎，就像进行阵地战一样，以免因为敌人收到警告集结起队列反攻，而我方的进攻无法按照计划执行时，您会因为缺乏准备而被击溃。

如果我们的敌人以步兵为主，而您派出骑兵发动攻击，那么您或者会击退敌人，或者骑兵得以安然撤走，毕竟步兵是追不上骑兵的。

但如果我们的对手也准备了骑兵，那么您必须为很可能出现的逆境做准备。

如果要夜袭敌方工事，或者在白昼进攻敌军行进的队列或辎重车辆，您必须委派特定的部队收集战利品，否则若是任所有士兵掠夺，敌人就有机会反攻，让局势陷入危急。

您应当亲自率部进行大规模的突袭，全力发动进攻，不过也可以委派对夜袭有经验的分队长代您指挥。他们的卓绝英勇与机敏足以替您完成任务。

如果攻击时进入了敌人的领土，您打算安然掠夺而不受损失，您必须事先准备，确定合适的时机。合适的时机包括您已经在阵地战中击败了敌人，或者您认为部队的规模明显大于敌人，或者准备突袭时他们没有做好应对准备，如前文所述。

最重要的是，将军，在进入敌方领土时，您必须考虑部队的补给问题。

必须安排好人员和马匹的补给，使用车辆、人员或者其他手段运输，否则敌人会先一步破坏掉补给品，部队会突然间在敌人的领土上陷入窘境。

您不应当试图在敌对领土上夜间行军，除非仅进行一次并保证秘密。这样的行军也许能得以避免敌人发现我军的行踪，或者率先控制要地以便防御，又或者避开敌人通过重要关口。但在进行这类行军前，您必须谨慎侦察前方道路。

俘虏这一地区的一些居民，以获取有关敌人规模和行动计划的情报，确定他们有什么打算。您应当亲自审问这些俘虏，不要推给他人负责。这种审问时常能够获得极为重要且完全出乎预料的情报。

然而不要对叛变者过于信任，突袭时俘虏的人的说法则更可信。叛变者或者俘虏给出假情报的情况并不少见，不要相信仅仅一个人的说法，而是要几个人给出相同的说法才采信，并重点采信那些在突袭中所俘虏的人的说辞，而非叛变者，如前文所述。您应当把那些号称有秘密信息的叛变者暂时软禁或者送到安全的地点，许诺丰厚的回报，同时威胁他们如果说谎就会被处决。

如果敌人聚集部队，在工事外停驻，就不要派您的士兵出发掠夺战利品，而是要首先迎敌。如果战斗结果有利，就不应该放弃机会，而是趁敌人依然惊恐迷惑之时发动追击，直到将他们彻底打垮打散，或者收到有利的协议与足够的保证。

但如果敌人确实聚集起了部队，却不愿交战，那么就要保证部队在行进时聚集在一起，不要分散队形，同时在周边地区进行破坏。不过如果您希望通过同一条道路返回，而这一地区又没有其他粮秣来源，就不要破坏这一地区的补给，在返程时再设法破坏。

为了避免在异国行进时不至于迷路，您必须在容易迷路的道路和要地设置路标。如果这个地区树木较多，就把路标标在树上，如果较为贫瘠，就堆起石头或者在地上挖坑作为标记。此后士兵能够认出这些路标，就不会迷失。

命令您出发掠夺的部队不要让所有人都参与掠夺，而是分成两支，一支进行掠夺，另一支规模更大的部队在一旁或者结成阵形随同，保护他们。无论是攻击一个地区、敌人的驻军营地、牲畜群、辎重车辆或者其他目标时，都要注意这一点。全军进行掠夺时，也要以同样的程序进行安保，尽管这样意味着并非所有人都直接参与掠夺。

然而，如果有机会收集补给，应派部分人进行收集工作，余下的人则结成紧密阵形准备作战。如果所有人都忙于掠夺或者搜集必要的补给品，敌人发动突袭或者伏击，若是他们来不及结成阵线，就再无结成阵线的机会了。

当有必要对斯基泰人或者类似的部族发动突袭，您不必过多怀疑，只要谨慎研究，并侦察树木茂密和崎岖地形。预先确定各旗队，清楚他们的行动顺序，一二三四依次列好，特别是在狭窄地形中突击时。这样一来，各支部队缓慢通过这些地形时，就不会产生混乱。

当需要进行突袭时，如果从两个方向突袭更有效，您就应当将部队分为两支。古人所谓的副将，如今的军阵官，应当负责指挥其中的一支部队，或者交给分队指挥官，又或者由其他军官来发动攻击。必然要有两个军官分别指挥两个军阵。前一个军阵，如前文所述，应当由轻装的军官指挥，不配备辎重车辆。这支部队向前行进十五至二十里，穿过未知的地形从侧面进入这一地区，并开始掠夺，而后与将军本人率领的部队靠拢。将军率领后一个军阵从另一条道路进入这一地区并进行掠夺。两支部队随后继续推进并回合，一路继续掠夺。他们应当在傍晚时分抵达，并在同一时刻开始在当地建造营地。这样的话，进攻就可以安然进行，而敌人被一支部队击退时又会意外遭遇另一支部队，得不到机会重整。

如果进入敌军领土的适宜道路仅有一条，那么就应该按照如下的方法分派部队：一半部队，或者数量较多的部队，以轻装而精锐的部队为主，由副将指挥。他率领自己的护卫旗队，要在全军的前方行进，所部的军官们随同进军。在第一次停驻时，他应当就自己部队规模的实际情况，派出一两个旗队进行掠夺与保护掠夺。

在您最早进入的地区，最好不要派出太多部队掠夺，即使这个区域较为广阔。在后续部队进入后，他们将没有时间集结军阵与当地的敌人作战。前方的副将迅速行动，以类似的方式依次穿过这一地区的其他区域，直到交给他的部队得到了充足的战利品。副将本人应当和其他掠夺部队保持距离，并得到三到四个旗队总共约一千名士兵的保护，直到进攻的结果明朗后，再让这些部队负责警戒巡逻或安保。

在副将处理这些任务时，您本人或者委派进行突袭的军官，有必要跟随前方的掠夺部队行动，将他们聚集起来，向副将或者分队长的方向前进。而副将或者分队长也要进行类似的工作，前来会合并聚拢掠夺部队。无论你们在何处会合，都要在当天建好营地。发动突袭时，你们的距离不应该超过十五至二十里，这样你们就可以在同一天抵达同一地点，获取掠夺的补给并建造营地。

进行这类的袭击，不必俘虏敌人试图抵抗的士兵，而是尽可能将他们驱逐或者绕过他们，以免因为他们拖慢速度或浪费时间。这在临时停留时更应注意。

如果您意图占据堡垒、筑垒城镇或者高地或其他要地，不要提早通知士兵，在抵达并准备进攻时再告知他们。

如果您的部队一定要在敌人工事附近宿营，或者在行军时穿过敌人的营地，您应当委派一位军官率领少量轻装部队预先赶到敌人工事门口，压制敌人可能的突然出击。在通过狭窄道路时也要进行类似的预备。

不要试图在敌人工事或者是林地附近建立营地。如果您必须要在这里扎营，就要特别委派警戒哨所，谨慎警戒敌人可能的袭击。营地更适合安排在没有遮蔽，位于高处，而且适宜防守的地点。

当您进入敌人的领土时，重装备，也就是辎重车辆，要在后方跟随，但如果敌军贴近，就把他们移动到队列的中央。

如果有辎重车辆和俘虏，应当和武装好的士兵分开，这样在遭遇敌人进攻时，他们不会妨碍作战部队。您不但要在行军时注意这一问题，在宿营时也应当如此。

在敌人的领土中，没有做好侦察与准备支援部队，就不要贸然派测绘部队向前。从俘虏和逃兵的口中，您可以得到这一地区足够的地理信息。

当部队准备扎营时，不应当让各部队混杂，在混乱中进入营地。然而如果敌人在附近，而且部队中有步兵，就先让车辆进入，而后命令部下按照前文所说的方式挖掘壕沟。所有轻装部队迅速行动的士兵，要在不远处停驻，做好战斗准备。辎重车辆随后有序进入在营地中安置好。当您派出巡逻队后，重盾步兵就可以维持阵形进入其中，按照前文搭建营地部分所要求的那样搭建营地。但如果周边地区没有敌人，就让一个战队做好战斗准备，余下的人员可以全部参加扎营。

如果敌人结成军阵贴近，或者我们位于敌人据点、林地或者崎岖地形附近时，就不要放马，而是把马匹留到营地，但派出侦察部队是可以的。尽可能从周围的村庄收集粮食、干草和大麦。不过如果敌人发动突袭，各军阵应当委派轻装部队，以保护管理辎重车辆的马夫们。

如果您要在这一地区停留一段时间，当前的时节与地点又适合放牧，而且敌人的距离还很远，您就可以放马。在距离较远的位置，委派两重乃至三重的巡逻队，并做好轮换安排。

如果您安排好了负责掠夺的人，那么就只让他们出发。但为了阻止其他士兵混在他们中参与掠夺，就要下令除了负责掠夺的人以外，任何人都不得参与其中。在下令后，要逮捕违背命令的人，送交所属部队的军官惩处。这将阻止余下的人开小差加入掠夺，让您没有部队可用，导致全军陷入危机中。

您应当保持清醒与谨慎。如果找到了准备好的面包和酒，不要直接取用，要先让俘虏尝试。如果没有问题，您才允许士兵们取用，但水井、蓄水池、池塘或者其他的存水很可能被污染乃至下毒。有一次，甚至大麦都被下了毒，士兵们因为找不到其他的马料，就取用了当地的马料，结果许多马匹中毒死亡。

向部队下令，如前文讨论行军的部分所说，如果部队中出现了纷扰，他们不应该立即跑去观看或者游荡，而是应当尽快向纷扰发生的区域移动。这样做的好处在于，如果确实发生了战斗，他们至少做好了战斗准备，不至于混杂或迷惑。

当您进入敌方领土后，应当时常派出巡逻队，不仅到战线的前方，也应当派出由一位出色军官率领的精锐轻装部队到后方巡逻。这支部队被称为后卫部队，应当配置到十至十五里外，或者合适的距离。他们应当委派巡逻队救助因疾病或其他原因掉队的士兵，以免敌人将落单的他们俘虏。

敌人时常如此发动进攻，特别是行军的士兵走神时，前方的士兵很难赶回来援助他们。记住，如果这样行军，即使是在我国境内，也很有可能让您的士兵们松懈，无视军官的指令。因此，您必须要管束那些不听命令的士兵。

将军，我们之前在《行军》的部分已经和阁下说明过，通过敌方领土中的狭窄和崎岖地形时要如何做。鉴于前文已经详细叙述过，此处再重复一遍未免愚蠢。在紧急情况外，尽量不要松懈地通过密林和崎岖难走的地形，应当做好侦察。但如果事态紧急，您必须要向这些地形后退，如我们在行军的部分所说，做好我们要求的预备工作后再通过这些区域。在敌人的领土上，敌军占据主动权时，这些准备至关重要。

如果敌人侵入我方领土，那么将军，就不要计划在开阔地和他们进行阵地战，特别是在他们刚刚进入时。如果敌人的数量多于我方或者相当，也要进行伏击或使用各种计策来对付他们，或封锁道路，或派出步兵、骑兵、混合部队率先占据要地。同时，也要破坏敌人可以获得的补给品。

如果您准备进攻从掠夺中返回或者准备退回本国的敌军，就在合适的时机进攻吧。那时的敌军在四散掠夺后会疲惫不堪，在快要回到故土时更会格外松懈。

在己方领土上的人不会考虑决战，毕竟有许多保证安全的手段，谁也不会自愿冒险。但越过边境在敌方领土行进时，他们就会高度紧张，宁肯做困兽之斗也不会试图逃跑，因为他们清楚逃跑的危险更大。

因此将军，您有必要时时刻刻保证己方的安全，特别是敌人在附近时。只要您做好防备，敌人就不敢四散到乡村破坏，也无法轻易围攻我方工事，因为他们难免会担心您率部出击。

如果您不打算和敌人在开阔地交战，依然要做好准备，让部队中所有人相信您确定要进攻敌人。当敌人得知此事后，他们会担忧和沮丧。

如果敌人入侵我方领土，而地理条件适宜我方发动进攻，您应当绕道进军，以迫使敌军分兵。

如前文所述，您应当时刻注意地形与距离，这样一来，如果敌人得知这些信息，他们就会进攻进入自己领土的部队，而后，我们的部队再从另外的道路撤走，这样我方就不会和进军的敌人遭遇。我们的尼基弗鲁斯将军就曾采用这种策略。萨拉森埃米尔阿普尔菲尔在卡帕多西亚掠夺时，出兵掠夺塔尔苏斯和奇里乞亚，给萨拉森人造成了相当大的破坏。

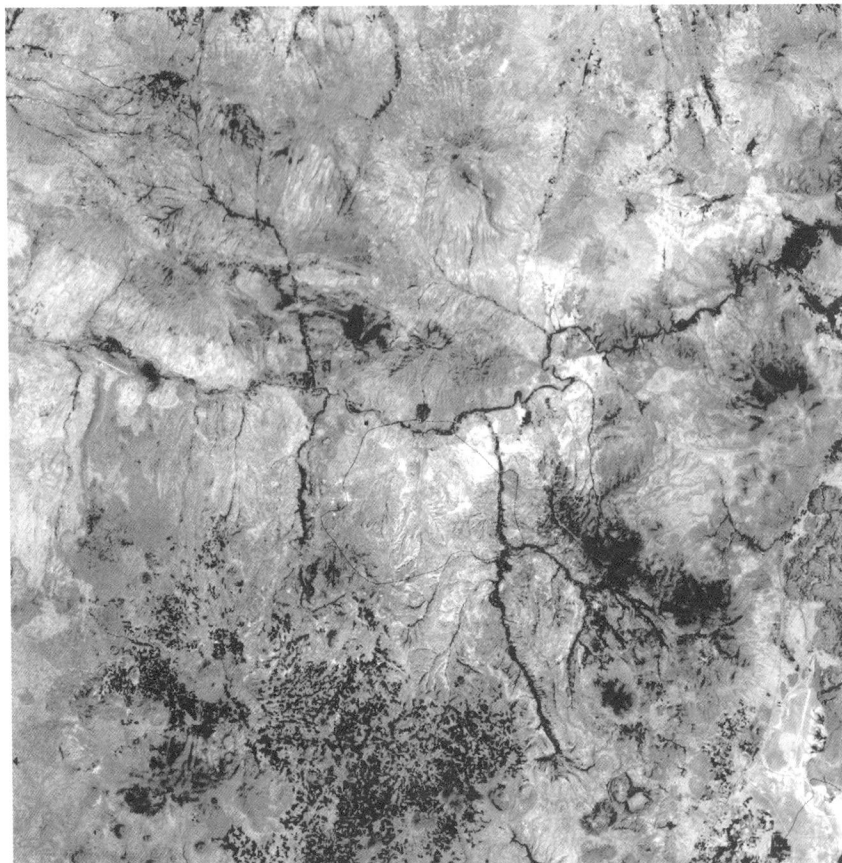

◎ 卡帕多西亚地区地形俯瞰图。拜占庭帝国的东部军队时常要在类似的山地中与阿拉伯军队交战，因此双方都尽可能进行突袭，也尽可能防备对方的伏击

◎ 卡帕多西亚地下城。早在赫梯人的时代，当地的居民就在卡帕多西亚群山中开凿岩洞以供居住，而在拜占庭—阿拉伯战争中，这些岩洞也时常用作拜占庭军队的军营或者基督徒的庇护所。当然，绝大多数情况下，拜占庭军队还是要在野外安排营帐

如果敌人穿过您管辖的区域，您必须要坚壁清野，将所有的生活必需物资集中到坚固的城镇或据点，并把本地的马匹运走，以免敌人抢夺。

如果聚集部队或者物资的地点工事实际上并不坚固，那您必须要预先将他们转移到其他地点，得到真正的庇护。您必须要检查筑垒城镇或者其他据点的实际情况，这些地方的工事未必坚实。如果敌人企图发动围攻，就秘密调动部队前去支援并保护他们。不要让敌人在开阔地获取补给品，而是要谨慎观察，并伏击那些前来搜寻粮秣的人，将他们俘虏，这样会把敌人拖耗殆尽。

我军进入敌方领土掠夺，或者敌军进入我方领土掠夺的问题就说到这里。我们现在要把注意力转到有用的计策与安保措施，特别是如何利用间谍侦察敌人以及如何逮捕敌人藏匿在我军中的间谍。

将军，您必须详细调查敌人部队的质量。您要以合适的方法和策略来应对。骑兵与步兵的实际阵形以及战场的选择不同，会让军队的战斗力发生相当大的变化。缺乏经验的人的估计或许会和实际情况相差极大。为了证明我的说法，我会举例说明。

假想一个六百人见长、五百人见深，共三十万名骑兵的骑兵队列。军阵中每一匹马占三尺宽，军阵总宽度就是一千八百尺；每匹马前后占八尺，总深度就是四千尺。这个长方形的军阵一千八百尺宽、四千尺深，占地七百二十平方尺，周长是一万一千六百尺。在这个区域，三十万名骑兵紧密聚集在一起。如果他们分开得更宽，您就要估计他们展开后与紧密阵形之间的距离差，而后从占地面积来估测敌军规模。

如果我们将这三十万人集结成一横排，每匹马都占三尺宽的空间，总宽度就是九十万尺。这是他们使用紧密队形时的情况。但如果他们展开阵形，占据的空间要比这大得多，而对误以为他们使用平常阵形的侦察者而言，他们的规模看上去就要比实际大得多了。而如果他们在坡地或丘陵地区行军，估计就更加困难。

结论就是，如果您希望夸大自己部队的规模，就尽可能减小我方的纵深或者保持较远的距离，让部队展开。古时的军事著作提到步兵在阵形中每人占据四腕尺的空间，但紧密阵形时收缩成两腕尺，结成盾阵则进一步收缩到一腕尺。使用这种手段，机警的斥候可以和估计骑兵数量一样，通过军阵占地面积估计步兵的数量。

因此，既然阵形和组织上有如此之多的变数，将军，您绝不能派缺乏经验的人独自进行侦察。您也不应当相信间谍或者巡逻队的一面之词与报告。在人数超过两三千之后，绝大多数人都无法有效估计军队的规模，对那些带大量马匹行军的民族而言尤为如此。因此有必要把这一任务交给有经验的人负责。

您不应该被列成一横排行动的少量部队吓倒，将其误认为是大规模的部队。若是其纵深并不厚，他们的数量就不会太大。派间谍查清他们的军阵纵深，弄清后面的究竟是辎重车辆，还是作战部队。

弄清叛变的人、敌人的俘虏以及通过狭窄道路时的情况，还有敌人军营的情况——若是双方军营恰巧相距不远，都能够提供敌方部队规模更准确的估计。

如果地方军营没有准备工事，派少量部队作为巡逻队监视那些战场中的狭窄区域。在开阔地指派的巡逻队人数要更多，范围要更广，而且各部队要保持联络。夜间巡逻时更应该如此，若是敌军意图规避我方的哨探，就在他们选定的区域发动夜袭，巡逻者如果不足，就很可能无法发现敌军。因此，巡逻队要频繁轮换，接连不断，并保持到各个合适的位置。

也应该注意，派那些敏锐机警的出色斥候紧密侦察敌人的驻地和动向。这些人必须使用轻武器，骑乘快马以便迅速行动。哨探或者间谍必须抛开畏惧向敌人所在地进发，这样才能收集到他们实时的情报。巡逻队中的士兵必须可信，而且他们的外形也必须相对健壮，还要勇敢且装备精良。这样他们就能够尽可能返回汇报情况，即使不幸被俘也足以震慑敌人。

巡逻队的队长要机警敏锐，经验特别丰富。巡逻工作对勇敢的要求，远不及机警与敏锐。

当得知敌人距离依然较远时，就仅在需要得知敌军特定动向、道路情况与地区工事情况时派出间谍。

当您发动突袭以获取俘虏时，下令间谍混在巡逻队中。他们应当率先行动，从高处的隐蔽地点进行侦察，跟随的巡逻队将会得到间谍的指引。

在情况不利时，不要只派一队巡逻队或侦察兵向一个方向侦察，而是要依照实际的地形情况，向几个方向侦察并做好轮换工作。他们之间应保持较大的距离，这样就算敌人避开了其中一支，其他的巡逻队还是能够发现他们。第一批巡逻队的人数应当较少，第二批人数有所增加，第三批则进一步增加人手。

命令巡逻队不得坐下或躺倒，如果他们在巡逻时怠惰，就很容易被杀。坐下或躺倒很容易让人入睡，若是有了困意就很难再清醒。即使一些人许诺整夜保持清醒，也不要依赖他们，毕竟人的天性如此。为了保证安全，不要忽视巡逻队的安排，要依次准备好，让所有巡逻队的士兵保持站立。

站立会排解困意，站立的人也更为警惕。不过在必要时，还是要换下那些精力耗竭的人，将夜间分为几段，让他们轮换值班。如果他们在保持清醒的问题上疏忽，敌人就可以轻易杀死他们。

您必须亲自检查巡逻队并估量他们的表现。也要委派相当可信的军官监察他们的工作。他们若是疏忽，就必须严厉惩罚，因为这是危及全军的行为。

我认为，一个经验丰富的斥候在敌人进入视线前就能够通过特定的迹象估计敌人的规模，比如敌人营地的大小以及马匹的大致数量。他也应当能够从人畜粪便的情况中估计敌人通过这个地区多久了。

如果您安排好营地，并挖掘了壕沟或使用石墙加固，而您认为让骑兵居中更合适，就不要把巡逻队派到太远的地方，以免马匹疲惫。

您应当尽可能让巡逻队抓获一些俘虏，他们应该像打猎一样，预先在暗处侦察敌人。可以让少数人暴露并诱敌，而其他人则利用地形悄然包抄，这样一来，在诱敌者成功后，大部分隐藏的部队就会出来发动进攻，甚至为此花费一夜时间也值得，特别是在敌军距离较远不太可能大规模行动时。

一个明智的策略是，安排巡逻队的计划不但要对敌人保密，也要对其他己方部队保密。这样一来，如果您的部队中有人叛逃投敌，不知情的他们就会被巡逻队抓获。

如果您想逮捕敌人的间谍，就将这个任务交给您的军官来负责。让各部队的军官向他所部的士兵和其他人下令，在次日，日出第二或第三个小时之后，无论是士兵还是马夫仆役，所有人听到号角声都要立即返回自己的营帐，任何留在营帐外的人都要接受处罚。在所有人进入营帐后，军官在营帐外值守，这样他们就能逮捕仍在营帐外游荡的人。各小队也要拘捕那些闯进营帐的外来者，把他们交给所部的军官处理。这样间谍就只有两个选择，其一是在营帐外游荡，因为不知道往哪里去而被抓获，或者是冒险闯进某个小队的营帐，那么陌生的他就会被交给该小队的上级军官处置。如此擒获的人都要羁押起来，无论他们看上去是异族还是罗马人。应当审问他们以得知他们的真实身份。全军，无论是步兵还是骑兵，聚集在营帐时，可以迅速完成这一任务，也可以在各个战队的营帐中进行迅速自查。

我们提到的间谍也可以通过其他方式侦知，您应当准备好一系列的指令或者信号来分辨他们。在靠这些方式抓获敌人间谍的同时，也可以让我方士兵习惯于听从指挥、遵守指令，因为那些疏忽懈怠的人也会因此遭到惩处。如果军官给士兵们下达一个口令，而间谍不知道口令，在调查时很快就能将他发现。也有必要给士兵下达口令和其他指令，特别是在休息时，让他们习惯于遵守指令。

不要以一成不变的方式来处置间谍。如果您相信自己的部队实力远不及敌人，就要杀死间谍或将其转到坚实的堡垒严加看押。然而如果您的部队规模庞大、装备精良、训练有素、实力雄厚、境况良好，而且官兵均杰出、勇敢和老练，就向间谍展示您的军容。请间谍自行观看。如果您照做，让间谍得以返回，这样做绝非错误。在返回后，间谍会把他们看到的一切报告给同族。清楚了对手的强大实力后，听闻者往往会惊恐；而得知对手实力羸弱，听闻者则会愈发胆大妄为。因此，如果您实力不足，就处理掉间谍，但如果实力雄厚，就让他们返回，让他们把消息带给同党，使敌人胆怯畏缩。

如果敌人的逃兵前来向您报告他们将在什么时候进攻，或者给您指引道路甚至引领您去您之前不清楚的捷径，不要盲目地相信他们。您应当扣押他们，并如此应对：告诉他们，如果他们说的是实话，就会得到慷慨回报和馈赠；但如果撒谎，借此让他们的部队得以对我们发动攻击，就让已经被捆绑的他们清楚，让我们陷入危险的代价是立刻死亡。信任一个逃兵的前提条件，就是把他掌控到自己手里，无论敌我均是如此。就说到这里。

各民族和罗马人的阵形

◎ 罗马士兵浮雕，出自罗马的奥列留石柱。拜占庭帝国使用的步兵阵形保留了罗马盾阵与马其顿枪阵的一些特性，而骑兵的队列则与古典时代的情况大不相同

接下来，我要向您讲述其他各民族使用的军阵以及罗马军队由古至今使用的对抗各民族的阵形。了解这些后，您不但能在适宜的时机使用适宜的计策迎敌，也能够设想更多的策略。机智的指挥官在战机出现时绝不会仅仅照搬旧计策，而是会有自己的设想。

持续进行战术动作训练对士兵十分有益，然而敌人也可以派出间谍了解情况或者从我方的叛逃者那里收集信息。因此，即使我们按部就班，谨慎训练使用计策也未必会有效果。

事实上，我们前文讨论的训练已经足够。这种简洁的训练足以在必要时转变为其他阵形，又能够免于泄密。

如果有进行额外训练的机会，有必要让每一支部队，也就是各分队、中队或旗队，自行演练阵形与队列变换。训练前文所说的实用阵形以及一系列未必使用但在特定场合有效的变阵。

现在，有一种三重阵形，这种阵形很有用，罗马人也时常使用。这种军阵的差异。因此不能因为疏忽而使用他们不了解的词汇。战时下令变阵时，他们必须清楚指挥官的计划是什么。

现在，有一种三重阵形，这种阵形很有用，罗马人也时常使用。这种军阵的部队不进行区分，也就是不分突击部队与防卫部队。部队集结成一整条战线，并非分成三个军阵，而是分成两个，两翼的部队发动包抄，向中央会合，在开阔地包围敌人。而后右翼部队向外、左翼部队向内交错而行。骑兵要时常进行这种队列变换。

另一种阵形是集结成一条战线，分配好突击部队和防卫部队。这种阵形要分开各军阵，相隔二百尺或四百尺。突击部队发动冲击，而后发起追击或者返回。有时他们会向军阵的间隙行进，也就是通过战线中的间隔，与防卫部队会合，而后再一同发动冲击。有时他们也会掉头通过返回时的间隙，在军阵的两翼出现，所有人都返回原来的位置。

还有一种阵形是把部队集结到一条战线上，以中央的军阵为防卫部队，以两侧的部队为突击部队。保证他们的速度均匀，就像在追击时一样，而中央的军阵作为防卫部队紧密跟随，两翼的突击部队则前出进攻。而后在后退时，军阵远端的部队或者停下，或者减速，而近端的部队调头向防卫部队方向依次回撤，直到远端的最后一支部队也得以全速向防卫部队方向撤退，而已经后撤的部队再迎上去与他们会合。这样他们可以依序完成后撤，不至于自乱阵脚。

另一种类似的阵形中，部队以完全相反的方式部署，中央的军阵作为突击部队，而两翼的军阵作为防卫部队，余下的机动方式完全一致。

最后，在我看来，罗马人惯常训练的阵形足以应对任何敌人。集结成两条战线，前方的战线作战、后方的战线支援，分配好突击部队、防卫部队、侧卫部队、包抄部队、突袭部队和后卫部队，如前文所述。

因此，有必要让部队适应前文所叙的所有不同阵形，这样我们实际使用的阵形也就无法为外人所知。在前线部队训练时，不要让第二条战线的部队就位，而且不要让侧卫部队、包抄部队、突袭部队和后卫部队一同行动。这就是最简单、最基本的军阵。此外，在第二条军阵的位置停驻少量骑兵代替第二条军阵，让第一条战线的部队习惯在后退寻求支援时的行动距离。同样，您只要在第一条军阵的位置布置少量人员，也就可以独自训练第二条战线了，让士兵们习惯协助第一条战线后退寻求庇护的士兵。

侧卫部队和包抄部队可以在作战前进行单独的列阵与训练，让士兵们习惯他们机动方式的同时，不让敌人得知我方实际的部署情况。首先，包抄部队，也就是配置在右侧，用来包抄敌人的部队或者要在右翼的后方部署，或者在右翼的更右侧结成平齐的军阵。无论他们是在侧翼还是战线集结，在进行包抄时，他们向长枪一侧转向，前出到我们要求的距离，而后向他们原配置的位置后退，就此包抄敌军的战线。

同样，集结到军阵左侧的侧卫部队也应当以类似的方式向盾牌一侧转向，前出到我们要求的距离，而后向他们原配置的位置后退，迅速和对向的包抄部队抵达同一条线。

我们已经向您说明了各种阵形，将军，这样在和平时期您也可以让部队熟悉这些阵形，进行训练，并就此了解一系列的使用经验与战术。这样，在需要作战时，您就会清楚哪一种阵形更有效。

我们将会向您提出一系列的变阵让您进行训练，作为己方或者假想敌的阵形。罗马人通过和各民族的交战了解了这些阵形，我们希望您熟悉这些阵形，并在敌人使用这些阵形时，在合适的时机使用合适的应对手段。

因此，将军您要注意，仅您一人积极工作、热爱家乡、守卫基督并愿意为此放弃生命是不够的，您麾下的军官和士兵们也要愿意奋战才行。愿那些高尚者保持高尚，那些在训练时没有展现如此信念的人，您就应当尽可能激励他们，让他们热爱故土，听从指挥——无论是出于爱戴还是畏惧。

他们应当能够承受高强度的体力消耗，为祖国奋战。

不过，对您而言，实现绝大多数的目标要靠计划和策略以及军队的纪律，而不是大胆和莽撞。

让所有为天主基督、家人朋友、祖国故土和基督教教友奋战的人，习惯干渴、缺粮、严寒、酷暑，并在各种灾难面前保持勇敢。因为你们的奋战将会得到上帝以及神选的陛下的奖赏。事实上，我们也在为你们而焦虑，理解你们的艰辛。

若是不幸有不利的事情发生，绝大多数情况下您都要尽可能向敌人掩盖消息。在不利时保持勇敢和坚定，展现高尚而非畏惧才能扭转局势。

有一些民族，比如波斯人，曾经和罗马人作战。当他们陷入逆境时，他们不会主动提出和谈以求自保，而是等待敌人提出。他们的忍耐力就是如此之强。

我们此处将再次简短重复我们此前说过的事，让您的部队按照前文所述的要求整备武器。您应当重点保证获取大量的弓箭。对抗萨拉森人和库尔德人时，弓箭是强有力且高效的武器，因为他们就是靠箭术来取胜。

事实上，面对射出箭矢后无法防御的弓箭手或者骑兵的马匹时，我方使用弓箭打击将极其有效，能够大大损害敌人。当他们高度依赖的马匹因为持续的投射倒下后，那些之前还热切期盼着骑马出阵的萨拉森人的士气就会彻底崩溃。

萨拉森人出征并不是为了服兵役，而是因为热衷获取财富与肆意妄为，或者说，为了劫掠抢夺与维护他们的信仰——也就是他们的妄信。因为这个原因，当他们处于逆境中时，他们会认为这是神意让他们失利，无法迅速从其中恢复。

当您出发作战时，不要在没有做好防御工事的情况下随意扎营，特别是在敌人的领土时。当抵近敌人后，挖掘壕沟并搭建木栅，让其尽可能紧密，这样在战事不利时就可以将其用作庇护。

我下面将简短解释阵形的进一步变化。一种阵形集结成三个人数相等的军阵，如前文所述，即左军阵、中军阵和右军阵。依照实际情况，在中军阵配置四百到五百名精锐士兵。这种阵形的深度没有必然的规定，而是要把各部队的骑兵集结前后两条战线，各军阵的第一条战线部队数量相当，并使用紧密阵形。把重装备和辎重车辆留到战线的正后方。如果您集结好阵形，战斗已经展开，您面对的敌人使用长枪，您就要把部队调动到崎岖的地形上，使用弓箭打击敌人，因为在崎岖的地形上，长枪兵将会被迫分散开，难以结成枪阵发动冲击。

如果敌人非常好战，那么在开战前一天，您应该主动推迟交战，在难以进攻或通过的地形扎营，特别是得知敌人准备开战时更应如此。而后，在开战当天，特别是在夏季，在下午最热的时段和敌人交战。在这个骄阳似火的时节，敌人的凶悍与昂扬早已被耗尽了。

这样的阵形，如前文所述，是要由谨慎布置的步兵阵列来担任第一线，将长枪部队配置到平坦开阔的区域，也要做好迅速进行肉搏战的准备，因为在这样的密集队列近战中，弓箭手很难起到效果，又没有长枪或盾牌来参与格斗。

如果双方的战斗以紧密队形进行，而他们被击退并开始逃跑，若是他们不懂得如何在撤退时变换队形，他们将会遭受极大损失。

使用包抄部队进攻敌人的侧后，会给敌人极大的打击，除非他们准备了足以抵御包抄的侧卫部队。

因此，为了避免部队过于分散，有必要在平坦地形上部署这类阵形，避开沼泽、壕沟和灌木丛。

开战当天，当军队列阵并准备完毕之后，只要决定进行阵地战，就不要拖延。

有必要确定在交战期间，在什么情况下以近战为主，什么情况下以箭矢为主。敌人的军阵是否紧密、稳固、行动迅速，若不是，缓慢进军并持续投射将杀伤许多敌人和他们的马匹。

如果因为某些迫不得已的原因，战斗在相对崎岖的地形进行，那么一定要集结步兵和骑兵。不平整的地形绝不可以单独展开骑兵部队。

长枪队进攻弓箭手时，会因为箭矢的打击严重受损，除非他们队形严整，不肯分散，而且他们也很快会被迫停止作战，因为长枪兵必须要在平坦地形作战。

如果将军得知自己的部队没有做好战斗准备，就不要和敌人进行阵地战，而是应当安排伏击，使用袭扰或者突袭。他应当以安稳合宜的方式在有利地形布置，这样敌人就都无法得知您为何推迟阵地决战。若是言明，敌人会愈发胆大，己方的士气则因此受损。

调转方向反击时，不应该进攻敌人正前方的部队，应该进攻敌人的侧后。一些民族，比如波斯人，不肯变阵，因而时常会把后方暴露给进行有序撤退的敌人。然而，如果部队在撤退或者伪退时，回头攻击追击者坚实的前线，会造成很大的损失。

进行追击时，一些民族，比如托尔克斯人，往往自己会陷入混乱，因此在撤退与调头时维持良好秩序的部队可以给他们极大的杀伤。

其他民族在追击时则很谨慎，会维持他们的阵形。因此部队在调头反击时应当注意不要攻击他们的正前方，而是要攻击侧后，如前文所述。

我已经提过托尔克斯人了，那么不妨在此讨论他们如何作战以及我们要如何与他们作战。我们会写下一些他们作为我方盟友作战时，我们了解的情况。当时保加利亚人背叛了和约，在色雷斯乡村进行掠夺。他们因为背信，遭到了天主基督，世间万物的君主降下的惩罚。当我们的部队正和萨拉森人作战时，神意让托尔克斯人代替罗马人与保加利亚人作战。陛下的舰船支持他们，让他们渡过多瑙河，与保加利亚人的军队作战。那些与基督徒作战的恶人遭到了三次惨败，这样身为基督徒的罗马人就不必沾染同为基督徒的保加利亚人的血污了。[1]

斯基泰各民族的生活方式与组织方式大同小异，他们有一大批的领导者，也不进行任何耕作，仅仅过着游牧生活。只有保加利亚人和托尔克斯人拥有类似的军事组织，因而部队在单一军官指挥下，将比其他的斯基泰民族都要强大。

然而保加利亚人已经接纳了基督，和罗马人拥有同样的信仰，只要他们不背信，就不应该和他们主动开战，进攻他们是违背上帝的意愿。如今，我们成了信仰相同的兄弟，他们也许能听从我们的建议，因此我们就不必详细叙述他们作战的阵形以及我们和他们作战时应该使用何种阵形。

我们会讨论托尔克斯人和他们的阵形，他们和保加利亚人的作战方式大同小异，甚至可谓完全相同。托尔克斯人数量众多，保持独立。他们把战场上的英勇看得比财富和其他一切荣誉都重要。

这个民族有君主政府，他们的首领以残暴来对待反对者。他们统治的基

---

① 译注：这次战争并不是无缘无故发生的，是因为贸易纠纷。此战以拜占庭军队在保加罗菲冈惨败、利奥六世许诺向保加利亚君主西美昂纳贡而告终。参见John Skylitzes, *A Synopsis of Byzantine History, 811—1057*, John Wortley, CAMBRIDGE UNIVERSITY PRESS, 2010, ch.7, 12—14.

◎ 保加罗菲冈之战，出自马德里抄本的细密画

础不是爱戴而是畏惧，因此能够承受劳累与艰苦。他们不畏寒暑、不畏饥渴，因为他们过着游牧生活。

托尔克斯人时常惹是生非，而且自行其是。他们心怀敌意，不敬上帝。在对财富无尽的贪欲的驱使下，他们蔑视誓言，也不遵守他们定下的协议。礼物无法满足他们，甚至在收到礼物之前，他们就已经在考虑背信了。

他们狡猾地选择时机，依靠欺骗、突袭与断粮对付敌人，而非依赖蛮力。

他们装备刀剑、盔甲、弓箭与长枪。因此在作战时，他们大多数人都有两套武器，手持弓箭，把长枪挂在肩上。他们在必要时能够使用两种武器，但遭受追击时，他们的弓箭最有效。

他们不但自己穿甲，显赫者的马匹也会在前方挂上铁甲或者填充甲。

他们会花大量的精力训练骑马射箭。

他们会带上大量的战马以及母马、小马随行，借此获得马奶，还能够夸大部队的规模。

他们扎营时并不像罗马人一样准备工事，在开战的前一天都和自己的部族一同居住。他们在夏季与冬季都会放马。在备战时，他们把必要的马匹带到毡帐附近拴好，在开战时趁夜出发。

他们会把几批斥候配置到相当的距离之外，因此很难对他们发动突袭。

作战时，他们不像罗马人那样列出三个军阵，而是散乱集结，各部队间距离不大，仿佛一整条战线一般。

在战线外，他们还会部署部队来伏击疏忽的敌人，或者部署预备队支援战况不利的区域。他们把辎重车辆布置在战线后，左侧或右侧一两里之外，派少量人员防护。

他们时常会把多余的马匹拴在后方，也就是战线后面，作为保护。他们的军阵列数没有确定的数量，因为他们认定军阵的厚度比宽度重要，因而保证前沿组织平整和紧密。

他们喜欢在一定距离外作战，发动伏击、包抄、诈败、调转方向、分散行动等。

当他们击退敌人后就会忘掉一切，全力追击。他们所考虑的是追击本身。他们并不和罗马人与其他民族一样在追击时保持距离，或者热衷掠夺财物，托尔克斯人会毫不留情地追击，无所不用其极，直到他们的敌人彻底毁灭。

如果他们追击的敌人躲进了工事，他们就会谨慎安排，让工事中的守军缺少粮秣。他们会耐心等待，直到守军因为缺少必需品而崩溃，或者接受有利的条件。他们起初的谈判条件会相对慷慨，但如果对方同意和谈，他们就会得寸进尺地提出苛刻条件。

托尔克斯人的特质与保加利亚人的差异，仅仅在于后者接纳了基督教，开始接受罗马人的性格。他们开始敬神后，放弃了旧日的残忍与游牧生活。

敌对的托尔克斯人会因为缺少牧草而付出极大的损失，因为他们带大量的马匹随行。

作战时，结成紧密阵形的步兵可以给他们的骑兵造成很大的伤害。他们不肯下马，而且在马背上长大的他们也不擅长步战。

没有任何遮挡的平地也对他们不利，而且他们也畏惧大批骑兵以紧密阵形追击。

近战格斗也能够杀伤他们，保证了安全的夜袭也是如此，我方的进攻部队要维持阵形，而余下的部队则继续隐匿。

他们中若是有人叛逃到罗马人这里，他们也会付出严重的损失。他们清楚自己民族的多变、贪婪与混杂，因此不会多么看重亲情与团结。

当一部分人开始逃跑，并得到了我们的友善接纳后，很快就会有另外一大批人追随，因为他们嫉妒那个投敌的人。

现在，当您准备出发和他们决战时，您必须首先准备好大批警戒部队，他们之间的距离不应太远。而后做好遭遇逆境时的安排，也就是如果您的部队被敌人击退，要如何安排。寻找可以在紧急情况下躲避的据点，并准备可供几天食用的粮食，必要时还要准备草料，更重要的是充足的水。而后安排辎重车辆，如前文所述。

如果有步兵部队可用，特别是在最初交战时，在部队习惯了与这些敌人交战后，按照前文提到的，骑兵部署在步兵后方的阵形列阵。

如果做好战斗准备的部队只有骑兵，就按照前文所说的纯骑兵阵形列阵。

把大批善战的部队配置到侧翼。在后方，保证所谓的防卫骑兵数量充足。追击时，突击部队不应当和防卫骑兵拉开超过三四箭地的距离，更不应该和他们脱离。应当集结军阵，尽可能在平坦开阔的地形发动集中攻击，避开密林、沼泽或者洼地这些可能让托尔克斯人得以部署伏兵的地形。

在军阵的四个方向之外都要布置斥候。

如果可能的话，将战线布置在难以涉水通过的河流或者沼泽与湖泊的前方，这样，我军的后方可以得到安稳庇护。

如果战斗对我方有利，不要仓促追击敌人或者疏忽。这些敌人和其他民族不同，即使在最初失利后也不会放弃，而是依然会尝试各种各样的突袭，直到被彻底打垮为止。如果军阵是以步兵为主的混合军阵，您依然要给马匹准备好草料。毕竟当敌人贴近时，骑兵是无法派马夫出去割草的。

因此，如前文所述，托尔克斯人的战术和性格，与保加利亚人是大同小异。我们进行这一部分讨论的原因，并不是因为您要准备和托尔克斯人作战，毕竟他们既不和我们相邻，目前也没有和我们开战，反而期待臣服于罗马人。即使如此，您依然要了解他们的各种阵形与战术手段，以便在需要时能够用来对付敌人。丰富的经验会让人发现有用的新计策和阵形。而后，在时机合适时，做好了训练的部队就可以以合适的方式应对敌人。

有一些民族，比如法兰克人和伦巴第人，此前不敬上帝，但此后接受了基督徒的正信。一些人对我们保持着友好，还有一些人直接臣服于我们的皇帝陛下。他们的战术不同寻常，一些源自他们的传统，一些则是在实战中发展出来的。将军，我们向您描述这些并不是因为要和他们开战，毕竟目前他们和我

◎ 马扎尔人袭击保加利亚，出自马德里抄本的细密画。拜占庭资料所谓的"托尔克斯人"（Tourkos）通常指马扎尔人，即此后的匈牙利人。这幅细密画颇为有趣的是，因为马德里抄本的细密画年代较晚，图上的"匈牙利人"使用的都是西欧重骑兵的夹枪冲锋动作

们保持着和平，是教友，也是盟友或者臣属。我叙述的原因是，通过了解他们以及他们对手的战术与组织，您可以模仿他们，选择合适的手段来应用。这样在必要时，您就能够迎战以这类方式与您作战的敌人了。

此前斯拉夫人居住在伊斯特河，即我们所谓的多瑙河的对岸，罗马人向他们发动了战争。当时的他们，在没有渡过伊斯特河并接受罗马人的统治之前过着游牧的生活。但我不会让您忽视他们惯常的作战方式和习俗。正如我所说，我要收集一切信息，尽我所能向您阐述，就像蜜蜂一样，采集所有的精华。

法兰克人和伦巴第人相当重视自由，但如今的伦巴第人已经基本失去了这一品质。[①]即使如此，他们和法兰克人都格外大胆无畏，在作战时易于冲动，厌恶任何柔弱，甚至连稍微后退都视为屈辱，认定这与溃逃无异。因此他们无论是在马上还是步行进入格斗时，都能慷慨赴死。

---

① 译注：九世纪时已经不存在独立的伦巴第政权了，尽管一些领主事实上自行其是，但名义上，他们或者臣服于北面的法兰克王国—神圣罗马帝国，或者臣服于南面的拜占庭帝国。

如今，如果他们遭到骑兵的压制，他们会下达预先设置的指令，全军下马步行列阵。即使数量比敌方的骑兵少，他们也会无畏奋战，不肯退缩。

他们装备盾牌、长枪以及用肩带挂住的较短的剑，不过有时他们也会把剑挂在腰间。

他们热衷步战，冲锋时也更为莽撞。无论是步战还是骑马，他们都不像罗马人一样集结固定的阵形，而是按照他们的部族、亲属或其他关系集结，更常见的情况是集结到宣誓效忠者麾下。结果就是在境况不利，他们的朋友被杀时，他们会奋战为他报仇。

战斗时他们的前线布置整齐紧密。无论是骑马还是步战，他们的冲击都冲动而不可控制，仿佛无所畏惧。

他们时常不听命令，特别是热衷自由的法兰克人。他们仅仅在自己愿意的时候出战，仅仅在和封君约定的时期服役。如果超期服役，他们就会怀恨在心，并擅自返回家乡。

他们生活随性，不喜欢任何复杂的安排，也不在意任何有利的安保与计划。他们也不追求秩序，骑兵尤其如此。

贪婪的他们很容易用钱财收买。我们从过去的经验中得知了此事，那些从意大利前来贸易的人时常如此声称，而那些与他们混居甚久的人甚至会沾染他们的野蛮性格。

他们厌恶艰苦劳累，尽管胆大莽撞，他们的身体却柔弱放纵，无法承担辛劳。

更重要的是，他们无法忍受寒热阴雨，也无法忍受饥饿，特别是不能没有酒，也不能忍受推迟战斗。

当进行骑兵作战时，崎岖多树的地形会妨碍他们，因为他们擅长在平地持枪迅速冲击。

他们很容易被侧翼或后方的伏兵袭击，因为他们向来不布置哨兵或者其他安保措施。

他们的队列很容易因为诈败而松动，突然调头反击会轻易歼灭他们。弓箭手发动夜袭时常带给他们相当大的损失，因为他们扎营时一向很分散。

过去，和这些人作战的军官清楚他们的行事风格，并没有集结部队进行阵地决战特别是交战初期，而是使用精心布置的伏击和偷袭以及其他明智的军事行动，或不断拖延并推迟交战，或假装提出和谈拖耗时间，通过缺乏补给或者寒暑之类的其他因素，让他们不复斗志昂扬。

在崎岖难走的地形扎营，对使用拖延作战或者其他手段最为有利。法兰克人作战依赖骑枪，因此无法有效攻击这些崎岖地形的敌人。如果没有做好这些准备就决定开战的话，应当按我们前文所说的方式列阵。

斯拉夫各民族的风俗与生活方式相近。他们保持独立，完全拒绝奴役与统治，特别是那些居住在多瑙河对岸故地的人们。当他们离开那里，来到这里后，便被迫沦为奴仆，即使如此，他们也依然不肯完全服从他人，而是保持一些自己的习惯。他们宁肯被本民族的领袖杀死，也不愿意向罗马人臣服并为他们服务，即使在他们接受了斯拉夫语言的洗礼后。直到现在，他们依然保持着古来有之的强烈独立性。

他们人数众多且吃苦耐劳，能承受暑热阴雨，能忍饥挨饿，也能赤身露体。

我的父亲，罗马人的独帝，已在天国的巴西尔，劝说这些人放弃古时的习俗成为罗马人，按照罗马人的标准臣服于统治者，并让他们得以受洗，从奴隶主的手中把他们解放出来，让他们参军，与罗马人的敌人作战。结果就是他让罗马人得以免于此前斯拉夫人频繁的暴乱，以及古来有之的各种侵扰和战争。

斯拉夫人的部族——我不知道应当如何准确表述——极度好客，即使现在他们也不肯抛弃这一习俗。他们对踏足他们土地的旅行者礼貌和善，保护他们安全通过，让他们免于侵害的同时，还给他们充足的饮食，把他们引荐给部族里的每一个人。而外来者因为主人的疏忽而受损时，引荐他们的人甚至会和主人开战，为他报仇，如同神圣义务一般。

此前他们就有另一个怜悯他人的习俗，他们不会无限期关押他们的俘虏，而是会定一个期限，过了期限后让俘虏选择，是拿一些补偿后返回故乡，还是留在这里作为他们的朋友，以自由人身份生活。

他们的妇女的感情格外深沉。许多妇女在丈夫死后痛不欲生，宁肯自杀，也不愿在寡居的痛苦中生活。

他们采食野谷，只要有少量的食物就能满足，厌恶耕作。他们宁肯因自由闲居而贫困，也不愿为美食与钱财而劳碌。

此前他们使用短标枪或者其他投掷武器，每人两支，余下的人使用与长盾类似的厚重盾牌。他们使用木弓，在箭矢上涂毒，效果极佳。如果中箭者得不到解药或适当的医治，又没有立即挖掉受伤的肌肤以免毒液扩散，将会毒发身亡。

他们喜欢在植被茂密、地形崎岖的地方定居，依托地形庇护自己。

此前，在讨论突袭和伏击的部分，我们阐释了罗马人伏击他们的方法。现在，将军，即使您不是要伏击他们，而是要伏击其他类似的蛮族，若是您从这些方法中有所收获，就如同预先受过训练一样，那么在迎战敌人时您将有备无患。

我们已经讨论过各种异族的作战阵形和部署方式，那么现在我们将尽可能讲述萨拉森人——目前罗马世界的敌人。他们到底是什么情况？作战时使用什么武器？使用什么战术？我们要如何准备和他们作战？

萨拉森人就是阿拉伯人，此前居住在所谓的"沃土阿拉伯"[①]，但此后散布到了叙利亚和巴勒斯坦。他们原本是来寻找土地居住，但此后，在穆罕默德传播了他们的信仰后，他们就用武力占据了这些省份。事实上，他们还乘虚而入，夺取了波斯人此前曾大肆破坏的美索不达米亚、埃及和其他领土。

他们尊敬他们的神，但对我们而言就是渎神。他们不肯称真神基督为神与救世主。他们宣称我们的神是一切厄运的创造者，还宣称发动对外战争会让他们的神欣喜。他们坚称自己的律法不可违背，就此让身体肥胖，让灵魂堕落。因此，作为正统信仰、真神与法律的护卫者，我们要和这种亵渎者作战。

他们使用骆驼、驴和骡子驮运辎重，而不是使用车辆。他们在军阵中使用军鼓和铙钹，他们的马匹也习惯了这种喧嚷。这样的噪音会惊扰他们对手的马匹，让它们逃跑。此外，马匹第一次见到骆驼时也会惊愕迷惑，不敢上前。

骆驼队和驮畜时常让他们显得人数众多。他们把牲畜放在军阵中，树立

---

① 译注："Eudaimonos Arabias"，拉丁语称"Arabia Felix"，指阿拉伯半岛降水较为丰沛，适宜农耕的西部与南部。

起大量的旗帜，仿佛这里有大批部队一般。

居住在炎热地区的他们不畏暑热。

他们的步兵，所谓的埃塞俄比亚人，在骑兵前方列阵，这些人没有护甲，如同轻装部队一般。他们携带弓箭，射箭时，对手将难以抑制出击歼灭他们的欲望。

在他们的领土附近开战时，他们让步兵骑乘自己的马匹行动或者坐在骑兵后面行动。他们使用各种武器：弓箭、刀剑、长枪、盾牌和斧。他们全身披甲，有链甲、胸甲、头盔、护胫、护手以及所有罗马人使用的护具。他们喜欢在腰带、马衔铁和刀剑上附加银饰。

他们在追击或被追击时也依然保持阵形。然而如果他们解散了阵形，就彻底无法协同、无法重组，只想着逃命了。

他们在胜利在望时愈发大胆，但在胜利无望时极度怯懦。他们声称一切都是神的旨意，即使对他们不利。如果他们遭受挫败，便不会继续抵抗，因为这是神意。在逆境之中，他们会彻底失去斗志。他们睡得太沉，因此很怕夜战，以及一切和夜晚相关的活动，特别是在敌方领土行动时。他们将会向坚固的工事撤退，设置守夜的岗哨，或者给营地做好安保措施，以免敌人夜袭。

他们传统的阵形为方形，因此颇为坚固，很难被对手打散。

他们在行军时和交战时都使用方阵。他们也在很多方面模仿罗马人。他们似乎在和其他阵形交锋时积累了经验，在和罗马人交战时遭遇的阵形，也会被他们用来对付罗马人。

在军阵中，他们保持镇定，不会被对方的频繁攻击惊扰，也不会因为拖延而松懈。

他们在军阵中屹立不动，即使是进攻者向他们投射也毫不动摇。当发现敌人的体力不足时，他们就会奋起攻击，不仅在步战时如此，在海战中船舷相接时也是如此。敌人投射时他们使用盾墙，投射结束后，他们就会迅速行动起来，集体冲锋并进行格斗。因此和这些人作战时必须要做好各种情况的准备。

值得一提的是，与其他民族相比，他们善于细心谋划并信奉谋略，我们的军官向他们发动进攻时，往往会意识到这一点。事实上，我们得知此事也是因为之前的皇帝们，特别是神圣的父亲时常与他们交锋。

这个民族畏惧寒冷、严冬和暴雨。因此最好在这类恶劣天气下袭击他们。他们的弓弦会在潮湿中松弛，而寒冷会让他们动作迟缓。他们若是在发起侵袭或掠夺后遭遇这样的天气，往往会被罗马人击败。

因此他们在晴好天气和温暖的季节，特别是夏季，往往会集结起部队，和奇里乞亚的塔尔苏斯的居民一同发动进攻。其余的季节，只有塔尔苏斯、阿达纳和其他奇里乞亚城市的居民才会进攻罗马人。

因此，有必要在他们出发掠夺时发动反击，特别是在冬季。如果部队停驻在附近不易被发现的位置，就能将他们诱出歼灭。当我方发现他们出发后，就可以发起进攻并歼灭他们，也可以等到大部队集结起来，整备完毕后再进攻。

如我们屡次指出，进行阵地战是充满危险的，结果是难以预料的，即使我方部队明显多于敌军时也是如此。

他们并不是通过名单来征召士兵，而是自行带着全部随从前来，富裕者认为为国捐躯是值得的，而贫穷者则希望借此获取战利品。他们的追随者，无论是男人还是妇女——后者更多——则为他们整备武器，仿佛和他们一同作战一样。由于他们身体上的虚弱不足以让他们使用武器，他们认为给士兵整备装备是一种荣幸。这就是萨拉森人，野蛮而妄信的民族。

当然，罗马人不应该仅仅考虑这些问题，士兵们也要保持坚定，不参加战斗的人也要和他们一同备战，因为这些敌人亵渎了全世界的君主，天主基督，他们必须要竭尽所能通过提供装备、资金和接连不断地祈祷，来支援战争，甚至让家族中的勇敢者参与战争，并在部队缺少马匹、资金或者盔甲时，出于团结协作的精神将这些提供给军方。

如果情况如此，那么士兵精锐、装备精良的罗马人军队，实力又将大为增强，特别是选择了大批勇敢高贵的士兵，拥有一切所需的装备后，在上帝的帮助下，就能轻而易举战胜野蛮的萨拉森人。

我们罗马人的武器，特别是充足的弓箭以及人数、勇气、计策、机械，都远胜于蛮族，若我们还得到了神的支援，就能轻易战胜这些人。

因为他们希望获取战利品，也不畏惧战死，这个民族可以轻而易举从叙

利亚内陆和整个巴勒斯坦集结起大批兵员。因为这样的期待，即使怯懦者也会参加远征。

如果我们装备精良，列好阵形，在上帝的指引下英勇冲锋为灵魂的救赎而战，毫不犹豫地为上帝、家人、战友和基督教世界而战，并相信上帝，我们就不会失败，定能赢得光辉的胜利。

如果他们越过托罗斯山脉进行掠夺，您有必要到这个山区狭窄的山口处去拦截他们。返程时，他们往往精疲力竭，或许还要被掠夺的战利品和牲畜拖累。而后您必须派弓箭手和投石兵到高处进行投射，并派骑兵发动冲击，或者在必要时进行埋伏或利用其他手段，比如从山崖上推下滚木礌石、用木材封堵道路让他们无路可去，如前文所述，使用任何可能的方式因势利导。

当他们做好战斗准备后，他们不会解散队列，即使您对他们发动两三次

◎ 卡帕多西亚的山地

冲锋也依然坚定，除非他们胆敢解散队列冲锋，或者因为畏惧而开始溃逃。因此，您有必要起初使用弓箭打击他们，让前列和稍靠后的人射击。这样，他们的良马（pharia）将难免中箭，而那些埃塞俄比亚人或者其他弓箭手也会因为没有护甲而受损，他们很快就会因此撤退。他们这样做原因的是为了保全自己的马匹，他们相当看重坐骑，不愿任其伤损。毕竟，如果他们的马匹因为箭矢特别是毒箭而折损殆尽后，他们的骑兵或者会同时死亡，或者会因为清楚毒箭的威力而畏惧并逃亡。

大多数萨拉森人并不是为了赢取荣誉和名望而踏上战场，而是为了获取生活必需品和物质财富。他们并不懂得如何靠耕种来避免贫穷，而是在儿时就决心靠刀剑维生，因刀剑而死。因此，只要能取得一次胜利，就会让罗马人长期免于一系列的纷扰。只要发现那些出征的人再也没有返回，他们就不会再胆

◎ 二十世纪初的叙利亚人和他的阿拉伯马。对许多阿拉伯轻骑兵而言，阿拉伯马是他们最贵重的财产，这种迅捷的良马也让阿拉伯轻骑兵能够迅速执行延展、包抄和绕后动作，出现在对方战线的侧后。当然，由于缺乏装甲，这些马很容易被弓箭射杀

大妄为，随意进攻。

奇里乞亚的萨拉森人极为重视步兵的整训，让他们在两条战线上作战，也就是穿过托罗斯山脉进行陆上袭击，以及乘坐舰船（koumbaria，所谓的重战舰）从海上发动袭击。他们若是不在陆地上行动就会出海掠夺滨海城市，时而进行海战。他们若是不出海，就会从陆上攻击罗马人。

因此，将军您必须委派可信的间谍严密监视他们，弄清楚他们的确切情况，准备一支足够强大的军队。当他们从海上出征时，您就从陆上发动袭击，尽可能攻入他们的本土；如果间谍报告称他们准备从陆上进攻，您就应当报告基比拉奥特的海军军区将军，让他麾下的舰队进攻滨海的塔尔苏斯和阿达纳。奇里乞亚蛮族的部队数量并不多，毕竟从陆上和海上出击的也是同一批人。[1]

让这些人受损最大的就是陆海军联合进攻。委派您麾下的军官发动攻击，您将会得以掠夺这些匪徒的土地，我们神佑的父亲，罗马人的独帝就曾经完成这样的功业。

---

[1] 译注：奇里乞亚的塔尔苏斯和阿达纳是阿拉伯帝国进攻拜占庭帝国的重要前进基地，然而在九世纪末至十世纪初，由于阿拔斯哈里发大权旁落，难以得到大规模增援的奇里乞亚，仅凭当地的埃米尔和少量支援，很难发动大规模的进攻。即使如此，这一地区依然坚持进行着几乎每年一次的掠夺，直到尼基弗鲁斯二世与约翰一世在十世纪六七十年代发动远征，彻底摧毁北叙利亚的阿拉伯地方政权为止。

◎ 尼基弗鲁斯二世进入君士坦丁堡

在对美索不达米亚方向[1]的叙利亚萨拉森人发动进攻时，应该学习不久之前夺取塞奥多西奥波利斯，将这块土地归入我们领土的军官。[2]罗马人的马匹不熟悉骆驼，也会被军鼓铙钹惊扰而后退。这个计策时常迫使罗马人后退乃至溃逃。因此有必要让士兵的马匹特别是前线部队和军官的马匹，在训练时习惯军鼓和铙钹，并把骆驼带到军马中，让它们得以适应。也有其他应当考虑的问题，只要对目前境况进行仔细研究，就能有所了解。

总而言之，本书自始至终所讨论的军事理论，对武器装备、训练、阵形以及其他军事相关的所有知识，与萨拉森人有关的部分全部整理在本书中。这个与我们相邻的民族给我们带来的纷扰，绝不逊于波斯人给古时的皇帝们带来的麻烦。他们每天都在损害我们的臣民。正因如此，我们目前才会编纂这本军事学手册。在我们已经讨论的问题之外，将军，我们也收集了其他您可能用来对抗这个蛮族的阵形。具体如下：

变化您的军阵。比如说，四千名精选的士兵，第一列的突击部队为

---

① 译注：利奥六世执政时期，在幼发拉底河上游设置了"美索不达米亚军区"，此处的"美索不达米亚"应当是指这里，即安纳托利亚半岛东部、大亚美尼亚的西部，而非巴格达方向。

② 译注：塞奥多西奥波利斯，即今埃尔祖鲁姆，是阿拉伯人在亚美尼亚地区的稳固据点，尽管拜占庭帝国曾屡次攻破，但阿拉伯军事力量每次都迅速在当地亚美尼亚人的支持下卷土重来，直到949年才被塞奥菲罗斯·库尔库阿斯彻底占据。

一千五百人，将其分为三等分，左中右三个军阵各五百人紧密聚集在一起。在列阵完成后，这三个军阵将处于一条线上。您要再把一千人集结成四个等量的军阵，每军阵二百五十人，相距各一箭地。把他们布置到第一条战线的后方，这样如果第一条战线的部队后退，他们就可以在这些军阵的间隙寻求庇护，并和他们一同组织成第二条战线。在此之外，配置五百人的后卫部队，把他们分成左右两部。把他们布置在第二条战线后方，作为第三条战线。在要时，这些部队可以上前支援第一条战线后撤之后的第二条战线。这三条战线，尽管我们要求他们分开，也依然要视作一体，协同作战，保证军阵的良好组织。此外，还要配置所谓的两翼，在第一条战线前方布置右翼的包抄部队以及左翼的侧卫部队，他们应当为两百人。包抄部队的任务是包抄前进的敌军，而左翼的侧卫部队则要防止敌人发动包抄，有时也可以参与包抄敌人。此外也要配置两个战队，总共两百人，在两侧安排突袭。他们要隐蔽到战线的两侧，也可以配置到战线的后方，跟随统领队行动，以便突然冲出袭击敌人侧翼。

在第二条战线的三个阵列间隙处，安排一百到三百人，结成连续的阵线。如果第一条战线的部队要向这三个区域撤退，那么配置在这里的人就后退，并同时防止他们逃走，组织他们返回战线。在向后方撤退时，他们和后卫部队会合，这能给奋战的部队极大的帮助。

将余下的一百人配置在将军身边，作为他的随从。在需要时，他们可以前去支援任何一个战况不利的区域。由于数量充足，他们出战之后足以让这个区域的部队重振信心。

这样，第一条战线、第二条战线和第三条战线以及侧卫部队、包抄部队、后卫部队、突袭部队和配置在阵列间隙的部队、随同将军的预备队，加起来总共是四千人。

将军应当布置在第一条战线的中央，这样他就能纵观全局，做好各种安排。他的随从部队也要随行，这样在需要更多部队时，他可以将部队派出，让与他配置在一起的分队指挥官，或者所谓的副将，如今的军阵官来指挥。分队指挥官应当在所部的前方列阵，而将军则在所有部队的前方。

部队应当各自安排统领、旗队长和其他下属军官，每个人都应当英勇指挥所属部队，与他们共同奋战。

把第一条战线的部队，总共三分之一，分配成突击部队，让格外勇敢的人担负这一职务。把余下的三分之二配置成防卫部队。突击部队要配置在前方作先锋队，他们要以紧密的队形，也就是成一横排、无纵深的队列冲击敌人。如果他们迫使敌人后退，那些防卫部队，也就是复仇者，要保持阵形继续有序追击。但如果突击部队（又称破阵队）战况不利，他们就可以后撤，防卫部队将迎接他们，击退敌人。若是有更紧急的情况，第二条战线的部队应当上前支援，后卫部队也应当如此，以这种方式渐次迎战敌人，并不断援助前方部队。我认为组织一条战线风险太大。当第一条战线陷入困难时，他们有可能撤退，但如果第一条战线后退，有第二条战线在，就能够继续英勇奋战；而第二条战线也不利的话，还有未受损的第三条战线提供支援。对抗三条渐次投入的战线，结成一条战线的敌人将陷入困难，会被轻易击败，解散阵列并溃逃。侧卫部队和包抄部队在此时当然要协同行动，特别是在前文所说的，在全部由精锐组成的四千人军阵中。这支部队绝不是奴隶组成的乌合之众，而是英勇善战的精锐。

把这样的战线组织成每小队十人，这样每小队都有两名军官，一位是十夫长，又称排头兵或队头；另一位是队尾长，又名五夫长。这些人的能力应当格外出色而且勇敢，并有合适的盔甲和武器。组织好各小队后，再按照战场宽度部署军阵或者从侧翼向内部署。

当前讨论的第一条战线分成三支部队后，每支部队一排五十人，总共十排，从队头或排头兵延伸到最后的队尾长。这样，第一条战线的三个军阵总共有一百五十个小队，总共一千五百人。第二条战线的四个军阵各布置二十五个小队，这样总数就是一千人。侧卫部队也安排十个小队，总共一百人，侧卫部队也如此安排一百人。此外，两侧的突袭部队应当各准备二十个小队，总共四十个小队，每个小队各二百人，共四百人。驻扎在阵小队间隙的部队应当组成三个十小队的队伍，各一百人，总共三百人。另外还有一百人部署在将军身边。（参见附录三，阵图4）

除了突击部队，所有队列都应当维持阵形。其他的部队，也就是侧卫部队、负责包抄的包抄部队，还有突袭部队往往不会以传统的阵形部署，而是按照需要行动，时而使用常规阵形，时而使用紧密阵形，或者其他需要的阵形。

从这四千人中挑选精锐，安排一千三百四十六名各级军官：八百名五夫长、四百名十夫长、八十名五十夫长（又称保民官）、四十名百夫长、二十名旗队长、四名统领（千夫长）以及两名分队指挥官。在各军区选择优秀的士兵作为精锐的全身甲骑兵[1]，总数四千人。其他军区部队则依照需要配置到其他军阵，具体由您决断。

这样的准备足以对抗敌人，无论他们数量较少、更多，还是与您相当。如果您的对手在人数上有几大优势，那么就按照前文所说的方式布置，与其他军区的部队合兵一处，让部队规模加倍，总共八千人。部队当然应当按照前文所说的方式布置，仅仅是延长横排。但如果让部队加倍依然不够，那么就集中三倍的部队，和另外两位军区将军率领的精锐部队集中到一起，总共一万两千人。全军依然按照前文所述的方式部署，加长横排的长度。

如果您面对的是规模较少但格外勇敢的敌人，那么如果有帮助，就把每个军区的部队集结起来，集结四千人组织三支部队，如果质量高的部队充足，还可以继续增加部队。派一支部队发动冲击或者迎击他们的进攻。如果他们后退，您就保证安全的同时进行追击，但如果他们挡住了冲击，那么另一支部队就从他们的后方发起冲击，敌人将会被击溃。即使他们打退了这一次进攻，第三支部队又可以从敌人的侧后杀出，这样一来，被三支部队包围后，他们会彻底崩溃。毕竟，无论敌人何等勇敢，他们也只有一条命。

如果您准备与大批敌军作战，那么就把三支部队布置到一个方向，如前文所述，单纯拉长横排的人数。按照平常的方式进行部署，组织第一条战线、第二条战线、后卫部队、侧卫部队、包抄部队以及突袭部队和余下的部队。这样，组织起有序而统一的军阵后，您就派第一条战线的突击部队，也就是先锋队发动进攻，或者在需要时把包抄部队也投入行动。但如果敌人规模更大，您需要更多的部队，就让东部军区的其他将军也做好战备。用类似的方式，各军区都要按照标准准备好四千名骑兵，并为此去粗取精——此前由于缺乏训练、

---

① 译注：利奥六世使用"全身甲骑兵"指代骑兵中质量较高的一批，而非仅用于冲击的少量精锐部队。其他军事典籍作者，如尼基弗鲁斯二世，则用这个词汇特指作为精锐冲击力量的具装骑兵。

疏忽大意以及兵员不足，境况已经沦落到如此程度。当所有部队集中到一起时，您就拥有大批可信的部队与敌人对抗，总数可达三万人。

我们向阁下说明了这些规定，或许其中没有什么新奇或巧妙的东西，然而，我们是从古时的军事学作者那里整理了这些资料，并和近世说法相近的资料整理到一起，完成本书。将这些资料作为您研究军事学的起点，您将在未来取得更多的收获。如我们所说，本书由于篇幅有限，不可能全部列出或者在目前的架构下添加进来，但您若潜心研究，思考各种各样的战术，因虔诚信仰而得到上帝支持，并以忠诚与敬爱得到陛下的支持，您完全可能构想出自己的计策，并将其投入实践，把更有效的手段投入使用。

海战

下面我们将讨论海战的相关内容。古时的军事典籍并没有提到海战的要求，但从其他各种记载以及如今的舰队指挥官们的经验中，我们能够提供一些例证，足以向您说明使用所谓的三列桨战舰，即如今的快舰（dromon）在海上作战时，要如何进行。我们的叙述将尽可能简明。[1]

因此，海军军区将军——我们在这一章自然要如此称呼您——您应当对海军战术和格斗有足够的了解与经验。您应当清楚如何利用风向，并通过观测星辰和日月来估计风向。事实上，您也应当清楚季节变换的情况。了解了这些问题后，您就可以安然避开海上的风暴。

有必要准备足够数量的快舰来迎战敌人，按照敌人的部署和装备情况进行应对。您要保证舰队整备良好，在各方面都做好战斗准备。

快舰上的装备不应太多，否则舰船会行动过慢；也不应该装备太少，否则舰船会过于羸弱，面对海浪或者敌人舰船的冲击时太容易被损坏。让快舰保持适宜的装备，这样不至于航行速度太慢，同时遭遇风浪或者敌方撞击时也可以保持牢固不破。

整备快舰的所有必需品都不应忽略，而且还要准备两套。必需品包括舵、桨、桨钉、绳索、滑轮以及配套的帆布、桁，还有海战时必不可少的其他物品。也应当准备一些木材、木板、麻、沥青以及融化的沥青，放到船舱中。

---

① 译注："dromon"的词根是"奔跑"，比古典时代的三列桨帆船轻便，速度和灵活性也更高，或许就是"dromon"得名的原因。然而在十世纪，"dromons"几乎成了泛指的词汇。

船上应当有修船工人，并且准备好工具，比如锛、钻、锯等等。

最重要的是，应当有青铜固定的虹吸管布置在船头，这样我们就可以按照惯例向敌人发射预制的火焰武器①。在虹吸管之上，也应当有用木板制成的平台，周围加上木板保护。在这里配置士兵，抵抗敌船向船头的进攻，并使用各种合适的投射武器打击敌人。

在最大的快舰上桅杆中央附近的位置树立起所谓的木堡，用木板作为护墙。我们的士兵可以在此处投射石块或者剑形的铁锥。它们或者会摧毁敌人的舰船，或者杀死被击中的士兵。人们也可能投掷其他适合焚烧敌方舰船或者杀死船上敌方士兵的弹药。

每一艘快舰都应当保持合适的长度与大小，准备一高一低两组桨。每一排都给桨手准备至少二十五条长凳。也就是说，高处和低处都应该有二十五条长凳，总共五十条。每条长凳上坐两个桨手，一左一右操桨，这样一来，同样算是水兵的桨手，高低两排加起来就有一百人。此外还有一名快舰百夫长、一名掌旗官、两名引航员（又称舵手，位于船舵处）以及负责协助百夫长的其他军官。最后，还有两名军官在船头，一人操纵虹吸管，另一人负责下锚。船头的军官应当全副武装。舰船指挥官（百夫长）的位置应当位于船尾，这样他既能总览船上的全局，也能免于被敌方的投掷武器所伤。快舰的指挥官将在这里观察局势，下达命令，应对战局的变化。

---

① 译注："预制的火焰武器"，即西欧所谓的"希腊火"，希腊语资料一般称"液体火焰"。这种武器使用虹吸管喷射一种油性的易燃混合物，因为密度低于水，所以海战时能浮在水上燃烧，持续杀伤对方的士兵和舰船。

◎ 拜占庭海军击溃罗斯舰队，出自马德里抄本的细密画。这次发生在941年的海战之中，拜占庭帝国的重型战船和"液体火焰"，给擅长使用小船进行接舷战的罗斯舰队以重大打击

　　您也应当给其他更大的快舰准备两百人左右，具体数量，应根据与敌人作战的具体需求而定。五十人配置在下方划桨，一百五十名全副武装的士兵在上方，准备与敌人交战。

　　此外，您还要准备较小的快速舰船，即单列桨战舰，这些轻快的船只可以用来担负侦察或者其他需要速度的任务。

　　您也应当建造运输材料和马匹的舰船，就像驳船一样，它们可以把所有士兵的装备放到一起运输，这样战舰就不会被这些重装备拖累，特别是在交战时。在需要武器装备或者其他补给品时，可以将其从运输船上转往其他舰船。

　　确定快舰的数量和快舰上士兵的数量相当困难，近乎不可能。毕竟，除了敌人舰队规模这个最重要的限制条件外，此时的实际需要以及舰船空间可以搭载的部队数量，还有他们的装备情况，也影响着您对舰队的整备。

　　此外，运输装备和马匹的运输船上也应当有足够的水手，而且也要准备武器，比如弓箭、标枪或者在当前状况下合用的其他武器。在舰船上准备备用武器，这样士兵在失去武器后可以立即得到其他武器。这类舰船应当准备重型武器和机械以及其他武器，有备无患。

　　除了作战部队外，在上层的水手，无论是百夫长还是最低阶的士兵，都应当配备护甲。他们应当准备盾牌、重枪、弓、充足的箭矢、剑、标枪。他们应当穿链甲和札甲，即使不能防护后背，也要防护好前胸；此外还要配备头盔、铁护手，那些在前列参与格斗的人尤其应当如此。那些没有链甲或札甲的人，应当尽可能使用填充甲，也就是用两层填料缝好制成的软甲。这些人可以在众人的身后寻求庇护，使用弓箭投射。船上也应当有大量石块，以便水手向敌人投掷石块，石块杀伤力不比其他武器差，而且永远不会缺，并且还是容易获得的武器。

即使如此，也不要让他们仅仅投掷石头，若是所有人都去投石，石头很快就会耗尽，没有其他武器可用，而敌人只要举好盾墙就能将石块挡开。当石块投掷完后，敌人的重枪和刀剑就有了用武之地，他们可以集中起来攻击我们疲惫的士兵，能够轻易将他们击败。蛮族已经习惯了这种战术。

萨拉森人能够在投射下坚持，当他们看到敌人陷入疲惫又没有箭矢、石块、弹药后，他们就会群聚一起，使用刀剑和重枪发动攻击。

因此，您有必要防备这种情况出现，保证投射的目的是让敌人受损，而非让己方受累。有必要隐匿我们的投射力量，战斗自始至终都要做好投射的安排，注意敌人的部署情况，而后准备格斗。

除了上文所说的部分外，您也应当考虑给士兵供应需要的补给品，否则失去补给的他们可能在国内就发动叛乱，损害我们的臣民与纳税人。但如果可能，您可以从敌人的领土迅速抢夺补给品，保证士兵的供应。

向您的军官们下令，他们不应当让他们麾下任何士兵遭受不公待遇。他们不得收受任何礼物，包括所谓的常例钱。阁下认为，人们应该考虑常例钱吗？又应该图谋吗？您绝对不能接受麾下任何人的馈赠，无论职务高低，绝无例外。

选择勇敢、耐劳、意志坚定的士兵参与海战，上层甲板的士兵更应如此，因为他们要和敌人格斗。如果您发现所部士兵怯懦无能，就暂时把他们送到甲板下层去。如果士兵受伤或阵亡，那么在必要时您可以把下层的水手调到上层。

您有必要清楚麾下每名士兵的境况与部署，了解他们有何种品质，是否勇敢，等等。正如猎手挑选猎犬一样，用最适宜的猎犬来完成任务。

因此，您要按照您所考虑的适宜用于远征的一切准备，安排好一切。这意味着要提前准备好快舰、士兵以及武器装备和补给。开战前，您要在安全的地方把多余的物品送到其他舰船，比如运输船上。

此外，有需要时还要运输马匹，以便让骑兵突袭敌人的领土。最后，在做好一切准备后，按照适宜的方式出征。

首先，在出发前，让每一艘快舰的旗帜接受神父的祝福，共同祈祷统治万物的上帝庇佑，让大军出发时一路平安。而后，您应当向部队和军官依次演讲，说一些适合这一场合的话，鼓舞部下，而后您将得以一路顺风。

快舰不应当随意行驶，委派军官进行管理，所谓的旗队长，管理三艘或五艘快舰。快舰的舰长和百夫长由他指挥，进行各种事务的具体安排。

您麾下的军官们要听从您的命令，并把命令转给他们的部下。军区舰队中的都督和分队指挥官依次接受指挥，作为将军的下属听从命令。

我清楚，与帝国舰队类似，海军军区的舰队指挥官已经被称为都督，麾下只剩下旗队长和百夫长。但现在各个海军军区的都督已经被提升为将军，地位也和其他将军相当。

您应当安排舰队上的士兵和快舰进行各种操练，有时进行个人操练，有时进行团体操练，用钝剑和盾牌互相格斗。也要训练整备完成的快舰，进行模拟的接舷战和演练阵形，时而紧密，时而分散，并演练以各种方式贴近，时而使用长枪推开对方的舰船以避免接舷。此外，在困境中使用铁轴将舰船相连并不适合所有场合，因为这会让危险不可避免。

也要让他们进行其他练习，使用可行的计划，比如陛下可能使用的计划，进攻对手。结果就是士兵们将会习惯作战时的喧嚷以及其他纷扰，不至于像从未受过训练的人那样畏惧。

因此，在他们训练并装备完毕后，让他们成队形航行，速度一致，仅仅保持足以避免互相妨碍的距离，顺应风向航行。出征时让他们组成训练有素的队形，返回时也要有序，向另一片土地至少是另一处港口或锚地航行，以免在遭遇风暴时无处躲避。

您必须能够通过天象之类的迹象来预测风向，通过您的所学，选择地点停泊。除非境况紧急，不要在不适宜的情况下起航，比如风向不利、海浪不止，无法保证安全时。研究水手所谓的星相学以及其他有帮助的学问，会帮助您远航。

如果您在本国的海军基地下锚，又不必担心敌人活动，您就可以让部下安然休息，但不能纵容他们欺凌当地居民或者破坏他们的庄稼。

但如果您贴近敌人的领土，确信敌人就在附近，那么您必须要在远处配置陆上与海上的侦察人员。您必须保持警惕，保证安全，并做好集结阵形的准备。敌人也有种种的计划，若是他们的陆军发现您的舰队停泊，他们就可以杀伤您的部下，并趁机焚烧您的舰船。如果他们出现在海上，他们可能在夜间或白昼发动进攻。如果敌人发现您并没有做好应当的准备，他们就会战胜您。但如果您做好了准备，他们只能无功而返。

现在我们已经提醒了您各种问题，做了如前文所述的规定，接下来我们将简要地讨论您要如何集结阵形并发动进攻，就像前文讨论陆上作战时一样。

将军，当您准备开战时，将士兵集结起来并向各部队依次宣读军法，如同我们讨论陆上作战的军事训练的部分一样。您能够使用合适的话语激励他们，刺激他们进行作战，他们将会勇敢面对危险，参与格斗。

有必要尽可能通过突袭来对抗敌人以及使用其他策略，无论是利用全部海军，还是仅仅使用部分部队。当然，除紧急情况，您不应当进行阵地作战，毕竟有运气的存在，战场上的情况是难以预料的。

因此，您必须保持警惕，不要过于冒险进行阵地决战，特别是海战时。当舰船相接后，激烈的格斗将不可避免，而我们也不可能真正利用机遇。

您须注意这一点，除非您对麾下快舰的数量和士兵的勇气有绝对信心，能够战胜敌人。[1]

毕竟舰船的数量和大小都不足以保证战斗的胜利，关键在于船上是否拥有能吃苦、坚定并愿意与敌人交锋的士兵。最重要的是，他们必须要得到上帝的赐福与帮助。为此，他们必须保持清白与正直，对待本国国民时如此，对待敌人时

---

[1] 译注：利奥六世对海上决战格外谨慎有个人原因存在，因为他执政时期，刚刚得到加强的拜占庭海军，尽管取得了一系列偷袭战的胜利，但与阿拉伯海军正面交锋时依然是败多胜少。阿拉伯海军在904年掠夺塞萨洛尼基时，在这种过度谨慎的指导思想下，监视敌人、防卫赫勒斯滂海峡的拜占庭舰队消极避战。

也应当如此，也就是不得对俘虏做不正当、可耻或不仁慈的事。如果您没有遭受不公，就不要以不公对待他人，在上帝的帮助下，击败那些对他人不公的人。

如果您确定要进行决战，就顺应时间与地点，将快舰集结成各种阵形。如我所说，如果您相信您的舰队各方面远胜敌人，因此准备进行决战以战胜他们，就不要在本国附近开战，应该在敌人领土附近开战。因为士兵们会意图使用所谓的木筏逃生。那些意图到本国躲避的士兵宁肯逃跑也不肯参战。临战胆怯的士兵会希望通过逃跑来活命，扔掉武器装备、一心逃命。集结部队作战时，很少有人认为战死比可耻地逃跑好，无论是蛮族还是罗马人均是如此。

在开战当天，您和麾下军官应当做好接下来行动的计划。军事会议上认定的有利的计策应当具体进行规划，并通知各快舰的军官来具体实施这一计划。如果敌人发动进攻，当然也要制定反击的计划。所有人都要听从您的快舰的指挥，接收信号，确定下一步的动作。在发出信号后，他们将遵令行事。

将军，您完全有必要准备自己专用的快舰。舰船上的士兵都必须是从部队精心挑选的精锐，体格、勇气、美德、装备都优于他人。作为整个阵形的领导，这艘快舰的大小、航速都应当胜过其他舰船。您应当为自己建造所谓的完备战舰（pamphylian）。[①]

指挥多艘快舰的下属军官也应当如此做。他们应当从自己的精锐部队中选择士兵登上他们的舰船。军官的战舰和其他战舰都要跟随您的快舰，在战时做好机动准备，除非您另有计划，要求部下以其他方式行动。

您的舰船上应当飘扬着从各个方向都能看到的旗帜，方旗、三角旗或其他旗帜，这样当您下令时，其他舰船都能立即接收到命令并投入行动，无论是进攻、撤退、包围、支援、阻滞、加速、伏击、突围，还是其他行动。他们将从您的快舰得到所有的指令并执行。

在海战中，因为混乱、海上的浪涛，还有船桨发出的声响和桨手们的号

---

① 译注："pamphylian"一说源自潘菲利亚地区，然而十世纪末至十一世纪初的军事典籍作者尼基弗鲁斯·奥兰努斯，认为其意义是直译，译者遵从奥兰努斯的观点，翻译为"完备战舰"，即配备了全套装备和人员的战舰。另外，完备战舰并非士兵规模最多的舰船，本章提到的配备两百名士兵的大型舰船，其士兵规模要比完备战舰多。

子，很难使用呼喊或者号角来传达讯号。因此要使用旗帜来传达讯号，或者树立，或者向左、向右摇摆，或者上下晃动、完全放倒，又或者调转方向，改换旗帜颜色，等等。

古人使用这样的指令：在准备作战，发令进攻时，他们升起红旗，也有挑在长杆[1]上的所谓"黑旗"（kamelaukion）。此外还有其他类似的讯号。这样，讯号就能够迅速而安稳地传递。

将军，您应当尽可能学习使用这些讯号，这样您的军官们在指挥快舰时就能清楚其含义，以免误会。各信号的意义是什么？何时、何处使用？清楚这些他们才不会误会。他们应当多进行使用这些信号的练习，这样在需要时，他们才能应用并传递讯息。

如果情况非常紧急或者您需要尽快取得胜利，那么您就应该在合适的时间和地点，根据敌军的装备情况把快舰集结成作战队形。此时，很难预测未来的情况会如何发展。

有时应当使用半月形或者半环形的阵形，让两侧的快舰靠前类似双角或双手，并把质量最好的快舰配置到前方特别是两端。但在凹面的中央，负责指挥的阁下应当配置在此处，这样您就可以谨慎观察、安排并管理各种事务。如果您需要某种支援，您就可以采取适宜的措施。半月形的阵形可以切断敌人的队列，进行包围。

有时应当集结成一条直线，在必要时，您可以亲率旗舰率先进攻敌人，使用虹吸管投射的火焰焚烧他们的舰船。

有时您应当分兵，按照您所指挥的快舰总数，将部队分成两部或三部，在其中一支部队进攻时，其他各支部队则从侧后进攻已经投入交战的敌人。腹背受敌会让敌人失去作战意志。

有时您也要安排伏击。当敌人的进攻出现混乱时，突然派出伏击部队让敌人困惑，敌人进攻的冲击力会因此大为折损。

有时您要派轻快的舰船发动进攻，而后诈败。敌人追击后，他们就会疲

劳，感受到压力，因为他们很难追上撤退的快速军舰，一些舰船还会和他们的舰队脱节。随后，下令您以逸待劳的快舰冲击疲惫的敌人，将他们击溃；如果我方的战舰摆脱了敌方的主力战船，就可以攻击他们战斗力较弱的舰船。

有时，当您持续作战了一段时间，与敌人开展了接舷战，那么就要在您的部下体力耗竭之前撤退，而后用其他的精锐舰船来替代他们，迎击同样已经疲惫迟缓的敌人。这样您将取得胜利。当您的舰船比敌人多时，一定要进行这种安排。

有时，在用快速舰船诈败时，敌人可能冲过我方前沿的舰船，并因为追击而解散阵形。此时，特别是当您舰船数量更多时，您应当迅速调转方向，围歼陷入混乱的追击者。让一两艘舰船同时从船头攻击敌人的同一艘舰船，您将取得胜利。

如果敌人的舰队遭遇海难，就有必要主动进军攻击敌人，那时他们因为遭受风暴的打击，已经不复强势了。您也可以趁夜袭击焚毁他们的舰船，或者在他们下锚时发动突袭，又或者在时机合适时，您自行决定突袭的手段。

人的思维极度复杂。一个人很难预料作战时会发生什么，无法预见并预料一切。因此，在这本书中，我们无法确定对抗敌人的阵形，而是把一切交给神意，向上帝祈祷，希望在关键时刻负责指挥的人，能够及时决断，完成各种必要的任务。

古人以及近世的写作者们，设计了许多攻击敌方舰船以及舰船上士兵的武器，比如使用虹吸管投射预制的火焰武器，用烈火和浓烟杀伤他们。

还有布置在战舰首尾和两侧的投石机，使用被称为"飞蝇"的投标。也可以把毒蛇、蜥蜴和蝎子之类的毒物封到容器里，向敌人的舰船投掷，让它们毒害敌人。

还可以在罐中装上生石灰。投掷出去后，扬起的烟会让敌人无法呼吸和睁眼，造成极大的纷扰。

向敌人的舰船投掷铁蒺藜，会给他们带来不小的纷扰，让他们无法全心作战。

但我们也要求按前文所说的方式，投掷预制的火焰武器，击中后会让敌人的舰船起火。也可以使用其他的手段，比如在作战部队的铁盾庇护下布置便

◎ 马德里抄本细密画中的"液体火焰"。由于缺少具体记述与实物佐证，这种火焰武器的具体形制已经很难考证了

携的虹吸管，这种手持虹吸管是陛下在近期设计的，也可以用来向敌人投射预制的火焰武器。[1]

另外也可以将较大的铁蒺藜、钉好钉子的木球，捆上麻或其他成分，点上火后向敌人投掷，它们足以点燃舰船。

为了扑灭火焰，敌人会冲上去踩灭火焰，并因此伤脚，在混战中引起更大的混乱。

您可以使用所谓的吊臂，也就是丁字形并且可以旋转的木架。在敌人的舰船贴近后转动这个机械，向他们投掷燃烧的沥青、网或者其他物品。

如果您能把舰船和敌人的舰船连在一起，您可以借此将其彻底摧毁。敌人会一如既往冲向一边来进行格斗，将船上的全部力量向您的快舰上冲击。而后另一艘快舰则从敌船的后方赶上来进行冲撞、向前推挤，而我方的舰船和敌船脱离后就能够后退，不再支撑敌船。另一艘船就能够全力撞击，将船只撞翻，让船上所有人落水。有必要保证铁链不呈均匀布置，而是在敌船一侧稍靠

---

[1] 译注：利奥六世自称自己设计了便携式"液体火焰"喷射器，这一说法基本可信，尼基弗鲁斯二世就在《论军事》中提及过，在陆战中使用这种火焰喷射器可以杀伤并惊吓密集的敌人。

后的位置留一点空隙，这样冲撞的快舰就能撞翻敌船。

此外，我发现一个重要问题，如今，我们已经不再准备尖刺，从船桨的出口伸出以杀伤敌人了，然而也有一些其他手段可用。如果您手下有格外灵巧的人，按照前文所说的办法，可以向敌方船只下层的船桨出口泼水。

古人还使用了其他手段进行海战，我们还可以设想更多的手段，但对本书这样的汇总而言，详写并不合适，而且一些内容也不应该为敌人所知，以便被他们用来对付我们。在定好计策后，敌人就很容易制定对应的计策来对抗。因此所有设想都要保密，直到投入使用。

从古人的战术与策略书籍汇总中，能找到的也只有这些。因为未来的可能无穷无尽，如前文所述，我们也无法预料未来可能发生的一切。

总结起来，快舰应当整备完善，配备勇敢的士兵能够进行接舷战，士兵内心应充满勇气，清楚命令，训练有素。让他们和陆军士兵一样，使用较重的装备，上层甲板的士兵都要披甲。

将军，您本人在得知了敌方舰船的质量与数量情况后，应当亲自视察快舰的整备，我们的士兵不应该比敌人少，应尽可能比敌人多，若要进行接舷战则更应注意。若是双方都勇敢奋战，那么数量多的一方将取胜。

若您发现敌人的舰船上有大批士兵，载着一支大军，那么您也应当在您的快舰上如此安排。选择部下中最精锐的士兵，配置足够的力量，部署到整备完成的坚固快舰上。在这种情况下，可以把两艘快舰的士兵集中到一艘船上，如前文所述，在快舰上准备两百名精锐甚至更多，这样，快舰上士兵的规模和热忱将足以战胜敌人。在上帝的帮助下，您将会取得胜利。

您也要整备轻而小的快舰用来进行追击，在遭受追击时，它们也不会被俘。在合适的时机使用，它们可以带给敌人相当大的损害，而保证自己完好无损。

根据敌人的部署准备好大型和小型快舰。因为萨拉森人的舰船和那些北方的斯基泰人不同，萨拉森人使用较大较慢的重战舰，而斯基泰人使用的船只更轻、更小、更快——因为他们来自汇入攸克辛海的河流，他们的船只不可能太大。阵形方面就说到这里。

若是您打算撤退，就把您的快舰组织成半月形，如前文所述，因为以这样的阵形撤退更安全，无论是前进还是后退都如此。这是古人使用这一阵形时得出的结论。

在战斗结束后，将军，您应当把战利品平均分给麾下的士兵。给他们准备庆功宴，进行庆祝与封赏。给那些表现出色的士兵荣誉与赏赐，惩罚那些表现不佳的士兵。

将军，您要清楚，怯懦的士兵即使拥有大批舰船也无法取胜，而敌人若是勇敢，即使数量少也很难对付。以多欺少未必就能取胜，除非士兵们展现了战士真正应有的热忱与能力。只需要几头狼，就能给几千只羊的羊群造成一定的损害。

因此，您有必要观察敌人部署的实际情况，由此整备您的快舰，为士兵准备装备，配置规模足够的士兵和装备来对抗敌人。也应当准备轻快的小型快舰用于侦察、传令和其他的任务，而不是格斗，必要时还要准备单列桨战舰。

最重要的是，您自己在战争时期必须严肃、高尚、冷静，并机智，特别是在情况紧急时，以保证为上帝的欣喜以及为神授的陛下立下功劳，您将成为能力出众的将军，并为您的辛劳获得应得的报偿。上帝会因您为正信而战，赐予不朽回报以及荣誉。因为您尽心尽力，无愧军区将军之名。

海战方面就写到这里。

摘录①

在讨论了前文的指挥与组织后，将军阁下应当熟悉下文提及的说法，我们从各种古时的写作者和军事典籍中摘抄了这些内容，我们将这些汇总给您，作为本书的一部分。这些能够让您对战术有更多了解。如同智慧的国王所写的谚语：睿智者入门后会更加睿智。

首先，如果您打算进行重要行动，不要区别对待自己和劳动者，您应当带头进行劳动，尽可能参与工作，无论是挖掘堑壕、堆土，还是安排围攻、整备武器装备、组装机械、夺取堡垒。此外，如果您认为一些工作对城市或者部队有益，那么您就应当亲手开始工作。士兵们会因为羞耻心而更热切地听从您的命令，努力完成工作。如果缺少补给品，您本人应当首先展现忍耐与自控，让您麾下的士兵能够更安然地面对危机。但在战场格斗时要保护好您自己，这样在危急时您依然能够指挥调度麾下的部队，让军队保持秩序。在专注战局的同时，您也不能让自己失去保护，亲自与敌人进行格斗（除非迫不得已）。如前文所述，您在格斗中提供的帮助很有限，只是多了一个士

---

① 译注：本章总共221段，除去第一段的引言之外，余下220段的首字母，组成了本书的作者：利奥，基督庇佑的和平独帝，忠实、虔敬而可敬的奥古斯都以及罗马人的皇帝"toothpnnioa"。"toothpnnioa"没有任何意义，格罗迪迪埃·德马东教授认为初版实际应当组成"Alexandros"，即亚历山大，利奥六世的弟弟与共治皇帝。他认为这是利奥六世的儿子君士坦丁七世执政时期所改，因为亚历山大在他短暂的执政时期曾经试图废黜年幼的君士坦丁，甚至一度计划将他阉割。参见J. Grosdidier de Matons, Trois etudes sur Leon VI, TM 5（1973），181—242。

兵；然而如果您阵亡或者受伤，却会造成极大的损害，毕竟未来的一切都无法预测。

将军，让您的行事风格以及对工作的热忱，成为士兵们的行为规范。下属们将就此了解他们指挥官的优秀品质，尊敬上帝，听从命令，并能够如同得到神意一般忠实执行。

当大批士兵集结在一处时，您必须宽容他们的冒犯。不要在审判与处罚时过于严苛，否则怨恨会让他们联合起来，当部队纪律涣散，您应当宽宏大量，仅仅处罚带头者。

将军，我们还要求您保持清醒和机警。此外，也要过简单的生活，和麾下士兵一样生活。对

◎ 皇帝亚历山大，圣索菲亚大教堂镶嵌画。这是位执政仅一年的无能皇帝留在世上的少数印记之一

他们展现如父亲般的爱，说话和行动时应当温和，除非严苛态度更为有利或迫不得已。您应当时常给部下提建议，和他们探讨问题，您应当保证他们免于受害，保证他们得到适宜的管理与饮食。这些都不能保证的话，部队的士气就更无从谈起了。在公正处分违法者的同时，您要让士兵敬畏，违纪行为最初出现时，您就应当毫不犹豫地处理，以免境况恶化。将军的权威体现在士兵坚信他干练正直，体现在他能消除辖区的不公、处罚违法乱纪者，并保证士兵和纳税人免于受损。

将军在处理不称职的人时不应过于仁慈，也不应过于苛刻。将军应当进行适度的处置。这样，他可以按照违法行为以及时间、地点和情节轻重来决定处罚。考虑违法的原因以及造成的后果，才能做出合适的处罚。

真正出色的将军在生活中应当温和而且机警。他会在夜间思考重要的

169

问题，因为夜间思想免于外界的纷扰，确定关键问题的最终解决方案将更容易。

在部队中散播流言，故意泄露一套假计划，而后按照真正的计划行动。在必须保密的关键问题上仅和少量重要官员商议，这样的手段往往能够欺骗敌人。

您必须保持谨慎，花时间制定计划，在决定后就更不能因为犹疑或怯懦而推迟。怯懦绝不会让人安全，而是恰恰相反。

保持思维平静，不要因为好运而狂喜，也不要因为厄运而抑郁。英勇者在关键时刻能够应对一切危机。

我相信，做好计划、使用谋略来击败敌人，相比使用蛮力冒险格斗，既安全又有利。前者能让战局按照自己的意愿发展，取得主动权，找到有利时机；而后者，往往会带来损害。

经验证明，不应当使用完全相同的行动方式来与敌人对抗，即使这些手段时常能够成功。因为这些手段时常使用，敌人就会习惯，安排与之相对抗的手段，这往往会对我们不利。

如果有军事威胁、圈套或部下背叛的流言出现，您不应就此推迟或改变计划。当然，完全不在意这些流言也不对，无论是有关己方还是敌方的流言。您应当安排计划来应对，将军，即使不能解决问题也要阻止流言传播，以免流言变为现实。

作战时，在其他区域宣称我们已经取胜，往往会激起士兵的勇气，他们会抛弃胆怯的想法全心奋战，将胜利视作吉兆，并期待上帝将其变为事实。

安排人员假装逃兵，报告与您的计划截然相反的说法，您可以成功欺骗敌人。他们或许会不相信这些话，因而放松警惕，或者因为相信这些话而进行错误的安排。无论如何，您的目的都达到了，而敌人将会徒劳无功。

如果遭遇挫败，明智者不会使这些报告让大部分士兵得知，而是应当传播截然相反的报告，鼓舞士气低落的士兵们。

将军可以用各种各样的方式，比如话语和行动来激励战败的部队。申斥与威胁战败的士兵们会让他们愈发绝望，在我看来极度危险、有害。

若是士兵作战时违犯军纪，您应当假装没有看到，暂时忽略。但在战后，您还是应当处置违纪的带头者。

您应当对士兵的怯懦保持沉默，不要公开谴责他们，这只会让他们自暴自弃。

如果您在战后为您的阵亡士兵举行葬礼，而把敌人的尸体抛弃在荒野，能极大打击敌人的士气。

需要避开您的敌人时，您可以在别处点起大量篝火，而另在其他地点潜伏，借此安然脱身。敌人会径直前往篝火的所在地，如此，如前文所述，您就能达到目的。

您可以在敌人的显赫者中挑起不和与怀疑。当您对敌人的领土发动掠夺时，不要焚烧这些人的地产，而是留下一些与他们友好的迹象，比如文字或其他暗示。如果您从被您俘虏的人那里得知一些秘闻的话会更有效。这样的事情时常发生，敌人会认定这是显而易见的背叛，因而陷入不和并互相怀疑。

我举一个例子，围城时，把信绑在箭上射进城中，许诺给他们自由和赦免。您也可以通过释放俘虏来传达同样的信息。

您不应当被敌人的仁慈之举欺骗，即使是他们打算撤退时。敌人的想法我们无从确知。您的对手所做的一切都是为了他自己的利益，而这未必对您有利，受骗会带来极大损害。

您应当在追击时保持谨慎，特别是走到适宜伏击的区域时。优秀的将军会在最合适的时机撤退，安然离开后，他能够更高效地对抗敌人。

犹豫和随意赞同，就是怯懦的表现。当您看到这样的士兵，不需要具体询问，就可以将他们调离重要的岗位，让他们担负此时更适宜的工作。

注意，即使是在和平时期，安全也是至关重要的。如果您在敌人附近扎营，一定要堆土或使用石头、砖块搭建工事或者建造木栅。这样部队就能够在各个方向都保持安稳。毕竟如果敌人有所图谋，说出"我没想到"绝对不是将军应有的表现。

如果在上帝的恩赐下，您夺取了敌人的城市，就敞开所有的城门让城中想逃跑的人离去，不至于做困兽之斗，攻克敌人的工事时也应当如此，这样可以冒更小的风险占据要地。

您可以让敌人怀疑我方的叛徒或者逃兵，让他们不信任这些人，乃至杀死他们。如果您的信件可能落入敌人手中，您应当在信中不在意地提起，您之前安排人假装叛徒或者其他可信的说法。这样，敌人或会逮捕叛徒，或不信任他们，惊恐的叛徒只能返回。

在关键行动和发动偷袭时，您也可以用另一种方式来处理怯懦者。下令病弱或者马匹羸弱者另成一队行军，这些怯懦者就会装病或者诈称马匹不佳，您可以借此让他们免于担负重要任务。把这些人派去守卫筑垒城镇或者其他工事，或者其他没那么危险的任务。这样，勇敢的士兵就不会因为他们的胆怯而受害。在战前组织战线时，如果您宣称："想要离开前列的士兵出列，想要接替的士兵入列。"您不但能够直观地发现怯懦者，也可以找到勇敢者。怯懦者会让出第一排以免于危险，而勇敢者则愿意在前方面对危险。

在情况不紧急时，您应当寻找最适合出征的时机，以免补给品不足。而敌人也会因为财产被掠夺而受到损害。

您必须为自己安排足够的防护，即使是战胜敌人后也不要疏忽。警惕敌人战败后发动偷袭。您的对手不会永远处于劣势，时常会急于寻机挽回败局。

不应当对您敌人的使节不敬，即使我们的部队实力强得多。他们即使是敌人派来，表面上也是为友谊而来，也把自己交到了您的手上。您必须履行高尚而合宜的义务。若没有信用，各国使节无法保证自己的安全，也就不会前来出使，因而失去了通过谈判可以获得的许多益处。

当您率领大批部队围攻城市或工事时，决不能让自己的营地失去防护。不要仅依靠一道木栅或壕沟，而是要安排巡逻队，并布置一些部队到城市的城门附近，以防被敌人突袭，更要警惕敌方援军前来。

小心那些时常在您身边的叛徒。为了利用他们，您可以告诉他们一些与自己计划截然相反的信息，这样通过他们，敌人会上当受骗，您也会达成目的。

除非是事态紧急或确实有利，否则您不应该以身犯险。那些冒险者与那些被金钱诱惑落入圈套的人并无不同，只看到了光鲜的表面，就因为贪欲而自陷死地。

与敌人作战时要时刻保持警惕，不要因为敌对行动停止而大意。在确立和平之前，都不应当懈怠，要时刻提防敌人的阴谋诡计，警惕他们的背信，毕竟受损后的后悔于事无补。

或许您可以对那些从敌人那里叛变，前来投奔您的人保持一定信任，但更合适的方法是从突袭时抓获的俘虏那里获取信息。对照叛变者和俘虏的说法，您将会更加接近于事实。

无论任何情况，您都不能背弃与敌人定下的誓言。上帝认定背誓是重罪，因此我们必须遵守协议。若是其他民族能够履行承诺，罗马人，作为基督徒，却背弃上帝见证之下订立的誓言，将是何等可耻。

若是您恰好得到栅栏或者工事的保护，不要仅仅把安全寄托在这些工事上，因为它们不难攻破。您要把安全寄托在武器上，即使您拥有其他保护也不要忽略这些，只要您是个真正的罗马人。对真正的战士而言，安全自始至终是要靠自己的武器来获得，即使是担负其他任务的随从人员也是如此。据说古罗马人仅仅使用壕沟和他们的武器保卫罗马，而不是建造城墙。当一个拉科德摩尼亚的士兵[1]被问道："你们土地的边界在何处？"据说他高举手中的长枪回答道："就在此处。"

对士兵们下令，他们应该时刻做好出征迎敌的准备，无论是假日、降雨、白昼黑夜，只要有需要就得出征。因此您不应该预先告诉他们您计划的日期，保证他们时刻做好准备。

若是上帝让您在阵地战中取胜，敌人躲到了木栅或者其他筑垒工事中，不要给他们喘息之机，趁他们惊魂未定尾随发动攻击。如果任他们休息，恢复自信心的他们可能逆转败局。

如果有些敌人前来投奔，不要随意接纳，他们很可能是敌军派来的诈降者，借此谋划阴谋诡计。

我方的城市遭遇围攻时，若是有敌人的逃兵前来投降，您必须极度警惕，以免受害。诈降者很可能放火，敌人的部队则在守军忙于灭火时发动进攻。

将军，如果您认为将要面对敌人，进行阵地战，那么尽可能在他们的领土开战，这比在我方领土开战更有利。在异乡作战时，人们会更凶悍。对他们

---

[1] 译注：指斯巴达人。斯巴达城邦就是位于拉科德摩尼亚地区，即今拉科尼亚。

而言，战斗不只是为国家出力，也是保证自己的安全。他们清楚，如果不全力抵抗，他们就会在敌人的领土溃败，那时将无望离开。而在本国领土作战时，就没有这种紧迫性了。如果他们逃跑，他们可以到工事中避难。若是无路可走，士兵们就会勇敢迎敌；若是有了退路，他们就可能纷纷溃逃。

在没有战争时，让士兵们有事可做，不要闲居。闲居的士兵将难免迷惑。

时时刻刻都要敬畏上帝，将军，特别是在准备直面敌人时。如果在战前充满恐惧的时刻，您真诚地向上帝祷告，您将会鼓起勇气，如同得到朋友的帮助一般，坚信能得到救赎。

将军和麾下部队在一起时保持机警，训练部队时努力周到，在面对敌人时风险也会更小。

您不要率领那些您不清楚是否勇敢的士兵参战。您必须清楚每个士兵能履行多少责任、适合担负何种任务再进行委派。

我们对抗敌人的计划，只有在实施前对敌人保密才能成功，否则他们就可以安排应对手段了。

欺骗、掠夺、断粮或者进行非常频繁的袭扰行动，都能有效打击敌人。您绝不应依赖阵地战。毕竟在大部分情况下，阵地战的胜负相当程度上由运气决定，而非勇气。

热衷工作的士兵会更加勇敢，而无所事事的士兵将迟缓羸弱。因此，您必须保证他们有事可做。对他们进行整训，如前文所述。

我们要求您在其他问题上保持诚实，但在战争计策上却不应如此。欺骗敌人时常能获得极大的利益。

了解并估计您部队和敌方的情况，由此分析敌我双方各自的优势，作战时就不会犯错。

将军，您要清楚，依靠勇气和军纪足以战胜怯懦而涣散的大批敌人。

地利往往能给作战部队极大的帮助。弱势的一方可能因此强大。因此，在制定计划时您必须要尽可能考虑地形，使之对己方有利，对敌方不利。

机智的将军会培养勇敢的士兵。天生勇敢的人极少，而关心、训练以及明智领导则会让士兵善战。

我相信开战的理由必须正义。抵御不义敌人的人，就是正义的一方。上帝会支持他，帮助他对抗不义。开始不义之战的人，他的胜利也会被上帝的裁决夺走。

胜利后，将军，在保证安全的前提下追击敌人。不要散乱前进，特别是敌人依然保持阵形时。这样做等于把几乎到手的胜利交给敌人。如果您在混乱中分散追击，敌人只要有序调头就可以轻易击败您，就像改变风向一样，转而开始追击。

将军，如果您谨慎考察天时地利与敌军的情况，您将比敌人占据更大的优势。这样做，您将得以应用所学，因势利导。

把全军聚集起来召开大会，或者时常会见无事可做的人，对战争没有任何帮助。这是浪费精力，往往让部下不满。

将军在本国召集援军时必须极为谨慎。援军规模应当适中，不应多于将军自己的部队。援军很可能心怀恶意，蓄意哗变，占据邀请他们前来者的土地。这些人是用钱财雇佣来抵御危险的，若能获得更多的钱财，他们也会冒险反叛，与您为敌。①

如果您不能给部队提供充足的食物，那么在敌人到来之前他们就失败了。缺少粮秣，人员和马匹都会无力。

依靠骑兵，特别是枪骑兵作战时，避开那些狭窄不平的区域。寻找平坦地形——更适合枪骑兵作战——并在这里开战。如果您依靠步兵，就到崎岖多树的地形开战。

如果您做好了率部迎敌的计划，而您听说计划被泄露了，那么就应该改变阵形或者指令与信号。

您或许希望更多人给您提建议，但应当只和少数可信的人商议要事，毕竟最有帮助的人能胜过许多人。您应当自行决断并保持秘密。

若是希望让您的大军保持境况良好，免遭损害，您必须率部到有补给的

---

① 译注：这一部分讨论的应当是莫里斯执政时期，寻找雇佣军的情况。从罗马帝国晚期到《战略》成书的六世纪末，东罗马—拜占庭帝国借民族大迁徙之机，大量使用异族雇佣军编入辅助军团，作为罗马军团和此后的野战军的补充，也由此引发了各种危机。在利奥六世的时代，邻近的政权大多已经定居下来，如罗马帝国晚期那样获取大规模雇佣军相当困难，这一说法几乎不复适用。

敌方或者把补给运到部队所在地。

不要仅仅依赖斥候侦察道路，将军本人如果可能的话，也应当在掩护下亲自侦察，在道路外，还要尽可能侦察贴近的敌军部队及其阵形。有了这些信息，他就能确定要如何对抗敌人与保护自己。

若是士兵的士气低落，就用高尚的说法和各种手段激励他们，使用话语、赏赐来争取支持，让他们重新斗志昂扬。

任何时刻尊敬教堂都有益，特别要尊重在其中避难的人。因此，将军，您要注意，自己或者任何人都不能迫使教堂中的避难者离开，除非他们得到了正义裁决。那些胆敢亵渎的人必须要惩处，不允许他们参与圣餐。

让您麾下的那些部队免于遭受强征和不公。无论是要服兵役的人，还是那些不用服兵役的人，除公共税收和畜牧税（aerika）外①，不应该承受更多的负担。但建造城堡、舰船、桥梁、道路或者其他由国家行政机关负责的任务，当地资金不足以应对时，就要让所有人公平参与工作。不要因为友谊或贿赂而让任何人免于参与，而是要让所有人，无论贫穷还是富有，都各尽其能，为公共事业服务。

阵亡士兵的遗体是神圣的，特别是那些为基督教而英勇奋战的人。您必须尊敬他们，用厚葬与永远的纪念来回报他们。此外，您也应当帮助他们的妻儿老小和仆役们。这样，士兵们才能勇敢作战，乐于面对战争的危险，因为他们相信此时对阵亡士兵的礼遇不会对他们例外，只要他们英勇奋战。

在冬季驻扎时，不要忽视备战，只有这样在春季您才能率军迅速并安然出击。

您要时常向部下发言要求听从命令，这样在战时才能同心同德。让他们和善对待彼此，这样战时他们才能乐于支援战友。

当您集结起一支步骑兵混合部队准备阵地战，将步兵配置到中央，每列十人，骑兵则配置到战线两翼。

---

① 译注：此处所谓的"公共税收"，或许就是指人头税和土地税，而"aerika"直译近似"空气税"，实际上是一种对畜牧者征收的税收。

有一个测试士兵勇气的办法。如果您突然使用鼓或者其他物品制造巨响，您可以观察每个人的表情，寻找那些没有被巨响惊吓到的人，从这些勇敢坚定的人中挑选军官。

战时，一定要向上帝祈祷，将上帝当作盟友。即使如此，您也不要忽视自己的任务，轻视自己的责任。即使上帝支持，您也必须用自己的手来实现他的意志。弓箭手若是不射箭，就不可能击中目标，望风而逃的人也不可能击败敌人。简而言之，不着手工作就不可能成功。当然有必要向上帝祈祷取得胜利，但与此同时，您也要依靠自己的武器。

部队时常会受所谓象征与迹象的影响而陷入畏惧。如果发生这种事，您要亲自处理。在调查后，尽可能机智地向您的士兵们做截然相反的解释，再度让他们鼓起勇气与希望。

胜利的流言会让士兵更热忱地作战。使用这类的流言，您能鼓舞部下。在勇敢和昂扬的状态下，谨慎地战斗。在上帝的帮助下，您能把流言变为事实。

西庇阿曾经被罗马人选举为将军，当时他年仅十八岁。在就职后，他下令撤走部队的所有床铺、桌子、酒具和其他生活器具，只留下饭锅和便壶。军官使用银杯，士兵使用木杯。他下令任何人都不得洗澡或涂香膏。他们早餐只吃冷食，当然，正餐要吃烤肉或炖肉。军官们只能在小棚中居住。他作为军官期间，一直保持着这种简朴，而他的将才与功绩也为后世称道。他不信天文学、梦境、迹象、飞鸟占卜或所谓的预言，以及让将军分心的其他事情。如果您能效仿他，您也会取得和他一样的辉煌和胜利。

弓箭易于获取，在关键时刻也极为有用。因此我们命令您下令，在您管辖的区域，无论是堡垒、城镇还是村庄，所有成年男子在可能的情况下都要有一张弓，若是做不到的话，至少一户要有一张弓和四十支箭。他们应当在崎岖地形、平坦地形、狭窄地形进行训练。士兵会使用弓箭来作战，其他人若是遭到敌人突袭也可以用弓箭自卫。在山崖、狭窄道路和密林中射箭会带给敌人极大的杀伤，他们无法迅速恢复元气，也无法继续进攻。因此，这些区域不应被敌人占据，要保证控制，让敌人畏惧受箭矢杀伤。

上帝若是赐予您胜利，让敌人溃败，不要让您的部下解散队形掠夺敌的武器装备，以免那些遭受追击的敌人调头反击，让追击者遭受严重的损失。我们失败的话将一无所有，但胜利时我们能够拥有敌人留下的一切。

将军收受贿赂是极为恶劣的行为，而且可能让全军崩溃。这可能造成两个最恶劣的结果：士兵们会因为他的贪婪而贫穷，因而也和他一样贪婪；怯懦无能的人则会被提升为军官。部队从上到下，将全部沦为行贿受贿的恶徒，从而无法勇敢迎战敌人。

选择那些沉稳、坚决、可信、认真，而且注重名声胜过荣誉或钱财的人，这样的人可以带来准确的报告。但那些粗心、怯懦以及热衷利益的人不会提供准确的信息，他们时常会给将军和全军带来极大的危险。

征战时，慷慨的赏赐会让士兵奋战；而在和平时，畏惧和惩罚则更能保证他们守纪律。

将军，您要注意，用饥饿与频繁的掠夺消灭敌人，比用武器击败他们更有效。

如果在战时，您抓到了敌人派来的间谍，而您确定我们的部队安稳，强势且未受损失，就不必羁押他，而是让他离开，向敌人汇报您部队的精锐境况，让敌人惊恐。另一方面，如果您认为我们的部队实力虚弱，就决不能让他泄密，将他处决或转往他处严密看押。

在考虑重要任务和可能的工作时，您要充分考虑如何行动最为有利；但在您做好了坚定合宜的决定后，就不要做任何拖延，将您的计划投入实施，特别是在战时。曾经有人向伟大的君主亚历山大提出问题："您是如何在几年间就建立如此伟大的功业？"据说他回复道："今日事今日毕，绝不拖到明天。"

如果您征召盟军，不要把他们和您自己的部队混杂起来，特别是他们与您的部队有不同信仰时。让他们建立自己的营地，让他们自行组织行军队列。一定不能让您的作战计划为他们所知。如果他们转为和我们敌对，他们就可能利用这些情报，在对您的军事行动中占尽先机。不要引入比您的部队规模更大的盟军，他们可以轻易哗变或者占据您的土地。

期待和平的将军必须做好战争的准备，因此如果您希望恐吓敌人，让他们与您作战或和谈，就一定要展现出您做好了战斗准备。这会让他们极度紧张，从而愿意和谈。

绝不要贪求奢华，特别是身处军中时。这会导致将军本人和军队的彻底毁灭。

您绝不要因为好运而狂喜，也不要因为厄运而抑郁。您绝不能给部下这样的印象，而是要保持沉稳和高深。喜怒形于色是轻佻的表现，绝非将军应有的气质。

任何事都不要过度。将军，您不应过度恐吓下属，也不要过于仁慈。这都不是将军应有的行为。过度的恐惧让人怨恨，过度的仁慈让人轻蔑。最好还是在两个方面都保持节制，对违犯军纪者，既不暴怒与过分处罚，也不要不处罚他们。否则，您的部队将陷入混乱。

在战时，您应在夜间计划行动，在白昼按照计划执行。计划与执行同时进行并不合适。

常胜将军并不是那些夸夸其谈者，而是那些在行动中证明自己话符合前言的人。

如果您的部队较少，敌人的部队较多，就迅速占据一个狭窄更适合部队行动的地点。这样敌人的大军就会毫无用处，因为地形无法让他们展开。

在与敌人达成和约或者停战之后，不要因此懈怠，而是要在营地配备更精锐、更机警的警卫。如果敌人背约，他们即会得到上帝的惩罚，也会背上背信弃义的名声。而您则能够保证安稳，并在上帝的帮助下得到守约的名声。说出"我没想到"绝对不是将军应有的表现。

将军，若是想要成为军事专家，下面的问题也很重要，就是通过经验推测敌人部队的真实规模。您需要预先进行训练，清楚多少部队要占据多大的空间，如前文所述。

将军，您很有必要了解敌人的部队，同时也要向敌人隐藏您自己部队的真实情况。若是您想要让敌人无从得知您的部队规模，就让士兵在行军或者列阵时使用紧密队形。这种紧密的队列会让敌人的侦察兵失误，无法准确估计您部队的规模。也可以反用这种手段，如果您想要让敌人把您数量不多的部队当作一支大军，那么就让士兵在行军和列阵时拉开距离，占据更多的空间。这些举措在合适的时机与情境下都能够有效地欺骗敌人。

如果敌人和我们的装备相同、质量相当，那么胜利将更可能由更擅长组织的一方获得——若是尚有余力，他还能够利用计策与战术取胜。

您不应当让对手在您列阵之前就清楚您要如何部署。在他们列阵完成前迅速完成己方的阵列。如果您最先完成阵列，准备好的您就可以自由行动。敌人此时则更可能忙中出错，来不及拿起武器。

因此，如果您首先列阵完成，准备冲击，您就可以安然进攻。您会让部下自信，让敌人畏惧。

一定要遵守下面的指示：关切伤兵。如果您忽视他们，余下的部队也会沮丧，不会尽力战斗，甚至可能因为您的无动于衷，让那些本可以救治的人离世。

当您击退敌人后，要绝对禁止部下掠夺战利品，以免敌人调头攻击忙于掠夺的他们或者安排圈套。您要让部队在追击时保持安稳。那些负责救护伤员的人也要负责整理战利品，他们要将战利品收集起来，交给所部的十夫长，如前文所说，十夫长们则将其保存好，以便按前文所说的方式进行分配。

对敌人的准备存有戒心的将军，在我看来，能够在战争和其他行动中保持安稳。

我认为将军可能造成的最大失败就是让绝大多数部下在一次战斗中丧生。如果他明智地集结战线，谨慎地进行机动，那么即使他的部队遭遇一些不幸，他也可以有序撤退乃至迅速反败为胜。

您如果能集结适宜的军阵，并在作战期间全程保持其秩序，将有效打击敌人。在军阵中，最重要也最能保证安全的关键，是让作战部队维持阵形以及维持阵列的间隙。

保证部队背向阳光和风沙，而让敌人面对它们，您会发现这极为有利，敌人的视线受限、呼吸艰难又被风所阻碍，这一切都会很快给您带来胜利。

将军，若是敌人行动大胆，就诱使他们仓促投入行动，让他们做无用的机动。如果敌人怯懦，就持续而迅速地发动打击。您必须清楚敌方将军的位置，并就此安排计策。

将军，发言时应当掌握一些技巧，您往往能让失望者重新投入战斗，清除军中的沮丧情绪，让勇敢者愈发勇敢。靠着您的机智和公开发言，您能让麾下的部队大为受益。

您应当保持机警，而且要比其他所有的士兵都参与更多的战时任务，但几乎不要索取补偿。这样您可以获得名望，得到众人的爱戴，让他们在危急时刻乐于与您共患难。

若是上帝赐给您胜利，敌人寻求和谈时，不要态度顽固，要展现慷慨，实现和平。记住，战争和运气都是充满未知的。

记住陛下多年以前所说的，将军，您有义务把对武器装备的考虑置于其他任何备品上。您知道，我们可以从敌人的领土上获取食物和其他补给品，但没有武器装备或者出现缺少的情况，您也不能战胜敌人。

高声而清晰地呼喊战吼的军队，可以给敌人的阵线带来极大的恐惧。

如果敌人依靠大批弓箭手作战，就要在潮湿的天气作战，因为弓弦会因此松弛。当您发起冲击时，敌人的投射武器将毫无作用。

将军应当是靠自己的功绩而得以显赫，而不只是依靠家族的名声。金枪在作战时意义索然，而尖利的铁枪则极为有效。

如果您在处理紧急的事务之外，还能够为未来进行安排和预计，将军，您真可谓明智。

最好时刻摒弃享乐，但对将军而言，在战时更应当如此。

您不要在战况不明的情况下冒险开战，不要效法那些冒险作战，仅仅因为好运而被他人仰慕的人。在作战时，您应当在保证安稳的前提下迎敌，进行您认为有意义和有帮助的安排。运气赐予一次胜利，也可能赐予许多次失败。此外，依靠各种策略，即使偶尔失败，胜利总归会更多。

将军，如果您贪求钱财，您会让您的部下毁灭。您不但会因为贪婪而损害本国的同胞，也会被敌人蔑视。

进行军事行动时要做好情报和对外调查工作。如果在其他问题上出错或许还能够弥补，但在战争中的错误往往无法挽回，因为死者不能复生。

将军，谨慎研究并侦察宿营地点，那里是有益健康且安稳，还是不宜居住？周围有饮水、木材和牧草之类的补给吗？如果这些补给距离遥远，获取补给会产生相当的困难与风险，特别是有敌军在场时。试图寻找附近的高地，如果找到的话，就在敌人到达之前将其占据。

◎ 查士丁尼一世，拉文纳圣维塔利修道院镶嵌画。查士丁尼的执政对帝国的影响，仍待学界论断，不过，查士丁尼本人也从未亲自指挥过作战

如果敌人在附近，您可以通过让敌人猜错您的打算而得益。您可以假装扎营或包围敌方工事，这样敌人或许也会做类似的安排。而在他们分散开来工作时，您可以保持阵形，突然袭击他们。即使这发生在崎岖地形，您也可以安然转移部队。

将军必须像出色的摔跤手一样安排军事行动，声东击西，欺骗敌人。您必须抓住机会，使用各种手段战胜敌人。

胜利与失败都是未知数，如果您在作战以及其他对抗敌人的行动中牢记局势逆转的可能，您就可谓真正勇敢而睿智的将军。

危急时刻，谨慎的将军不但要为很可能发生的事做安排，也要为意料之外的事做防备。

如果您身边某个军官做了许多令人不齿的事，即使在细枝末节的事上也不要信任他。

您要注意，您应当提拔比麾下士兵更出色的人担任军官，士兵们才能心悦诚服。正如古人所说："鹿无法统治狮子，只能被狮子统治。"

让您的军队维持在良好状态中。如果战斗被推迟，就花时间进行训练，演练战时的行动。在真正作战时，您就能把训练时的勇敢真正展现在战场上。

在平静时思考重要问题，在回想完您应当进行的任务，思考有无遗漏之前不要睡觉，也应当思考明天该怎么做，并做好安排。

如果您轻信他人的许诺，您会被所有人轻视和鄙夷。但如果您谨慎调查与测验，人们就会敬佩您的审慎与机智，不再敢欺骗您。您的下属们会惊异于您的坚定，您则能了解事实。

记住，作战时有备才能无患，而经验证明，鲁莽冲动的将军往往会犯下许多错误。

如果您想要向敌人隐匿计划，您就不要随意轻信下属。人多嘴杂时很难保守秘密。

您必须熟悉各个军官和士兵的性格，将军，要清楚他们适合哪些任务。这样您就可以进行合理安排。我相信忽视这些问题的话，将很难列好阵势。

优秀的将军能够成为部下的模范，坏将军也会有部下效法。因此，作为由陛下委任的将军，您必须给部下做良好的示范，以最高标准要求自己并进行一切必须进行的工作，同时，要求您麾下士兵不得违反的纪律，您自己也不得例外。

了解计策是可敬而极为有利的事，这时常会让我们不战而胜。您必须谨慎研究，并由此突袭敌人，免于进行阵地决战。若因形势所迫而无法使用计策，就集结军力迎战敌人。

将军应当充满青春活力，身体也应当耐劳。他应当因为对军事知识的了解与运用而受尊敬。一个自古有之的习俗是委任那些战功赫赫的家族的后代担任军官，他们的父祖取得了显赫的胜利，甚至他们的名字已经标志着胜利。

我会告诉您一个我从书中读到的好计策。如果您要和规模更大的敌人作战，而您不想和他们决战，又想安然脱身，就要寻找附近的河流，让河流改道流向敌人的阵列，这样您就可以避免进行决战。

将军如果同时拥有陆军和海军力量，就可以轻易打乱敌人的计划。敌人如果占据了陆上的要地，可以计划攻击他的舰队或者其他滨海地域；如果将军向他们宣称要从陆上发动进攻，他就可以使用海军发动突袭。

将军，您必须清楚，不要对他人怀恨在心，也不要因为个人的猜忌影响您履行职责，从宗教的意义上是如此，也有实际的利益在。在共同利益的问题上，您应当排除偏见，对事对人均应如此，仅仅考虑怎样做有利，并照此执行。忽视这一点曾经许多次造成极大损害。

将军，您要明智行动，在时机来临时才能获取最大的利益。或许有一些办法能够让您预知未来的情况，特别是星辰的起落。您可以预言这些，因为这些是吉兆。您麾下的士兵会因此大受鼓舞，支持您的军事行动，仿佛星辰升起是来自天堂的指示，预示着好运，让他们在迎敌时更为勇敢。

如果步兵集结在平坦地形面对敌军骑兵，绝不能允许他们解散阵线逃跑，即使境况艰难时也是如此。如果他们坚守阵地，还有希望取胜，但如果他们逃跑，就再无存活的可能，因为步兵会分散开来，遭到敌人的追击。

就像人期待舒适生活一样，士兵们也要积极参与到战争中。正是他们，我们才得以舒适地生活。胜利只有靠士兵持续的努力才能真正达成，而战胜敌人才能带来舒适生活与和平。

有时，当您发动陆路进攻时，如果您让士兵扮作当地人，就可以轻易夺取堡垒或者其他据点。如果您从海路进攻，那么在海战之前俘虏一些敌人的舰船，并假扮成敌人的舰队。派您的士兵登上这些船只向敌人的领土航行。敌人会把他们当作友军，因而更容易突袭。

我要和您探讨警戒方面的问题。如此安排，您的哨兵们就能整夜保持警惕，而营地则会因为他们的警戒而安稳。您应当宣称："我会在夜间的某个时刻在岗哨点起灯火。"看到灯火后，哨兵们就要高举自己的灯火来回应。他们不知道您何时会点起灯火，因此必须整夜保持清醒。这会让您易于确定各岗哨的情况，可以立即发现那些反应迟缓的岗哨。

谨慎的将军会警惕那些做困兽之斗的敌人。绝望会让紧急情况更为紧急，让士兵更加勇敢和大胆。当一个人在面对敌人时，没有任何获得解救的希望，他就会绝望，要么选择胜利，要么选择死亡。如果率领军队与敌人作战，而敌人处于下风口，就点燃这一区域生长的草，让火焰向他们的方向传播，击败他们。

如果您打算在清晨对敌人控制的某个地点发动进攻，那么在夜间您就应当在各处布置部队，这样通过几个方向发起进攻，您会让他们愈发混乱，而且也会借此打散他们，抓获大批俘虏。我还要补充一点：进行这样的突袭前，趁夜环绕敌军布置铁蒺藜。下令步兵在鞋上加掌或者木底，不要只穿皮靴作战。这样，若是步兵或骑兵担心被铁蒺藜所伤，这样的安排可以打消他们的疑虑。此时仅仅派步兵来进行作战。

自律对将军和军队而言是价值极高的特质，而通奸则会导致毁灭，特别是奸淫俘虏的妇女时。比如非尼哈对那个米甸妇女和心利（圣经中的人物）的处置，因为与一个俘虏的女人通奸，几乎毁灭了一支胜利的军队，但非尼哈用长枪刺死了奸夫淫妇，得以赎罪，瘟疫消退，证明他是正确的。[1]

您可以让士兵在战斗当天更为强大，如果您早起并告诉他们，您在梦中得到了上帝或者其他神圣力量的指引，要求您进攻敌人，并准备支持您。

如果用好钱财，您就可以屡屡战胜敌军，而不必实际开战。如果敌军的背后还有其他敌对势力，您就可以用钱财劝说他们进攻您的敌人。一方会被消灭或认输，而胜利者也将因为恶战损失大批战士。结果就是，这两个敌人都会被削弱，与此同时您却安然无恙，而且将比两个敌人都要强大。

在战时，如果敌人打算武力突破您的战线，就主动向后退，并在稍后调头往他们军阵的后方进攻，仿佛转为由您来追击他们一样，从而扭转战局。

为了让部队免于因怯懦者从战场逃跑而造成惊恐，把这些人迅速调离您的军阵，担负其他任务。

将军依靠身体的强壮参与军阵格斗，往往帮助极小。或许他可以在部队怯懦时，通过共患难来鼓励他们，但如果他阵亡，反会造成更大的危险。他的任务是安排计策和调度，在保证安全的前提下履行这些任务，会带来比亲自战斗更大的益处。

如果您想要让敌人以为您部队规模庞大，就派一些骑兵驱赶驮畜，比如驴和牛。这样的欺骗手段有时能起效。

如果您让部队中的重装部队保证有序行进，而后在距离一箭地时突然向前冲锋接战，会极大地震慑敌人。他们不会被箭矢射伤，安然冲锋的他们可以击溃敌人。

我要告诉您一位明智的将军的事迹。在集结起军阵后，一声惊雷让士兵畏惧，认为这是凶兆。他则如此宣称："雷声并非是在我们的方向，而是在敌人的方向，上帝向着我们的敌人打雷，是下令我们出征。"

如果您让本国的摔跤手击败敌人种族的摔跤手，您就能够让士兵蔑视他

---

① 译注：参见《民数记》第25章。

们，并证明我们的强大。

如果您不想让部下直观地得知都有谁在战斗中阵亡——这样的情况时常会出现，那么就在战斗结束后，命令士兵就地结队用餐，而不是小队各自集结用餐，这样他们就不会立刻发现小队中少了谁，不至于失去信心。

敌方的将军之于敌军，就像蛇头之于毒蛇。尽全力将他杀死，或者是使用重装部队直接冲击，或者以他一人为目标集中投射，又或者采取其他的手段。毒蛇的头被切掉后，身体也就无计可施了。

战时，把密友、同伴和亲属们集结到一起是很好的想法，他们的感情会让他们愿意为彼此奋战，从而立功。

如果您在掠夺时焚毁所有的敌方地产，却让敌方某个重要人物的地产完好无损，则可以挑起敌人之间的猜忌。

将军，您的部队规模或许足够大，自行作战已经足够，但在必要时，也可以带一些不适宜作战的人协助您、服务士兵，并制造部队规模庞大的假象。如果您的部队规模较小，就召集盟军，保证部队规模足以战胜敌人。"偷梁换柱"①，未尝不可。

如果您需要给一个在敌方领土中的人送口令，就把口令写下来，并用蜡封好，而后在蜡上写下某些不会让人怀疑的东西。这样您就能送出口令同时保证秘密了。

某个人曾经谋划叛变，但在被发现并逮捕时，他向同伴透露了敌人的计划，建议他们如何进行防备。敌人确实是如此说的，但是实际使用的计划截然相反，而听到打算叛变又被逮捕的人透露的情报，您又怎么会怀疑呢？这个人即使谋叛，也是我们的同乡同族，或许被敌人用金钱收买了，然而敌人依然是敌人，从各种意义上都是异族。

士兵们的怯懦可以从迟疑和面色苍白上显现出来。将他们悄然从部队中调走，仿佛他们是去拿遗落的物品。而后，向您的士兵们下令，部队中的懦夫已经清除，他们就可以勇敢奋战，赢得胜利。

---

① 译注：希腊谚语直译是"狮子皮不够，狐狸皮来凑"。

我可以给您提供另一个清除怯懦士兵的办法。在大军集结起来时，突然吹响号角，仿佛敌人准备突袭。怯懦的士兵会在混乱中逃跑，而勇敢者则会迅速列阵。

如果您的士兵训练有素，对抗缺乏训练经验的敌人，不要让他们立即与敌人接战，而是维持阵形，拖耗经不起劳累的敌人，而后再发起攻击。但如果您面对的敌人训练有素，而您的部队缺乏训练，那么就毫不犹豫地率部立即投入战斗。您士兵中最优秀的一批仍能奋勇杀敌。

如果有必要，让敌人以为您准备停驻。如果您打算撤退，而又想欺骗敌人，就砍伐树木或者堆积木料并把盾牌或其他闪光的武器放上去，假装士兵。这样，在紧急情况下，您仅舍掉一些武器装备就可以安然率部退走。

正义必须是一切行动的开端，而正义对于战争而言至关重要。不仅战争本身要遵守公正，也要谨慎行事。那时上帝才会赐福，和我们的士兵一同奋战。士兵们会因为正义的庇护而更加热忱，因为他们清楚自己不是在进行不义之战，而是在反击不义之人。

无论何时您打算投入战争，都要确保您的部队做好准备，并安稳出征。如果您的军事行动出了问题，您的部下就会在战争的压力下耗竭并失败。身为优秀的导航员，您要做好万全准备再率领航船出港，而后就把一切交给上帝裁决。

您要确定，只有对接下来的战争进行了自始至终的分析，才能开战。率部出征后又改变计划返回，既可鄙又是错误。所有人都会把您视作笑柄。敌人会蔑视您的笨拙，因为您不能公正而有序地安排好一切，即使您本意并非如此。

如果您准备率部出战，他们必须免于罪恶，您也必须让他们得到神父的赐福，而后自信地出征吧。

部队有必要保持完整阵形有序进军，并了解战争，即使此时您还没有准备交战，而是在我方或者敌方领土进行或许要许多天才能完成的长途行军。这样安排的话，士兵们会习惯维持阵列，跟紧所属军官，不会因为敌人的突袭而陷入混乱。

如果您预先派少数人，即罗马人所谓的测绘部队和安营部队，做好前方道路的侦察工作，您的行军将更加安稳。

如果您持续训练部队，他们会做好劳累的准备，维持军阵并更加耐劳。闲居会让他们的身体柔弱，精神涣散，但训练和劳作会让他们的身体坚实，精神抖擞。因此，将军，在没有直接军事威胁时，您有必要预先考虑最适宜的手段，并做好最有利的准备。

我们发现，勇敢的士兵往往因为不听命令而阵亡。因此，任何人离队掠夺或者不听命令冲出战线，都应当遭受鞭笞，终止这种抗命行为。这样的人只会让自己死亡。

明智的将军会保护好自己，免遭敌人可能的阴谋诡计。他清楚这一点，因为他也会谋划计策来对抗敌人。他清楚自己要对敌人使用什么手段，当然也知道要如何避免中计。一个人对付他人的经验，自然也可以用来防备敌人。

如果您想要向敌人隐匿自己转移营地或者其他活动，不要告知其他人，只能通知少数军官。如果您的意图被大批军官所知，他们就自然会向下属传递消息，这就会给想要出卖您计划换取利益的人机会。

我不相信通过梦境可以确定什么，但在战时有必要宣称并劝说士兵们，让他们相信梦境预示了胜利。他们会以为您解释过的梦境都是正面的，是上帝的旨意，因而心无杂念，加倍勇敢地作战。

我认为仓促追击撤退的敌人是错误的，这时常造成危险。他们可能是蓄意诈败，并安排伏兵或突然调头，攻击混乱分散的追击者，造成极大的损害。无论何时追击撤退的敌人，都不要解散阵线，除非您确定敌人已经彻底无望反败为胜。

明智的将军能够因为他的出现而激励士兵们的斗志，在他们面前展现自信与高昂。此外，他也应当能言善辩，用话语鼓励他们，让士兵们效仿将军的自信。

作战的阵形不只有一种，而是因为武器装备、敌人以及时间和地点的不同，存在许多变化。将军，您能够从实战中了解这些差异。您不应当随意组织阵形，而是按照部队的装备情况和作战的要求，布置前方、侧翼和后方的部队。

当您集结起一支步兵部队，无论是所谓的重盾步兵，还是所谓的轻装步兵，比如弓箭手和投石兵，而对面的敌人使用标枪或者投石索、弓箭，那么您的部下应当使用长方盾，所谓的长盾，或者其他大盾来迎战敌人。将盾牌举过头顶作为防护，他们将不会受敌人投射武器的任何伤害。

面对敌人时使用半月阵，这种半环形的阵形稳固而难以突破。敌人会进入新月的中央，而两翼的部队将前进，将他们包围在中央，就此更有效地发动进攻。因此，在面对对方的半月阵时，把部队分成三部，让左右翼的部队对抗新月的两端，而中军阵不向中央前进接敌，而是准备支援左右两翼作战。敌人中央的军队或者因为停驻而无法作战，或者因为前进而自行打乱阵形。如果您让中央的部队诈败，敌人可能发动追击，这样他们不但阵形会散乱，也会在冲击时陷入混乱，而您的部队依然保持着秩序，而后您率部突然调头迎击，追击的敌人会迅速败退。

突袭比其他任何进攻方式都有效，特别是突袭敌人的后方，会让您的攻击更为强势。因此尽可能安排部队突袭敌人的后方，您会发现这比突袭敌人的侧翼更为有效。

命令和口令都要由军官下达，而非全由阁下、军区将军完成。因为在关键时刻如此做，就是狂妄自大，而且完全不了解情况。这样下达命令会极为浪费时间，造成相当的混乱，因为人们难免要互相询问，而传话时的添枝加叶和遗漏会带来更大的麻烦。

真正值得敬仰的将军，会在关键时刻展现决断，不只是在境况尚不紧急时制定计划。即使是那些关键的任务，在战时也不可能只靠遵照计划来完成。

在和敌人接战前，当您列好阵势准备发动冲锋，而此时我方面向太阳时，要您的部下高举出鞘的武器，让刀剑盾牌和枪尖闪亮。这样，敌人会因为我们军阵的光辉而惊愕。当您即将和敌人接战时，命令部下齐声战吼并敲击武器。

敌人若是拥有大批骑兵这一有利条件，就选择崎岖狭窄、临近山地的战场，让敌人的马匹无法发力。时刻警惕逆境到来，您必须要预先选择退路，这才是明智的将军所为。

要清楚最有利的作战方式，勇敢地在军阵中面对危险，而不是逃跑并任人追逐。您必须相信您的奋战会得到上帝的拯救，不要以为调头逃跑就能活命。

在上帝的帮助下，如果您取得了胜利，将军，您必须要慷慨对待士兵，让他们获取战利品，无论是武器装备、马匹还是其他物品，您也应当准备庆功宴。您应当提升那些英勇奋战者，给他们赏赐。至于那些怯懦、无能或试图逃跑者，要以合适的方式惩罚，并让其他士兵以他们为耻。这样，您会让怯懦者鼓起勇气，而勇敢者在未来的战斗中则会愈发英勇。

当您战胜敌人后，将军，按照我们陛下已经制定的法律，您应当如此分配战利品。将五分之一归入公帑，余下的进行平均分配。军官和他们麾下的士兵们要论功行赏进行分配。但如果一些军官或者前沿士兵表现英勇，那么就从归入公帑的那一部分战利品中进行慷慨而公正的赏赐，即使是后方防护辎重车辆的士兵也应当得到一份战利品。

步骑兵混合军阵就像是躯体，轻装部队，也就是弓箭手、标枪手和投石兵，就像是手，骑兵则如同脚。头位于两手之间，将军您也应当如此。其他全身披甲的长盾步兵，古时所谓的重盾步兵也要各自就位。您必须记住，您有义务为自己和麾下部队的安全考虑，就像头脑一样，而他们也会因此而保护您的安全。

下面提到的内容也可能有用。如果您部队规模庞大，而处于某种目的想要向敌人示弱，就把小队集结到一起，在所谓的帐篷中躲避，并把武器放到一起。但如果您的部队很少，就按照需要把小队分成两支或更多支队伍宿营，这样部队的规模看上去会格外庞大，不像是人数不足。迅速离开营地，前往另一处地点，在紧密侦察敌军后与他们交战。

让士兵们进行模拟战斗，会让他们习惯真正的战争。您可以安排部队模仿支援部队、交战部队、临阵倒戈、战场突袭或者模仿刀剑相击与喧嚣，又或者模仿抓捕逃兵或发动进攻。这样，他们会习惯战争中的一切，不会在遭遇实际问题时措手不及。

我能给您提供一个海战的计策。出海远征前，您可以在没有港口的沙洲停驻，将许多袋子装满砂砾，用绳子系好，就像是铁锚一样配备到各艘快舰。这样，利用这些沙袋，您可以迅速搭建所谓滨海港口，发动您计划的袭击。

如果您打算穿过没有水源的土地，就要带尽可能多的水随行。在夜间行军，从傍晚行军到清晨，并在白昼而非夜间睡眠。这样马匹不至于过于干渴，您也更容易维持水的供应。

曾经有一支部队相信征兆和迹象，一个人打了喷嚏，周围的士兵都会失去勇气，仿佛这是极大的厄运。将军立即发言："这么多的士兵在场，有人打喷嚏也不奇怪。"当他说完之后,士兵们报以哄堂大笑,而此时的笑声意味着救赎,明智的将军就这样扭转了所谓凶兆,成功鼓舞了部下。

注意,如果军队在之前某年的某月某日曾经大胜,尽可能在这一天投入作战。再度在这一天作战,士兵们会斗志昂扬,认定在胜利纪念日奋战会再度得到上帝的支援。地点也是如此。

不要被我接下来所说的问题干扰。真正的将军或者说其中最优秀者,不会只做对他本人有利的事,也会为下属的共同利益安排。为共同利益着想,他自己也会因此获益。若是牧羊人为羊群着想,他自己也会获益;如果忽视羊群,他不但会不称职,也会因为羊群的损失而受损。

如果敌军组织舰队,而将军率领海军组成半月阵形准备后退,那么他就应该命舰船倒退,仿佛拉开与敌人的距离一般。他这样并不是逃跑,而是战斗撤退。如果必要时,舰船面向敌人的他可以再度进攻面前的敌人。敌人不会贸然冲进半月阵的中心,因为担心被包围。

若是上帝赐予您胜利,不要在一片混乱中追击敌人,如前文所述。您应当做好敌人调头反击的准备。失控的追击会让您的队列解散,反而陷入被动。

在穿过狭窄道路时要极度谨慎,特别是从敌军领土返回时,要准备体格健壮、吃苦耐劳的士兵在后方进行警戒。他们可以击退来自后方的敌人,任何人也不会试图抢先通过,不敢在阁下的面前违法乱纪。这样,在两个方向,您的军阵都会保证安全与稳固。

为了在迎战敌人时加强您的部队,您可以这样安排:在作战时,如果敌人高声叫嚷,让您的部下保持肃静。但如果您的敌人保持肃静,那么您的部下发动冲击时就要大喊。

如果您发现自己找不到给士兵的装备,就下令那些装备良好但并不打算出征的人,如果他们不打算出征,就应当每人提供一匹马和一名士兵代替自己。这样,英勇的穷人可以得到武器装备,而怯懦的富人则让真正的士兵得到合适的武器装备。

当你们率领步兵时,如果部队中也有骑兵,要让步兵在空闲时间学习骑马。给他们配备合适的轻武器,以保证步行时依然行动迅速。在特定的场合他们可以起到很好的效果,迅速骑马抵达要地后下马将其占据。他们在那里可以利用投石索、弓箭和其他武器投入作战。

如果您确定一个功绩显赫的人希望让一个人到安全的地方去，无论是他本人还是他的亲友、将军，您有必要帮助朋友改正错误。这样做，您是在维护正道，也会让愧疚的他们奋战。

部下听从军官的指示并为此艰苦劳作，足以说明他具备优秀军官的典型特质，展现了美德。那些受逼迫的人，即使暂时听从他们无礼的上级的指令，也更可能暗藏密谋，而非成为朋友；更可能逃离战场，而非患难与共。

优秀的将军最应当关注两个问题：农业，因为这能保证士兵的供应；军事，因为这能保护提供粮食的农民。因此，您有必要优先考虑这两个问题，其他的职业或许能带来更多的奢侈享受，但这些才是必要而可敬的事业。

因此您必须展现出可敬的一面，应当为众人的利益，而非为自己的利益考虑，如前文所述。优秀的将军并不只是要让自己生活优渥，也应当考虑麾下士兵们的安全。陛下提升一个人为将军，并非因为他能够处理自己的事务，关键在于他能够保证对下属的关怀。所有人参与战争都是为了改善生活，也因此才会接受将军的指挥，去做正直而可敬的事。

沉溺于奢侈而不守纪律的将军会给军队带来极大危害，而维持秩序和自律以及保持理性，对军队格外有益。除了食物和其他必需品外，不应该携带其他物品出征。无论战争还是和平，追求的都是节制，而非奢侈。一个人在马上饮酒是何等可耻！他的力量因此流失，会带来相当大的危险。军官们指挥时必须保持坚定，特别是在处理那些和士兵们相关的事务时。时机转瞬即逝，我们的行动也必须果决。任何战争都是如此，海战犹然。

如果您在和来自各地的敌人作战，您不应该静等他们集结成一支部队，而是应该在他们依然分散在家乡或者道路上时主动出击。如今的蛮族从埃及、叙利亚和奇里乞亚集结部队对抗罗马人，因此海军军官有必要先占据塞浦路斯，以免蛮族的舰船集结起来，而后再以压倒性的优势进攻依然分散的蛮族舰队，或者在他们的舰船撤退前将其焚毁。

可以说，您就是军队这个巨大身躯的外科医师。您的职责是祛除军队中的疾患，比如散漫、奢侈、铺张、挥霍，也要排除占卜、迹象、预兆和梦境。真正虔诚的您，有责任排除这一切，除非有必要暂时允许其存在。将军不应该认定某些预兆昭示着胜利与救赎，他应当以他的机智和经验谨慎考虑事态的发展，以安排相应的行动。最重要的是把淫乱从军中排除，因为从古至今，淫乱对军队的危害极大。一些人还相信迹象和梦境，时常因为胡乱解读而失误，乃至死亡。

让您的儿子以及麾下军官和勇敢出众的士兵的儿子陪同参与作战，是个好想法。我这么认为是因为他们可以亲眼见证战争，亲手体会军中的工作。战争是一个人学习基础知识的途径之一，这样您和朋友们的儿子在成年后就能习惯战争，在遭遇死尸和伤口时展现勇气，面对并感受战士们格斗时的呼喊。这样，他们从小就能习惯战争中的苦难，也能学会勇敢面对。

展现勇气，周密计划，与战友奋战，在面对战争的危险时保持自信和理性，足以证明您是坚强而出色的将军。坚定慷慨的将军能够临机决断，他的明智思维与友好态度，能够让和他一起作战的士兵成为好友，愿意与他共渡一切难关。

像好猎手在追逐狼狐时那样，您也应当派出间谍侦察敌人。在军营外布置哨兵，而后向所有人下令拦住来往的人，让他们说出其所属部队的指挥官以及属于哪一个战队、哪一个小队或者询问口令。进一步审讯那些答不出来的人，这样就能抓住间谍。

将军必须要在公开发言时保持理智。理性的发言往往比精良的武器更能激励部队勇敢奋战。如果他能够指出他们面对的敌人也不过是血肉之躯，和常人无异的话，则会更有效。

士兵们即将和敌人近距离格斗时，将军，您有必要骑马突前并高喊："再向敌人冲锋一次，我们必将胜利！"骑马疾驰穿过战线，连续呼喊三次。就此，接连发动三次冲锋后，您将真正靠士兵的奋战赢得胜利，在上帝的帮助下，第一次冲击就能击退敌人。

为了向敌人展现您的经验老到且可畏，在接见敌人的使节时，询问他们。此前他们作为使节出使过吗？在什么时间、什么地点见过什么人？此外还要考虑如何应对目前的使节们，是否有过类似的经历。这样，在您接见并询问他们时，他们会因为您的博闻与专业而惊异。

如果您打算派海军到某个地点或某座城市，您必须对目的地进行保密，不要让他人预先得知。把命令密封好，交给您麾下的军官们。在起航后，他们才能拆开信封，得知他们的目的地。这样做能够保证您的计划不被敌人发现。

遵守军法会让将军取得胜利，让他功绩显赫，永世不忘，皇帝也会因此快乐与欣慰，敌人则因此被迫和谈与臣服。所有的臣民将免于一切的邪恶，甚至得到丰足的美好。

◎ 货币上的罗曼努斯一世与其长子克里斯多夫。出身低微的舰队都督罗曼努斯·利卡潘努斯，在利奥六世的儿子君士坦丁七世幼年摄政时期把持了帝国，加冕为共治皇帝并实际执政，将君士坦丁七世的皇权架空。但罗曼努斯一世执政时期，帝国不但阻挡了保加利亚沙皇西美昂的入侵，更在东部开疆扩土，而在国内，罗曼努斯也颁布了土地法令，保护作为国家税基和兵员来源的小农阶层的利益

◎ 君士坦丁七世接受基督加冕，存于亚美尼亚。被罗曼努斯一世架空的君士坦丁七世，因为罗曼努斯一世的儿子们发动不得人心的叛乱而最终得以掌权

◎ 乞讨的贝利撒留，弗朗索瓦-安德烈·樊尚作品。贝利撒留被刺瞎并乞讨的故事是后世的艺术加工，但优秀的将军也难免因为卷入政治斗争而被解职。在《战术》成书几十年后，被编年史家们与贝利撒留相提并论的约翰·库尔库阿斯，扫清了利奥六世执政时期的阴霾，加速了帝国在东方扩张领土的步伐。而他最终也如贝利撒留一样，因为罗曼努斯一世儿子们的叛乱，而被牵连解职

◎ 突厥人伏击十字军的想象画。科穆宁王朝的曼努埃尔一世在1176年的密列奥赛法隆之战就因为遭到山地伏击而惨败，一生的英勇征战随之大打折扣，也为帝国最终彻底丧失安纳托利亚埋下了祸根。千里之堤溃于蚁穴，利奥六世的喋喋不休，也可谓久病成良医

◎ 曼兹科特之战，伊斯坦布尔的当代想象画。利奥六世在《战术》中几次三番强调的诸多问题，并不能阻止罗曼努斯四世的惨败，当然，早在917年，拜占庭军队在阿赫洛之战的指挥官老利奥·福卡斯就进行了许多《战术》中所反对的行动，比如指挥官亲自参与格斗，擅离职守等

◎ 奥赫里德的十三世纪末的拜占庭壁画。在安德罗尼卡二世执政时期，破败的帝国几乎完全依赖雇佣军勉力维持。帝国中仍会有人回忆起利奥六世的教诲，但已是覆水难收

后记

作为对前文的总结与复述，我们此处给阁下提供如下建议。遵守这些建议，您才能成为出色的将军，也将让自己以及麾下将士免于危险与哀伤。

首先，您所说和所为都必须来自上帝。发言或做事前，一定要把上帝放在心中。

我认为应让一切的开始都由上帝决定。他是我们的父、造物主，见证着我们的言行举止。他仲裁我们心中的欲望和想法，一切生命都会被他看穿。一切在他面前都无法隐藏，正如伟大的神学家保罗所说。因此，我们不应该做任何违背他意愿的事。

我们和上帝之间，有着如同父子的联系。我们正是因为他而得到生命、光明，我们也因为他而生活、死亡。我们因为他的馈赠而生长，因为他而行动、存在。我们应当遵从他的旨意，就像士兵遵从指挥官的命令，奴隶遵从好主人，官员遵从皇帝一样。我们属于全知全能的他。因为他，一切活物与死物才能为我们所用，但我们要为他服务。

是他选择皇帝，他曾说过："是因为我，君主才得以统治。"也是他提升将军。他是一切美好统治与权威的起源。因此，一个人不能不经祈祷和与上帝交流，就接受指挥任务。他应把自己奉献给上帝，把他的生命交给上帝来指引。

因此，将军，您有必要为上帝管理一切，特别要尊重神父和主教，将教堂当作庇护所，不得逮捕任何在其中避难的人，除非得到陛下的特别允许。

尊敬僧侣们神圣的修道院以及守贞的修女，让他们免于伤害与暴力。简而言之，保证献给上帝的一切不受玷污，得到尊崇和敬仰，因为他们都将自己献给了神圣的上帝。

没有人可以亵渎或粗暴地玷污他们，或者以其他方式冒犯他们，无论是您，还是您麾下的文武官员和士兵，都不得如此。属于上帝的一切必须避免所有伤害与亵渎。

特别要尊重主教，他们是凡人灵魂的牧师，无论统治者还是被统治者均如此。他们也是我们与上帝之间的媒介，您必须完全尊敬他们，不要让任何人冒犯他们。

对他们所做的一切都会为上帝所知，他们也是因为上帝才成为高等的神父，既是灵魂的牧师，也是灵魂与上帝的媒介。神父们的灵魂让所有的基督徒充满活力，无论统治者还是被统治者均如此。因此他们是天主、万物的君主与真神的财产。上帝借他们掌管所有基督徒。

因此，尊重上帝的法律，保证他们不受损害，也要尊重皇帝的法律，进行仲裁，保证您土地上的人民得到公正待遇。

担负起身为将军应履行的各种责任，关注士兵们的武器装备。不要行事不公，挑起不义的战争。不要攻击或者掠夺那些没有损害过您的民族。保持虔诚，同时也要尽可能与敌人保持和平。因此，您将会因虔敬而令上帝欣慰，并获得足以击败不义敌人的武器。

您的虔诚生活指引您完成这一切，保证您与正义和上帝一同出征。

坚信自己没有不义之行但遭到了不义的进攻，上帝将会成为您的将军和领袖，您也应坚信上帝必然会让一场正义的战争得到应有的结果，让不正义的一方承受苦难。

不公正的人不可能避免上帝的裁决，而抵抗不义者的人也不可能无法通过上帝的指引获得胜利。上帝是公正的法官，会公正地裁决一切。①

---

① 译注：《后记》的开篇讨论虔诚信仰，实际上也反映了利奥六世个人的苦闷。尽管利奥六世执政时期，拜占庭帝国的国力、军力以及军事形势整体上均有所改观，但战争上却并不顺利，特别是保加罗菲冈的惨败以及塞萨洛尼基被洗劫，让他颜面扫地。另外，利奥六世为了保证家族与王朝的存续，不惜四次成婚，传统上极力反对多次婚姻的东正教会因此愈发分裂。看来，利奥或多或少把军事上的屈辱归因于自己"违反了教规"。

因此，您必须管理武器、监督训练以及其他与军事相关的问题。

此外，我要求您清楚，在战时，您必须清楚对手的习性与状况。他们的军队是否做好了万全准备？他们是擅长首次突击还是擅长漫长的消耗战？

您必须对战争本身进行估计，估计会持续多久，开销多少以及如何在开战前的短时间内整备部队。

在战争中您必须按照对手的性格与军队情况做好应对准备。他们是英勇机智，还是畏惧、莽撞、易怒、图谋报复、野心勃勃和怠惰？您可以借此强化部队的优势，利用敌人的劣势。

您必须特别关注您的职责，进行明智的指挥，预测所需完成的任务，崇敬上帝，进行公开演讲。但公开演讲不应该在出发时进行，而是应该在即将开战时讲出。没有做好准备的士兵，很可能会在面对战争的危险时陷入混乱。

因此在面对危险时，有必要使用有效的方法激励士兵们的灵魂走向光辉。此外，设法让敌人畏惧、怠惰、柔弱，而后毫不犹豫地发动进攻。如果您不能首先迫使他们陷入困难，您也无法取得胜利。

不要冒险让敌人取得比他们计划更多的优势。

如果他们请求和谈或提出合约条款，就必须遵守诺言。

结论就是，您不要因为自己的好运与被您击败的敌人的厄运而骄傲自大，也不要因为已经获得的成就而满足，就此忽视接下来的任务，您应当做长远打算和规划。在遭遇厄运时您也不要自暴自弃，在自己的士兵或敌人的面前均不应如此。

不要在能够抵御并战胜敌人时放松，除非他们提出了坚定而有力的和约条款。放虎归山，后患无穷。

您有必要保证部队在出征时人数没有缺少，士兵有相应的技能，接受了足够的训练，能够高效作战。无能的将军往往是因为没有完成这些任务而受损受罚。

您必须保持严格，特别是管理和预见问题时。

下令尽可能节省并约束开支，并按照您的经验维持其他公共收支。

此外，您也应当勤奋完成古人和近世的军事典籍作者们的要求。您将会为战争做好一切准备，成为应用古人一切明智计策的专家。

如果有人，无论是专家还是普通人，想要向您献计献策，一定要倾听，让他们说完后再做决断。

您必须和那些在军事方面经验丰富、战功赫赫的长者共同制定计划，既是因为尊敬他们的功绩，也是因为他们通晓军事问题。

在战斗中的危急时刻，您不应当亲自参与格斗，而是保留卫队保护自己。战时，您是军队的管理者，要解决更紧急的需求。

您应当自行制定计策并保持机智，无论是出兵进攻敌人，还是即将遭受敌人进攻时。

在面对突然的危险时您也要灵活应对，预料敌人的行动，估计他们下一步的动向。

您也应当在使用口令时保持极度谨慎，认识到人的性格与智力的差异，体谅麾下的军官们。

您应当身体健壮，能够熟练使用各种武器，因而能够代替军阵中的任何一个人。您要准备精良合宜的全套武器装备，正当年且健壮的您自然能轻易承受盔甲的负担。

您应当在面对钱财与各种享乐时格外克制，热爱工作、忍耐辛劳、临危不惧、作战不乱、慷慨正直、宽让士兵，拥有另一座城市、一个国家乃至整个基督教世界称道的品德。运用您在战争方面的一切经验，利用您遇事时出众的善意和慷慨，将生死置之度外。

此外，您也应当能够向公众演讲，并擅长辩论。您要维护真理，申斥虚假——除非暂时有利，激励您的听众，让他们能更好地面对他们目前的危险。

对那些战死的士兵们保持慷慨、可敬，特别是那些勇士们，用祈祷与厚葬来感谢他们。

照顾好生病者。财力上不足的人，您要用自己的钱财来帮助他们。不要自负，在处理自己的事和处理您负责的公务时要一样的认真。

您不应热衷争吵、惹是生非或喋喋不休。您的衣着穿戴与举止都要节制谦恭。不要嫉妒您同僚们的成功，而是应当效仿，与他们一同奋战，取得新的胜利。

优秀的将军应该能面对任何民族的敌人，能够使用不同的计策来应对他们。

如果将军负责指挥海军，您要利用自己对风向的了解，保证舰队的秩序，让其免于被海浪冲散。后卫部队必须要稳步地随同您行动，以免舰船搁浅，遭遇海上风暴或者被敌人围攻。

将军，您有必要清楚一系列可能开战的情境：比如战线已经结成，毁坏了敌军的工事，掠夺并摧毁一个区域，砍伐树木、破坏庄稼、焚毁房屋、掳掠俘虏、切断敌人的饮水供应或者发动伏击。

接下来的情况也会展开战斗：当一支军队和另一支军队意外遭遇，或者在渡河、穿越狭窄区域时，或者正在组织军阵时，都可能进入战斗。此外，敌人突然转移、进入难以撤离的区域、无法获得必需品、军中疫病横行、无法忍受目前的暴雨天气、被冬季困住，敌军士兵因劳累、疲惫或因没有食物饥肠辘辘时，也会展开战斗。还有可能是他们进行了长途行军，人困马乏，又因为某种原因而无法得到充足的睡眠。敌人遭遇海难或因风暴而严重受损后，也可能从海上发动进攻。

将军必须清楚这一切以及对应的手段。此外，他也应当清楚敌人的作战队形和行军队形，以便迅速应对。他应当清楚各种指令。

我们要求您，在作战时明智地进行各种各样的进攻行动，只要您认为适宜攻击。让自己免于受敌人攻击。迎击您可能遭遇的一切，并让自己免于他们的攻击。您用来攻击他人的手段，他人也完全可以用来对付您，除非您机警明智地准备好应付一切。

您应当在收割完成后发动远征。

在列阵时尽可能背风和背对太阳布置。

您在下令时应大声呼喊，如果声音洪亮的话还能够激发士兵的斗志。

战争自然需要在下列各方面进行安排：武器装备、后勤、建筑、天文和医疗。

武器装备方面的工作，是给士兵们准备适宜且坚实的武器装备，他们应当由专业工匠制造，也应当尽可能修饰外表。分配盔甲必须要适合各个士兵的体型。

您要向士兵们下令，准备多少武器装备，哪些种类的武器装备，如何使用，如何练习并保证士兵努力操练，做好开战的万全准备。

您必须考虑价格、材料以及用来购买武器装备的资金，保证全部士兵得到充足的武器装备。武器的部分就说到这里。

后勤方面的工作，是把部队分成具体的各级组织，小队、旗队、统领队和分队以及百人队、十人队、五人队，还有其他分法，并组成整条战线。目的就是合理分配部队。把多少人配驻到筑垒城镇中守卫？军中有多少年轻人和年长者？哪些人肢体残缺或因病无法作战？哪些人担任帝国的行政工作或者负责处理公共事务？这就是后勤工作的任务。此外，也要在全军中选择精锐，担任各级职务。谁担任高级职务？谁担任低级职务？高级军官的年龄应当在哪个区间？他们应当布置在军阵中的什么位置？各部队的数量应该是多少？他们应当在何时列阵与行动？这就是后勤工作的作用。

战术，就是说明部队在进攻时使用何种阵形合适，以及迎击敌人的进攻时使用何种阵形合适。如何进攻？如何防守？每个人要如何表现？要准备哪些武器装备来对抗敌人？如何调动部队，又在何时何地有效？这些就是战术的作用。

建筑的任务是建造军营和工事，简而言之，搭建营地。如何使用壕沟或者木栅建造外侧防护，以及如何对营地内部进行合理安排，并留出方便的道路。确定最大的营地的长宽、最小营地的尺寸以及在目前的情境下要建造何种营地。还要选择不容易被敌人攻击的地点，并保证在撤退或拔营启程时能够迅速疏散。

此外，机械师负责建造城市或者其他堡垒的城墙，保证其能够承受敌人投射机械的打击，也能耐水冲击。还要给城墙准备合适的武器，比如所谓的投石机（manganika）①、射石弩和其他各种各样适合用攻击城墙的武器，以及其他有用的设施，这就是建筑的作用。

天文学的作用是预报天气。何时寒风刺骨，何时暑热难当，何时暴雨倾盆，何时一帆风顺。这些都可能给部队造成相当大的损失。确定每一天白昼和夜晚的时长，从而安排作战行动和休息的时间。在这些问题上出错，部队往往

---

① 译注：直译近似于"战争机械"，英语中的"mangonel"就是源自这个希腊语词汇。

会做无用功。确定地震或者其他灾害发生前会发生哪些迹象，或者想办法利用这些迹象，这些都是天文学的任务。

神学的任务是以合适的方式处理宗教问题，按照虔诚基督徒代代相传的方式，持续在军中进行虔诚的仪式，令上帝欣慰。他们使用神圣的话语和行动以及其他的祈祷和恳求，虔敬地与上帝、贞洁的神之母、虔诚的仆人们沟通。这样神就会怜悯我们，拯救士兵们的灵魂，让他们更为坚定地面对危险。

医疗的任务是治疗兵刃造成的创伤以及投石、箭矢，或者其他武器造成的损伤。提供疗伤的药品，治疗士兵们因为寒暑、劳累、水土不服、瘴气异味、缺乏养护和食用劣质食物（比如未成熟的水果）而生的常见病，这些都属于医学和理疗学的范畴。

此外，后勤的部分工作包括管理士兵们的开销以及他们获得的战利品，或者从其他来源获得的钱财。当然，也要考虑如何花费钱财购置武器装备、器械或者其他远征必需品。分配与管理这些任务都是后勤的任务。

这些就是整备一支军队所必需的技能以及使用这些技能的专业工作者。

武器装备，应有专门的工匠负责制造。后勤工作，应当由擅长文学和数学的人负责。战术，由您以及麾下的军官们负责。

建筑师和工程师应在建造方面有着丰富的经验，天文学家是能够通过天象预测的人。他们应当智慧出众，了解群星运行规律、迦勒底人的著作，包括阿拉托斯（Aratos）的《物象》（Phenomena）和约翰·利多斯（Lydos）对每月每日的论述，能够使用托勒密的星图以及所谓的"占星四书"（Tetrabiblos）。但这些作品中有关基督降临的说法是教会所否认的，陛下也禁止宣扬。

在神学方面应有受尊敬的神父们。把自己奉献给上帝的他们可以帮助我们与上帝沟通和祈祷。他们所了解的是上帝，一切善的来源。

把这一切作为陛下给将军们、您、全军，包括您所有部下的法令和典范。其中的内容得到了充分的考验。将军，让这一切接受事实的检验。您有责任谨慎而清醒地思考其中的记述。您可以从这本书中获得许多的收益，也会有相当的帮助。当您确切了解各种计策，并让其为您得利，那么如果敌人使用这些计策时，您就可以轻易应对并化解。

我们竭尽所能给您提供了从战争中了解到的有益经验以及古人的记述。如本书开头所说，我们删去了华丽的辞藻，也没进行任何繁复安排。我们仅仅使用目前军界惯于使用的、最简单也最常用的表达方式。

至于其他内容，在战争的各个阶段或者备战时您就会自然了解，特别是面对我们目前的敌人萨拉森人，本书正是因为要和他们作战才得以完成。尽管我们没有办法记述所有的内容，本书已有的内容以及从实战经验中获得的知识以及自然中的道理，您必须能够做好估计，应对各种情况，我不认为我们或者任何未来写作军事典籍的人能够面面俱到，毕竟在不同的情境下，战局变化的可能性总归是无穷的。

我们敌人的计策也不会一成不变，因此没有人能够确定未来会使用什么战术。敌人进攻时也不是只使用一种计划，而是以各种各样的方式攻击，因此我们也要以各种各样的方式来应对。人性极度多变，无法解释，总会有出乎我们预料的计划出现。

因此将军，您也必须要忠实向上帝祈祷，履行上帝的旨意，这样您就能用谋略战胜敌人，保证您和麾下的士兵免于损害。您将会得到救赎与胜利，这救赎与胜利，源自真神基督，万物永恒的君主。阿门。

附录一
利奥六世时代的拜占庭地方军

自七世纪，希拉克略王朝创立军区制起，军区制作为拜占庭帝国军政合一的地方管理体系，维持到了利奥六世的执政时期。军区制的发展，大致可以分为两个部分来讨论，一方面是军区将军管理的地方政府，另一方面是地方军部队的发展。前者由于并非本书讨论的范畴，此处略过不谈，感兴趣的读者请参考相关研究著作与文章。本文重点讨论利奥六世时代，下属于各军区将军的地方军部队。

军区制建立时，无法支付地方军薪酬的希拉克略王朝皇帝，决定以地代饷，将大片无主耕地划归给地方各野战军的士兵，按照军队的建制组织村落。士兵们在没有战争时务农，在有战争时作为士兵作战，军饷则由他们自行耕种土地，用所谓"军役地产"的产出代替。拥有军役地产的家庭，每户需要供养一名士兵，由军区的档案官负责进行轮流征调，让"农兵"轮流为帝国服役。因此，帝国得以在地方保持一支"半常备军"，应对阿拉伯埃米尔几乎每年一次的袭扰。

九世纪时，地方军的组织架构没有太大的变化，但相比军区制早期的情况已有明显不同。首先，由于人口逃亡、土地抛荒、土地兼并等种种原因，拜占庭地方军存在缺编以及士兵装备水平不足的问题；其次，由于士兵忙于务农，缺少训练，因此这些半常备军的兵员质量无法与脱产的常备军相比；最后，在阿拉伯帝国占据主动权的情况下，拜占庭军队的士气也难以提振。拜占庭帝国一方面颁布法令限制士兵逃亡和土地抛荒，另一方面开始给地方军士兵支付每年三诺米斯玛金币的薪酬，当然，只有服从征调的士兵才能获得。在此之外，拜占庭军队也加强兵员质量，在每年冬季休息期间，对征调的士兵进行集体训练，如本书第七章所述。

利奥六世执政时期增加了拜占庭帝国的兵员数量，他在其父巴西尔一世占领的安纳托利亚半岛东部，幼发拉底河上游地区强化军力，将这一地区的边境防区塞巴斯蒂亚和科隆尼亚升级为军区（驻军人数加倍），并建立了新的美索不达米亚军区。在兵员质量方面，利奥六世也提供了一些帮助，强调训练的重要性，并要求强化士兵的箭术训练。可以说，尼基弗鲁斯二世能够在《论军事》中安然安排弓箭手，多少要感谢利奥六世之前的安排，而他在东部的谨慎布置，也为约翰·库尔库阿斯、尼基弗鲁斯二世与约翰一世在帝国东部的胜利远征打下了坚实基础。

十世纪初，色雷克锡安军区的部队定额为九千六百人，包括四个数量均为二千四百人的分遣队。假定各个军区的分遣队规模相近，利奥六世执政时期，拜占庭帝国的地方军大约为十五万人，巴尔干半岛和南意大利约三万、东部边境部队三四万、东部二线军区约四万、东部内线军区约三万以及各海军军区的陆军驻军约两万。如果利奥所认定的、长盾步兵、投射步兵和骑兵三者数量基本相当，那么帝国大约有四万名地方骑兵（海军军区骑兵的配额必然较少）。

应当指出，利奥六世对外战争的战绩称不上好，自拉拉康河后，对麦利蒂尼方向的持续攻势，也在他执政时期转为小规模的蚕食；巴尔干半岛上，利奥六世在与保加利亚的贸易战争中，在保加罗菲冈遭遇了惨败；而南意大利的反攻局势也戛然而止，西西里的最后据点亦在他执政时期丢失。然而，利奥六世谨慎的安排、稳定的蚕食，相比巴西尔一世执政时期声势浩大但所获有限的御驾亲征，何者更有益，就是个见仁见智的问题了。

附录二
《战术》与《论军事》的军阵部署浅析①

    《战术》中对骑兵军阵的论述颇为详细，从队列部署到军阵布置均进行了细致论述，还着重讨论了包抄部队、侧卫部队、伏击部队等有特殊任务的骑兵部队。

    按照《战术》的说法，骑兵队列如阵图1所示，按照每列五至十人进行部署。利奥六世在第十二章也提过，每列以五人为最佳，尽可能不超过八人，不可以超过十人。骑兵冲击动作如阵图2所示，执行冲击动作时，队列前方的"突击部队"结成一线，催马持枪平刺，而队列中后方的"防卫部队"则保持方阵，同时防卫部队前两排的骑兵使用弓箭投射支援。另外，骑兵军阵转变方向，如阵图3所示，第一排的小队长（十夫长）转到阵列后排，其他士兵调头面向后方。

    《战术》中的骑兵队列如阵图4所示，骑兵成三条战线进行部署，第一条战线的三个军阵各五百人，第二条战线的四个军阵，第三条战线的两个军阵各二百五十人。两支伏击部队每支二百人，侧卫部队、包抄部队、三支救护部队各一百人。此外还有将军的一百名卫队，总共四千人。利奥期望理论上所有军区都能够独立组织这种四千人骑兵军阵，但从地方军的规模来看，似乎只有大军区能够独立组织起这种规模的骑兵部队。当然，边境小军区和内线的中型军区，通过互相支援的方式也可以组织起这种军阵。

    《战术》对步兵的论述混杂了大量古典时代军事典籍的内容。其中提到的步兵队列及其变换，如阵图5—7所示，每个小队十六人，通过二等分纵列来延展、加密军阵，通过纵列加倍来收缩、加厚军阵。这种军阵组织方法实际上更

---

    ① 译注：军阵部署详细图示请见附录三。

像古希腊—马其顿时代的枪阵，而非罗马共和国时代的军阵。

《战术》中，对当时拜占庭军队使用的步骑兵混合军阵，并没有太明确的论述。利奥六世提到的"古典军阵"仅能作为参考，如阵图8所示。而如果长盾步兵、投射步兵和骑兵的数量相当，那么军阵部署的情况或许如阵图9所示，以轻步兵在前、重步兵居中、骑兵在后的方式布置，必要时也可以把轻步兵和骑兵直接部署到重步兵的侧翼。

约在十世纪六十年代成书的《论军事》，其中对军阵的论述可以作为有效的补充。主持编著《论军事》的尼基弗鲁斯二世，出身军人世家，戎马一生，战功赫赫，对军阵有更实际的了解。他所要求的部队质量，相比《战术》而言更高，在利奥六世的时代，《论军事》的叙述或许不能完全实现，此处列出，仅供读者参考。

《论军事》所论述的骑兵军阵情况与利奥六世的说法类似，普通的骑兵组织成每列五人，总共五百人的小军阵，总共集结成三条战线，第一条战线三个军阵，第二条战线四个军阵，第三条战线三个军阵，和利奥六世的论述相差无几。不过，尼基弗鲁斯二世要求将第一条战线的中央军阵组织成"全身甲骑兵"的"楔形军阵"（尽管实际上更类似于梯形），即"第一排二十人，第二排二十四人，第三排二十八人，第四排三十二人，第五排三十六人，第六排四十人，第七排四十四人，第八排四十八人，第九排五十二人，第十排五十六人，第十一排六十人，第十二排六十四人，最终军阵总人数为五百零四人"。人数不足时，"第一排十人，第二排十四人，第三排十八人，第四排二十二人，第五排二十六人，第六排三十人，第七排三十四人，第八排三十八人，第九排四十二人，第十排四十六人，第十一排五十人，第十二排五十四人，最终军阵总人数为三百八十四人"。这支部队人马具装，配有标志性的面甲。前四排骑兵都使用佩剑或者铁骨朵，近战肉搏，不使用长枪，而第五排之后的骑兵则是使用长枪和佩剑的士兵混编。装备弓箭的骑兵都配置在第五排后。如此的精锐部队，要直接指向敌方指挥官的所在地，在时机合适时直接对其发起冲击，而余下的骑兵军阵则进行支援掩护。

《论军事》对步兵军阵的论述则直接得多。如阵图10所示，每个步兵军阵为八排，每排八百人，前两排为长盾步兵，手持近六米的长枪防御对方冲击，并配备剑等短兵器进行格斗。第三排为重枪兵，使用较小的盾和不到两米的重标枪，是军阵中的精锐，负责杀伤敌人的精锐，挽回颓势。四至六排为弓箭手，在未接战之前穿出前方的三排阵列步兵，投射杀伤敌人，接战之后退回四至六排，进行投射辅助。最后两排也是长盾步兵，防备敌方对侧背的袭击。如果对方采用重装骑兵冲击，那么倒数第二排的长盾步兵要向前转移，部署到重枪兵和第二排盾步兵之间加强纵深。尼基弗鲁斯二世特别提及，如果对方的行动敏捷，但披甲不多的"阿拉伯骑兵"进行包抄乃至绕后，步兵不能解散阵列进行反突击和追击，也不应动用骑兵，而应使用弓箭进行驱逐。

《论军事》所提到的步骑兵混合军阵，如阵图11所示，简而言之就是用十二个八百人步兵军阵围成一个方框，每条边都有三个步兵军阵，而各个军阵之间的间隙则配置余下的弓箭手，在步兵军阵之外的标枪手、投石索手进行游动投射掩护。骑兵军阵布置在步兵围成的方框中，离开步兵军阵出击时，骑兵军阵各自转向九十度，从步兵军阵的间隙穿出，推进的同时，维持着与《战术》所说相近的三排骑兵军阵。如果对方采用阵列纵深较深的方阵，难以对其他方向进行包抄打击，那么侧后的步兵军阵中的重枪兵要补充到正面的步兵军阵中进行加强；如果部队总数，特别是骑兵总数较多时，就不在后方布置步兵阵列，而是用骑兵来防备试图绕后的敌人。

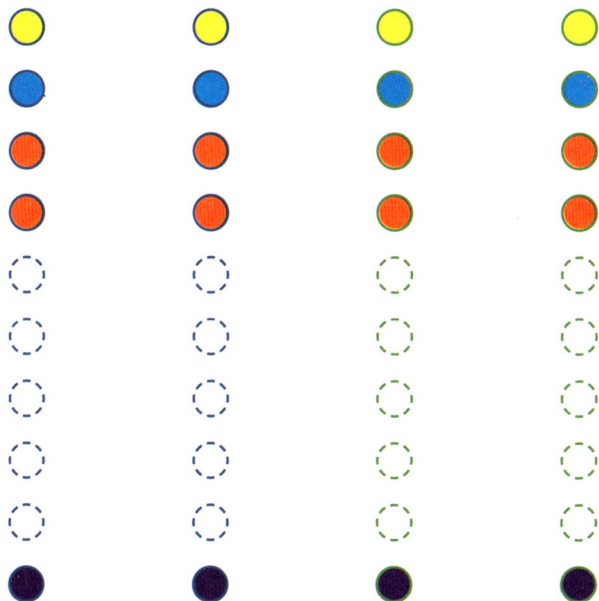

阵图1

骑兵队列（每列五至十人）

图例

蓝边框：甲小队　　绿边框：乙小队

黄填充：十夫长　　青填充：五夫长

紫填充：四夫长　　橙填充：弓骑兵

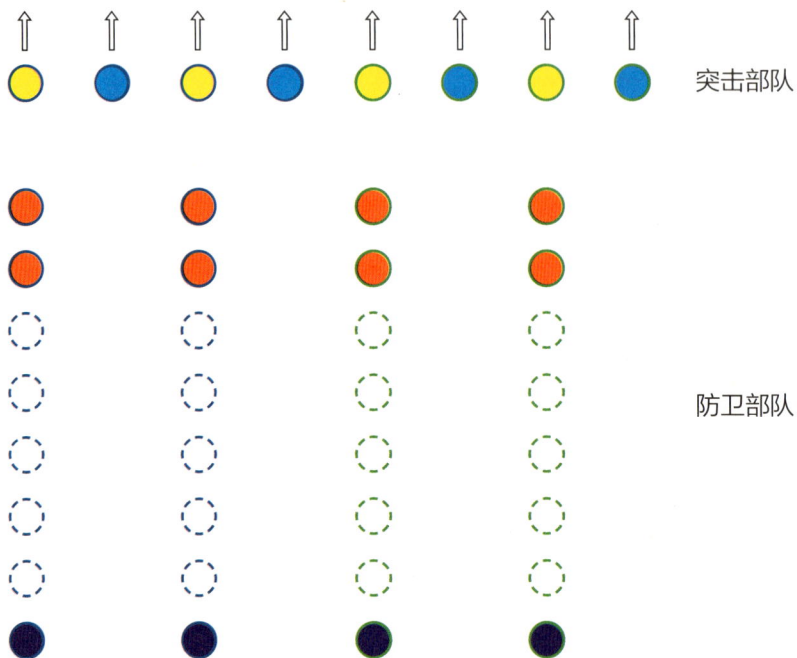

突击部队

防卫部队

阵图2

骑兵冲击（每列五至十人）

图例

蓝边框：甲小队　　绿边框：乙小队

黄填充：十夫长　　青填充：五夫长

紫填充：四夫长　　橙填充：弓骑兵

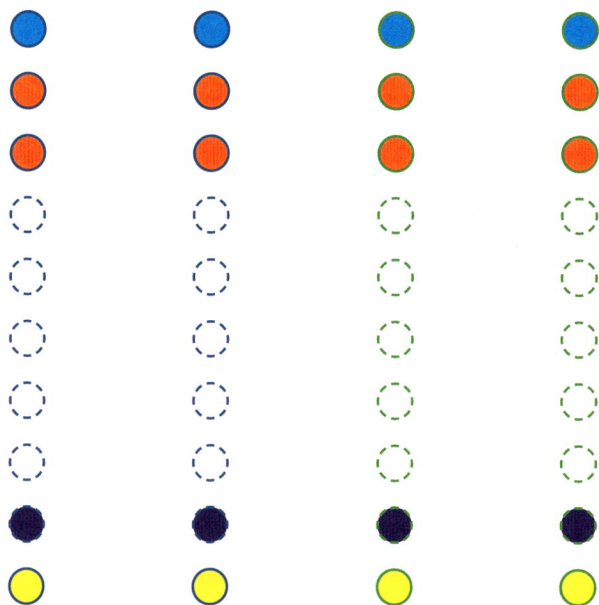

阵图3

骑兵队列"转变方向"

图例

蓝边框：甲小队　　绿边框：乙小队

黄填充：十夫长　　青填充：五夫长

紫填充：四夫长　　橙填充：弓骑兵

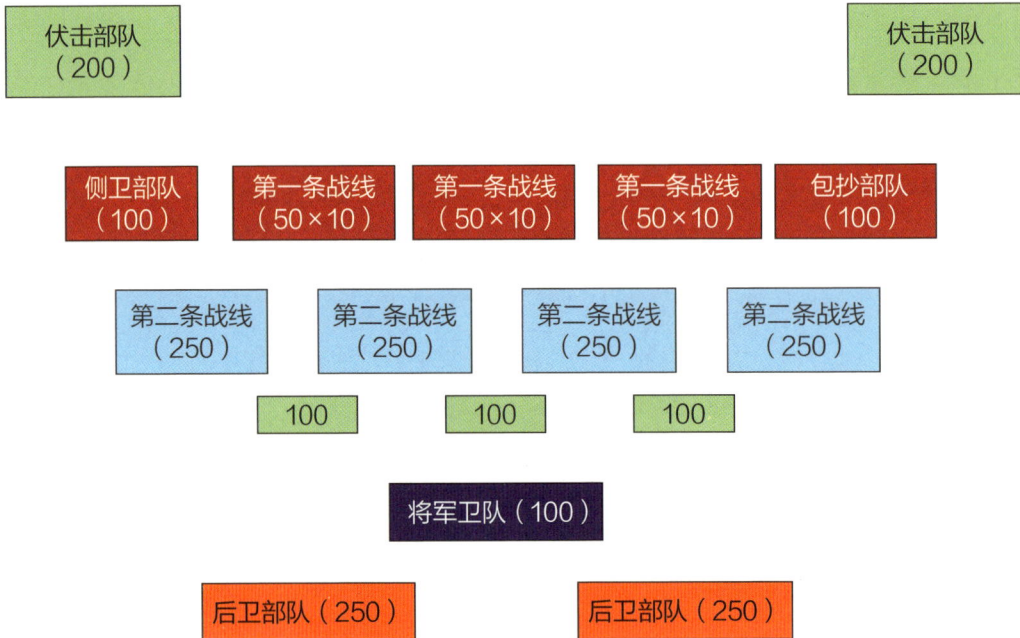

伏击部队
（200）

伏击部队
（200）

侧卫部队
（100）

第一条战线
（50×10）

第一条战线
（50×10）

第一条战线
（50×10）

包抄部队
（100）

第二条战线
（250）

第二条战线
（250）

第二条战线
（250）

第二条战线
（250）

100

100

100

将军卫队（100）

后卫部队（250）

后卫部队（250）

阵图4

四千人骑兵军阵（单位：人）

阵图5

步兵队列（每列十六人）

图例

蓝边框：甲小队　　绿边框：乙小队

红填充：小队长　　黄填充：十夫长

紫填充：四夫长　　灰填充：精锐者

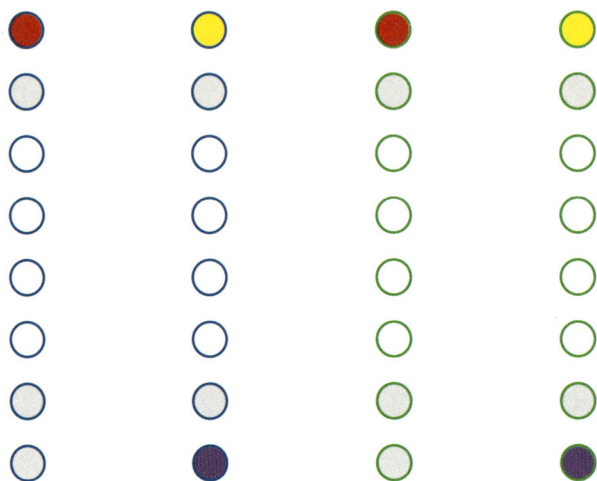

阵图6

步兵队列（每列八人）

图例

蓝边框：甲小队　绿边框：乙小队

红填充：小队长　黄填充：十夫长

紫填充：四夫长　灰填充：精锐者

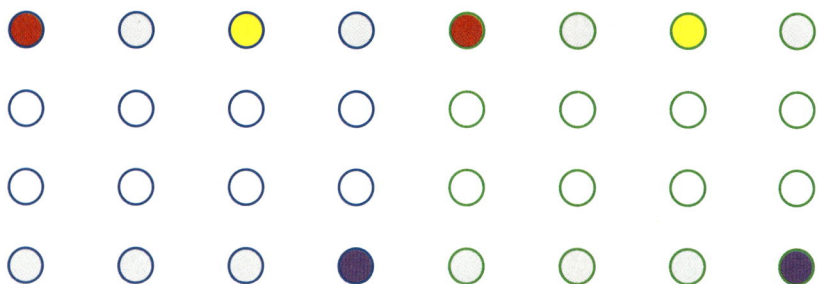

阵图7

步兵队列（每列四人）

图例

蓝边框：甲小队　　绿边框：乙小队

红填充：小队长　　黄填充：十夫长

紫填充：四夫长　　灰填充：精锐者

轻步兵

右军阵重步兵
（256×16）

轻步兵（2048）

右中军阵重步兵
（256×16）

轻步兵（2048）

骑兵
（4096）

左中军阵重步兵
（256×16）

轻步兵（2048）

左军阵重步兵
（256×16）

轻步兵（2048）

轻步兵

阵图8

古典军阵（单位：人）

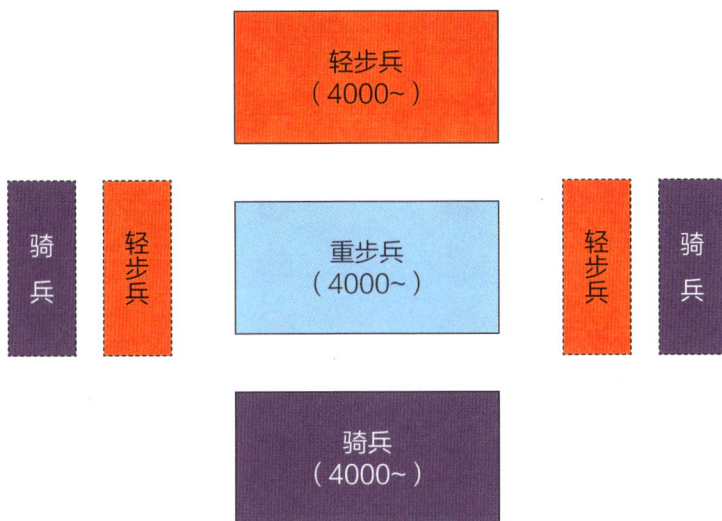

阵图9

步骑兵联合军阵

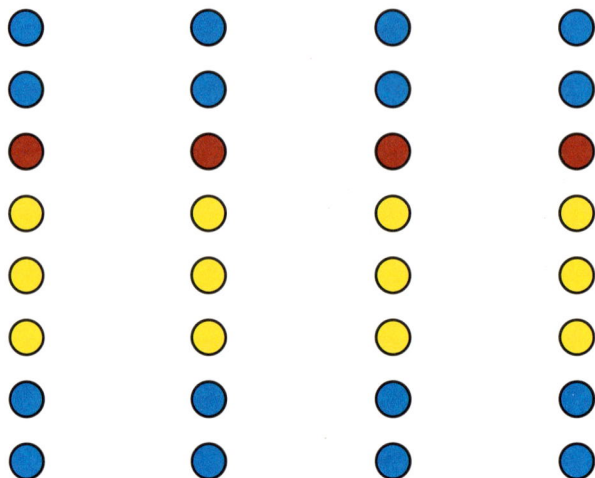

阵图10

《论军事》中的步兵队列

图例

蓝色：长盾步兵

红色：重枪步兵

黄色：弓箭手

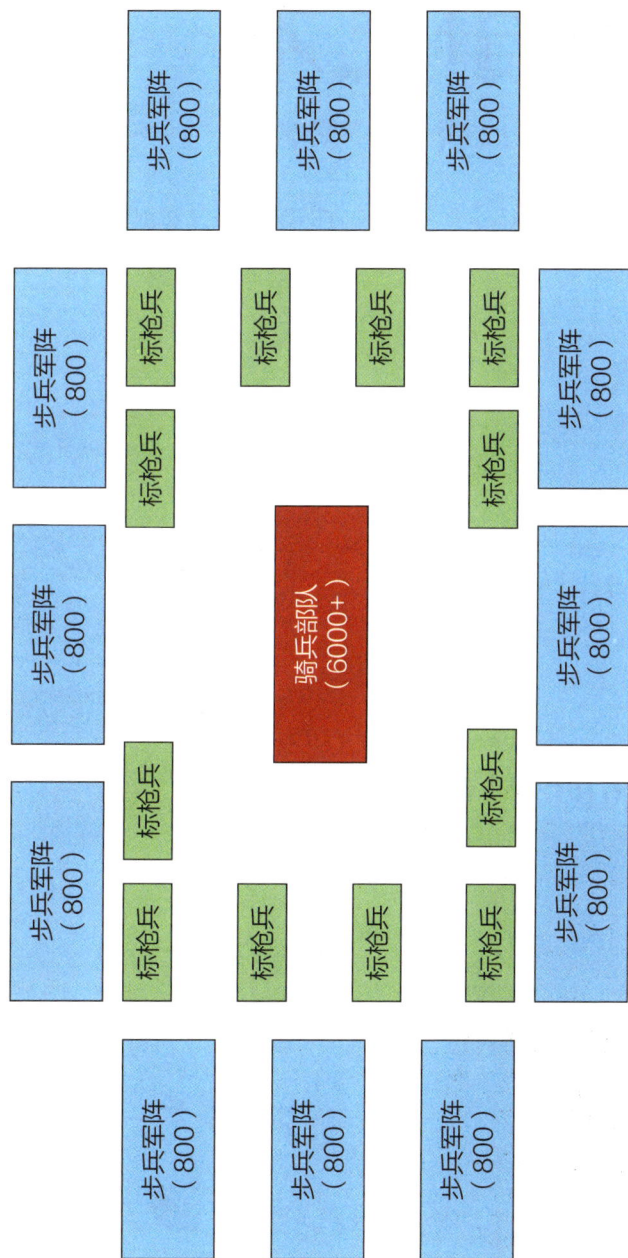

步兵军阵
（800）

步兵军阵
（800）

步兵军阵
（800）

步兵军阵
（800）

标枪兵

标枪兵

标枪兵

标枪兵

步兵军阵
（800）

步兵军阵
（800）

标枪兵

步兵军阵
（800）

骑兵部队
（6000+）

步兵军阵
（800）

标枪兵

标枪兵

标枪兵

标枪兵

标枪兵

步兵军阵
（800）

步兵军阵
（800）

步兵军阵
（800）

步兵军阵
（800）

阵图11

《论军事》中的步骑兵混合军阵（单位：人）

219